本书由浙江工业大学人文社会科学后期资助项目资助出版

许玮 著

馆校协同教育
理论、技术与践行

ZHEJIANG UNIVERSITY PRESS

浙江大学出版社

·杭州·

图书在版编目(CIP)数据

馆校协同教育:理论、技术与践行 / 许玮著. —
杭州:浙江大学出版社,2023.12
ISBN 978-7-308-24490-9

Ⅰ.①馆… Ⅱ.①许… Ⅲ.①博物馆－社会教育－研
究 Ⅳ.①G266

中国国家版本馆 CIP 数据核字(2023)第 225403 号

馆校协同教育:理论、技术与践行
许　玮　著

责任编辑	许艺涛
责任校对	傅百荣
封面设计	十木米
出版发行	浙江大学出版社
	(杭州市天目山路 148 号　邮政编码 310007)
	(网址:http://www.zjupress.com)
排　　版	浙江大千时代文化传媒有限公司
印　　刷	杭州钱江彩色印务有限公司
开　　本	710mm×1000mm　1/16
印　　张	19.25
字　　数	325 千
版 印 次	2023 年 12 月第 1 版　2023 年 12 月第 1 次印刷
书　　号	ISBN 978-7-308-24490-9
定　　价	78.00 元

目　录

第1章 背景概述

1.1 背景意义

1.1.1 各级各类场馆的社会教育功能逐渐走进公众视野

早在1994年,美国学习改革委员会在"为个体学习而设的公共机构"国际学术会议上,将"场馆"(museum)界定为"各种与科学、历史、艺术等教育有关的公共文化机构,如自然博物馆、科技馆、天文馆、历史博物馆、美术馆、动物园、植物园、水族馆等"(伍新春等,2009b)。上述场馆虽看似各异,但在它们发展的过程中,有交叉也有融合,最终都指向利用自身资源服务社会公众的最终目标。如科技馆最初源于自然博物馆,如1753年的大英自然博物馆,后发展成科技博物馆,如1802年的法国工艺研究院的科技博物馆等,自然博物馆与科技博物馆都属于博物馆系列(张明生,1998)。随着科技的发展,科技博物馆不仅要向参观者展示陈列的科技展品,而且要肩负起加深参观者对展品的印象,并通过科技展品传输科学原理的重任。因此,可以认为科技馆起源于博物馆,由于科技的迅速发展及现代科学知识普及的需要,更加注重参与性的科技博物馆发展成了我们现在所熟悉的科学中心/科技馆,如1969年的加拿大安大略科学中心。我国博物馆隶属文化部门管理,科技馆隶属科技协会管理,动物园与植物园隶属园林局管理。各类场馆的管理归属不同,但它们都面向社会公众开放,都是在区域范围内拥有丰富展览资源的特定空间。场馆内的展览资源,如展品(人造物)、自然景观(自然物),通常有固定的主题,这些主题承载着文化传承、科技创新、自然风貌的知识,它们通过不同的呈现形式将上述知识传递给前来参观游玩的社会公众，并与其进行一定程度上的信息沟通与交流，将社会主义核心价值体系践行于服务过程。

一般认为，根据场馆建筑的封闭性程度，场馆可分为两类：一类如博物馆、科技馆、天文馆等空间全封闭式的场馆；另一类如动物园、植物园等空间半封闭式的场馆。本书聚焦于前一类，即空间全封闭式的场馆，在此类场馆中，根据展品所承载的知识不同，分为历史文物类的博物馆和科学技术类的科技馆两大类。历史文物类的博物馆通过珍贵的历史文物"讲述"历史文化，面向社会公众进行文化传承教育，科学技术类的博物馆（包含各类科技馆、科学中心）则通过技术展品"呈现"技术的变迁、更新和发展，两类博物馆逐渐都从以静态陈列为主的展示方式向参与式、互动式的动态交互转变。

2005 年 12 月 22 日由我国文化部审议通过的《博物馆管理办法》（文化部令第 35 号）明确规定"博物馆是指收藏、保护、研究、展示人类活动和自然环境的见证物……"此时仅仅提倡发挥博物馆的"社会教育"功能，并未将"教育"列入博物馆的主要功能。国务院于 2015 年颁布的《博物馆条例》（国务院令第 659 号）则将教育、研究和欣赏列为博物馆的三大功能，"社会教育"功能首次成为博物馆的三大功能之首。这意味着博物馆不再是专业人员的研究基地，而是面向社会公众的文化教育机构。

1.1.2　校外非正式教育成为提升科学素养的重要途径

非正式学习相对于正式学习而言，通常是指发生在学校教育之外的学习活动，它不受时间和地点的限制，无结构化学习内容、无明确学习目标，学习结果多样化，包括知识的习得、技能的掌握、态度的改变以及价值观的提升等。非正式学习时刻发生在人们一生中的各个阶段，即使是处于学校正式教育的 K12 阶段，正式学习也仅仅只占个体一生时间中的 18.5%，而非正式学习则占有其余时间比例（Banks et al. ,2007）。在知识信息呈几何级数快速增长的今天，人们能够有效利用非正式学习的机会在正式教育系统之外获取新知识、新技能，已成为其提升专业技能、获取社会竞争力、体现终身学习能力的重要手段。

非正式学习不受时间和地点的限制，发生在人们生活、工作及其他户外活动中，它能够为学习者提供丰富的学习资源、灵活多样的学习方式、自由选择的学习机会等，其在促进个体全面发展、构建学习型社会等方面的重要性逐渐受到人们的关注，受到世界各国的高度关注。1996 年，经济合作与发展组织（简称

OECD)国家教育部部长会议上认为终身学习应该包括正规教育(formal education)、非正规教育(non-formal education)和非正式学习(informal learning)(冯巍,2003)。2012 年 6 月,联合国教科文组织(UNESCO)在《对于非正规与非正式学习成果的识别、验证和认证指南》中提出,对非正规与非正式学习成果的认证是实现终身学习的重要杠杆(王海东、联合国教科文组织终身学习研究所,2012)。随后,世界各国相应建立起非正式学习成果的认证体系,如欧洲学分转移系统、澳大利亚资格框架(AQF)以及日本终身学习系统等。非正式学习与正式学习、非正规学习并列成为终身学习体系的组成部分,不仅体现在非正式学习是终身学习体系的一部分,而且随着各国学分认证机制的不断完善,非正式学习对社会发展的重要价值逐渐凸显。

信息社会知识更新迅速,学校正式学习已满足不了学习者对知识的渴求,场馆等非正式学习环境成为面向社会公众,传承文化历史与普及科学知识的主要场所之一。2009 年美国国家学术出版社出版的《非正式环境中的科学学习:人、场所与追求》将科学中心、动物园、水族馆、植物园、天文馆等场馆环境归类为"设计环境"(design environment),并强调将场馆"设计环境"整合入学校科学教育实践环节的重要性(Bell et al.,2009)。同时重视文化历史传承与科技知识普及的场馆机构,是连接人文与科技的重要桥梁,而强调科学与人文的统一,连接校内正式学习与校外非正式学习,正是国际科学教育发展的整体趋势以及我国科学教育亟待解决的问题(裴新宁、郑太年,2021)。

1.1.3　馆校合作成为发挥场馆非正式教育功能的重要契机

在场馆中发生的教育活动通常是基于真实问题的,强调探究过程,并且能够产出多元学习结果(伍新春等,2009a)。近年来,各类场馆机构逐渐重视其社会教育职能,技术设备应用与展示空间设计推陈出新,呈现不断融合的趋势。

我国《全民科学素质行动计划纲要实施方案(2016—2020 年)》提出将"充分发挥现代信息技术在科技教育和科普活动方面的积极作用,促进学校科技教育和校外科普活动有效衔接"列为"实施青少年科学素质行动"的重点任务之一。利用场馆的学习资源和学习条件开展非正式学习成为落实全民终身教育的有效手段之一,场馆机构从研究单位向教育公益性机构转型的过程中,既需要学习理论的科学指导,保障展品承载的知识信息有效地传递给参观者,也需要发挥场馆学习环境的优势,为不同需求的参观者提供良好的学习体验,推进场馆学习的可持续发展。本书在教育视域下探讨场馆学习，故后文中将在场馆中开展学习活动的参观者统称为"学习者"。

1.2　问题提出

尽管在过去的"十三五"中，我国在博物馆教育资源建设和馆校合作模式创新等方面都取得了一定的成就，为丰富学生课外学习形式，聚焦核心素养培养提供了基础保障。但作为开局起步的"十四五"第一年，教育部门在利用场馆资源开展教育教学，利用场馆教学资源辅助教学的主导角色需要进一步加强，这是发展浙江省场馆教育、切实利用场馆资源落实立德树人根本任务的一个关键环节。

1.2.1　场馆教育的融合化发展能力明显不足，浙江省教育部门发力不足

2015 年，《博物馆条例》(中华人民共和国国务院令第 659 号)将"博物馆"界定为"以教育、研究和欣赏为目的，收藏、保护……的非营利组织"。"教育"首次成为博物馆三大功能之首。场馆因其独有的资源特色，在提升全民文化自信方面的教育功能不言而喻。当前浙江省场馆教育事业发展的相关政策推进以文物局为主力，如浙江省文物局印发的《浙江省文物博物馆事业发展"十四五"规划》中明确提出"着力推进文物与教育融合发展"的重点任务；又如 2021 年国家文物局联合九部门印发的《关于推进博物馆改革发展的指导意见》明确将"发挥教育功能"列为"提升服务效能"的重要指标之一；又如长三角首个省级博物馆研学专委会"浙江省博物馆学会研学专业委员会"仅为浙江省博物馆学会所属的分支机构。

由此可见，浙江省教育相关部门在推动文物资源向教育产品有效转化的意识不强，仅将其作为校外教育资源之一，以研学旅行的形式倡导融合场馆资源开展校外教学；方法手段有限，场馆参观学习仅为学生校外学习的可选项而非必选项，且未掌握活动组织的主动权；推动文物资源与教育教学融合发展的发力不足，尚未以教育部门为主出台任何政策制度确保馆校合作的有效实施。

1.2.2　浙江省备案遴选的场馆课程数量有限，且缺乏与学校课程的衔接

当前，浙江省拥有少量示范性的场馆课程，如衢州市林维雁烈士纪念馆的

"红雁之歌"课程、浙江自然博物院的"博物馆奇妙课堂"系列课程等。平均三年一次由浙江省博物馆学会组织开展"全省博物馆十佳青少年教育项目推介",课程培育周期过长,且开发团队主要为场馆展教人员。

场馆课程的开发与普通通用课程的开发相比,不仅需要文博专业人员以及场馆展教人员根据场馆资源进行设计,而且还需要专业的课程开发团队,包括教学设计专家、学科专家、一线教师的共同参与,开发流程更加复杂,开发周期更长。而当前浙江省的场馆课程多在场馆内部使用,教材形式、教学目标较简单,没有进行分层教学设计,即同样的展品内容对于不同学段的学生需要掌握的目标未能体现出差别,且教学周期较短(如一次参观即能完成),缺乏评价考核设计。因此,辐射面受到局限,教学效果有待考量,无法充分发挥场馆学习的教育功能。如国家博物馆结合自身业务特点,紧密围绕学校教学大纲,开发了美术、音乐、戏剧、科学四大门类,针对不同学段的学习者设计了 50 余种体验类课程。浙江省场馆课程还需进一步规范化、专业化,尤其是与学校课程教学的衔接,需要更加凸显课程的教育价值。

1.2.3　馆校双方教学人员专业背景各异,缺乏有效的沟通协作

有效的场馆学习活动组织需要将学习任务贯穿全程,即参观前、参观中、参观后需要校内一线教师与场馆展教人员的紧密协同,在场馆学习全程三阶段中提供必要的教学引导,促进学生的知识建构。当前,场馆机构的展教人员的专业背景仍以文博相关专业为主,学校一线教师的专业背景则聚焦于所任教的各个学科,展教人员拥有丰富的展品知识和场馆参观活动的组织经验,但急需弥补融合学科知识的教育教学组织实践的短板;而一线教师拥有专业的学科知识及课内教学活动经验,但仍需补全展品与学科的知识联系及组织非正规校外教学活动的实践经验。

此外,为全面推动我国公民科学素质建设,2012 年,教育部与中国科协联合开展推进培养科普硕士试点工作,探索在高校开设科普相关专业和课程,培养本科或研究生阶段的科普人才。这些科普专业人才需要具备科学知识、专业知识与教育教学实践能力,在科普一线工作中发挥重要作用。而作为传承历史文化的文博系统,从业人员多为博物馆学、考古学相关背景的专业人才,有时在与学校教师沟通不畅、无法合作的情况下,在开展场馆教学活动的组织方面实在是捉襟见肘。

第 2 章　理论研究

2.1　非正式学习理论

2.1.1　非正式学习的内涵发展

非正式学习的概念由来已久。人们对"学习"概念的认识早于学校等正式教育机构的产生,人类最初的学习活动实际上是以非正式学习的形式进行的,在日常生活中通过言传身教将经验知识世代相传下去。随着工业社会的来临,人们逐渐认识到,知识技能在工作中扮演着重要的角色,在生活中开展非正式的"教学"活动已不能满足社会对紧缺技能型人才的需求,由此产生了"学校",系统整理散落在民间的文化知识,并以一对多的讲授教学高效地传递知识,这也是为了满足社会提升非正式学习效率的需求。因此,我们可以认为,正式学习源自非正式学习。当人们的目光只聚焦在如何能提高知识传授效率时,学习者的个体特质、自我发展的需求以及对学习活动的自主权和控制权就逐渐被忽视。如今,在科技飞速发展与信息资源快速增长的背景下,学习者拥有了个性化的学习辅助工具,逐渐倾向于在更加自由、开放的学习环境中学习,摆脱学校、课堂及教师的约束,开展自我导向的学习活动,从中获取知识并享受知识获得的满足感,"非正式学习"重新获得人们的关注。

在不同的社会背景下,学习形式的发展脉络从以"知识"为中心到以"课程"为中心,再发展到以"学习者"为中心。人们第一次从"非正式学习"到"正式学习"关注的转变是为了满足工业社会对技能型人才的迫切需求,"正式学习"占据主导地位;第二次从"正式学习"到"非正式学习"关注的转变,一方面是为了满足学习者个体发展的内在需求,另一方面则是在知识快速增长的社会背景下,满足信息社会对新型人才的迫切需求。"非正式学习"经历两次转变,再次走进人们的视野,与最初的"非正式学习"有所区别,它受到学习者内部动机和社会外部压力的共同刺激,在自由情境中(如家庭、社区、公园、场馆等)偶然发生的非正式学习会增加学习的不确定性和盲目性。非正式学习的核心是以"学习者"为中心,围绕这一核心特征结合正式学习中的指导策略、支持机制等,能够有效提高学习者的学习效果。由学习者掌握对学习活动的选择权和控制权,利用周围提供的学习支持服务,开展既能体现学习者自由意志,又能有效习得知识的非正式学习,是体现非正式学习价值的重要途径之一。已有研究证实,非正式学习与正式学习的结合在培养学习者的信息搜索和共享(Mills et al. ,2014),以及科学探究和数字化素养(Marty et al. ,2013)等方面具有重要意义。

正式学习与非正式学习边界的模糊推进了二者的融合。在非正式学习活动中加入正式学习的支持与指导,能够避免非正式学习带来的学习迷航、认知负担等负面作用。同时,非正式学习弥补了正式学习对学习活动时间、地点的限制,学习者在正式学习之余利用非正式学习的机会,能够深化其对在正式学习中所学知识的理解和认识。

有研究认为,可以通过利用数字化教学技术与手段延伸学校课堂教学,加强书本知识与社会现实的联系(Kong et al. ,2014),有效结合正式学习与非正式学习能够解决基础教育、高等教育与实践脱节的问题。美国国家委员会早在1996 年就提出学校科学教育需要扩展到学校外部,倡导建立非正式学习中心,如博物馆、科学中心等场所,支持学生更深入地探索科学知识,培养学习兴趣。研究者在户外实地参观学习过程中,研究户外非正式学习如何能够更好地支持课堂内的正式教学,关注教学者与研究者间的"合作产生式对话"(cogenerative dialogue)对优化学习设计,提高非正式学习潜在机会的作用,以及教师—学生的交互如何能够促进学生的投入等(Lebak,2005)。此外,成人学习在正式学习环境(如培训机构开展的学习项目等)中自发开展的非正式学习活动,如自我导向的学习项目、日常交流、体验等,能够获得专业层次、教育层次、个人层次及社会层次等多方面的提升(Peeters et al. ,2014)。韩国学者从正式学习、个人特征以及工作环境三方面分析对韩国银行业中层管理者开展非正式学习的影响(Woojae,2009)。

因此,对非正式学习内涵的理解不能简单地以它与正式学习的区分标准来界定，而是应该把握其本质特征——"学习者"中心，即是由学习者自发的学习行为，他们能够自主掌握学习的选择权和控制权。非正式学习的内涵既需要体现"学习者"中心思想，即学习者对学习活动有自主选择权和控制权，又需要结合提供适当的学习支持，有助于学习者提高学习效率，从而体现出非正式学习对个体发展和社会需求的重要价值。

2.1.2 非正式学习的理论研究

国内学术领域有关"非正式学习"的研究集中在 2000—2010 年，已有多篇综述研究采用不同的研究方法梳理了近年来相关研究领域成果。如有研究者以 2000—2009 年国内公开发表的主题相关的 87 篇非正式学习相关文献，包含学术论文和博士、硕士学位论文，采用文献计量法和内容分析法，将研究文献分为应用研究、理论研究、资源建设研究以及其他研究四种，得出结论：该主题研究发展时间短，不够成熟，但在近几年，无论是数量上还是质量上，都有新的突破；研究热点主要集中在应用研究；移动无线通信设备开辟了非正式学习的"新战场"；非正式学习受到除教育技术学科领域的其他各学科领域研究者的关注（杨欣、于勇，2010）。又有研究采用内容分析法，对 1997—2010 年国内发表的 113 篇主题相关的文献进行综述，总结出研究发展的三个阶段：萌芽期—理论探讨阶段（2005 年以前）；发展期—基于技术的研究（2005—2009 年）；深化期—创新研究阶段（2010 年至今）。该篇综述研究形成了更加具体、细化的研究分类体系，即基础研究、相关技术研究、应用研究、资源建设、实践成果以及其他，每一类研究中细分具体领域的相关研究，如应用研究分为企业培训、教师专业发展、学生非正式学习、成人非正式学习四个不同的研究子领域。最后，它对非正式学习领域研究的未来提出了展望和预测，提出对非正式学习特殊性的研究，即关注学习者的特殊性，探讨不同类型学习者不同的非正式学习方式，重视对一些特殊的非正式学习环境的研究，如博物馆、动物园、青少年活动中心、水族馆中的科学学习，建立非正式学习的评价体系，探索非正式学习的实践效果，等等（王妍莉等，2011）。有学者对 2004—2010 年 78 篇相关论文重点分析了研究对象的分布，发现较多的研究集中在教师非正式学习、成人非正式学习、大学生非正式学习、职校生非正式学习等，以上占应用研究文献的 94%；以及三大网络（计算机网络、电信网络与有线电视网络）在非正式学习研究中发挥着重要的作用，预测该领域未来的研究重点应关注、弥补对胎儿、婴幼儿、青少年及老年人的非正式学习研究空白,以及应适应未来计算机网络、电信网络、有线电视网络三网合一的趋势(张卫平、浦理娥,2012)。

非正式学习与其他相关理论、观点的结合使得非正式学习的形式更加多样化,也使得人们更加关注实践中的那些不具有典型非正式学习特征的非正式学习活动。在内容和媒介形式日益微型化的推动下,与联通主义学习观相关的微型学习成为非正式学习中一种实用的模式(祝智庭等,2008)。隐性知识与显性知识的相互转换广泛存在于非正式学习活动中,国内学者对隐性知识与显性知识在非正式学习活动中的研究,包含:在组织非正式学习活动中实现对隐性知识的管理(江新,2004),隐性知识在非正式学习中的构建(张伟平、马培峰,2007),隐性知识的共享问题研究(王芳,2011),以及在隐性知识理论指导下通过非正式学习培养学生的创新能力(何红娟,2013)等。数字化环境下的非正式学习拥有不同于传统环境的虚拟学习社区以及学习共同体,这两个理念与非正式学习的结合为该领域的研究带来新的挑战,学者利用社会网络分析探索虚拟学习社区中非正式学习活动的开展(李文崇、徐刘杰,2013)。基于以媒体为中介双向交互的 Bates 交互分类理论,有研究对非正式学习虚拟社区的“成员—内容”交互和“成员—成员”交互行为开展研究(刘朋飞,2013)。有研究结合互动深度量表、互动知识建构等工具模型分析学习共同体深度互动的影响因素(赵呈领等,2013),以及对非正式学习共同体的知识共享模型开展研究(张迪,2012)等。此外,长尾理论对非正式学习的方式探索(宋权华、廖守琴,2009)、模式建构(宋权华、廖守琴,2010)、内涵要素分析(廖守琴、宋权华,2010)以及可行性分析(宋权华、廖守琴,2013)等方面具有重要的指导意义。

一般认为,非正式学习的理论基础主要是社会建构论,而班杜拉的社会学习理论和非正式学习有着众多契合之处,都指向知识和行为的学习,强调在生活环境中、社会背景下,学习的随机性、偶然性,个体与社会之间的相互影响,非课堂学习、持续学习、终身学习的过程等(程凤农,2013),因此,社会文化理论也可作为非正式学习的基础理论之一。非正式学习研究包含学习资源整合、学习服务设计、学习模型建构等基础性问题,即使是处在数字化时代,这些问题只不过是拥有了新的载体和表现形式,仍需要人们的关注。有研究阐述在线非正式学习的设计策略以微型设计为基础,强调在线学习内容的微型化;以分布式学习模式为理念,体现资源的重构性等(杨丽娜,2010)。在移动基础的支持下,非正式学习的支持服务基于“产品—服务”与面向学习者多样性需求的两种设计形式(王晓晨、黄荣怀,2012)。

2.1.3　非正式学习的应用研究

新技术、新媒体的出现与不断发展,为非正式学习开拓了新的应用空间。首先,从广义上的社会性软件开展研究,它为非正式学习的知识获取、知识发布与共享、交流协作以及个人管理提供了学习工具支持(朱哲、甄静波,2010),利用社会性软件构建针对大学生的非正式学习模型(毕芳艳,2013),以及开展高校非正式学习社区研究(洪新华,2013)。其次,一些实用的工具、软件在开展非正式学习中所发挥的作用,如 Mblog(陈娟红、孙祯祥,2009)、Sybase 交流群(张丽、张际平,2011)、Second Life 网络游戏(王远远,2011)、Twitter(梁少林、于贵,2011)、概念图(刘长国,2013)、微博(屈艳玲、王沙,2013),以及移动技术和智能终端(李娟等,2009;杨浩等,2012;张思源,2014)。技术正在不断地发展,媒体的呈现形式也逐渐多元化,如增强现实技术的场景增强、信息立体化展示、超现实体验以及智能化知识汇聚与推送等应用(吴丽丽等,2012)。它们一方面使得非正式学习拥有多种载体,以多样化的形式开展学习;另一方面也为我们开展非正式学习的研究增加了复杂性,学习者在此类情境中的学习效果受到多种因素的影响,学习者的学习过程、认知过程也更加难以预测,这些都使学者们的后续研究增加了难度与挑战。

非正式学习在不同群体中的应用研究可大致分为教师群体、高校学生群体以及其他群体。教师因为其职业需求,是一个终身都需要学习、进修的群体,因此,非正式学习就成为他们发展教师专业能力的重要形式。已有研究通过调查中小学教师对非正式学习和正式学习的观点,得出结果:非正式学习相对于正式学习具有机会均等性,教师对其作用具有较高的评价(祁玉娟,2010)。通过借鉴国外教师专业发展研究现状,发现目前对于改善教师的非正式学习,给出的建议较多关注如何改善其工作场所的学习环境,而较少提及改善教师个体因素来促进其开展非正式学习(闫丽云、欧阳忠明,2010)。因此,建设一种符合教师终身学习的非正式学习文化至关重要,需从观念层面上整合"正式学习与非正式学习"、制度层面上互补"显性制度文化与隐性制度文化"、物质层面上融合"物化与人化"等(杨晓平、刘义兵,2013)。因为大学生群体的非正式学习时间富余,接受新事物能力强,如新技术、媒体的使用,以及急需多方面技能、知识的培养等,高校的大学生群体成为非正式学习的重点研究对象。已有研究通过问卷、访谈等方法对 Web2.0 环境下大学生的非正式学习现状进行调查。结果显示：目前大学生非正式学习的意识、方法、策略、能力和效果不容乐观(柴阳丽，2011)。因此，我们需要为其提供指引策略，即在 Web2.0 中寻找学习导师，在非正式学习过程中培养自主学习的能力，在在线实践社区中学会合作、探究学习等(玉淑美，2012)。同样，为了提升大学生网络非正式学习能力的建设，有学者从个人、教师、学校三个角度提出了建议，即个人要实现观念实践化、目标明确化、学习自我导向化；教师应积极提供支持和帮助，使激励措施制度化；学校应注重网络平台的软环境建设，如资源检索、个人知识管理、共享交流(周素娜，2013)。其他群体的非正式学习研究虽然研究成果较少，但也说明这些群体继续受到关注。在企业培训中非正式学习的典型应用，如奇瑞汽车中的职工培训(王银环、袁晓斌，2009)，中小学学生群体中非正式学习开展效果，如在高中信息技术教学中的应用探讨(李瑾，2011)、中小学数字化学习环境中的非正式学习培养策略研究(袁旭霞，2009)等。

　　非正式学习是学习分类中的一种，需要科学的评价，成果需要被社会认证。欧盟在推动非正式学习成果认证的进程中走在世界前列，尤其是在职业学习成果方面的认证，具体表现在制定各种标准、设置学习模块与课程单元以及社会参与者与其他股东的作用(章鹏远，2005)。在欧盟国家将成为主流，认证标准以学习结果和能力的形式加以描述，以文件夹法、自我评价法以及会话法等多种方法结合认证(蔡玲玲，2011)。国内相关研究成果较少，具有代表性的有先前学习评价(王迎、殷双绪，2012)，采用档案袋评估、能力测试、观测、陈述和模拟等主要认证方法(李林曙等，2013)。已有研究证实，"学分银行"学分积累和转化制度，可以促进学习者在各级各类教育机构间的学分互换和认证，为学习者提供开放灵活的学习支持服务(梁建军等，2014)。

2.1.4　场馆中的非正式学习

(1)学习的自由选择性

　　"自由选择学习"概念的诞生源于学习分类，20 世纪中期有学者提出将学习分为正式学习、非正式学习和非正规学习。以学习发生的场所来区分正式学习、非正式学习和非正规学习显然是不够客观的，校内教学和户外教学如果不从本质上加以区分，如学习者是否处于主导地位，二者仍是属于正式学习的范畴。自由选择学习从学习者对学习活动和进程的控制权和选择权等角度诠释了非正式学习的内涵。"自由选择学习"最早应用在成人学习和国际发展教育领域中，用来区分成人学习和儿童学习的教育背景，直到 20 世纪 70 年代，学者们在户外教学和场馆领域找到了落脚点和实践场所。因此，"自由选择学习"指发生在某些学习环境中由学习者自我导向的学习体验，它是由学习者自由选择的、非时序的、自定步调的，以及完全自发性的，这些学习环境包含室内和户外，如公园、科学中心、博物馆等场馆类环境（Falk and Storksdieck，2005）。自由选择学习强调的是学习者在学习活动中的主导地位，而不是学习发生的场所和开展活动的机构组织。例如，在博物馆中听取一场科学讲座与在校园中学习者自发地开展科学探究，前者的自由选择空间小于后者，相比之下，前者更加具备正式学习的特征。

相对于学校等传统的学习环境，学习者更倾向于在拥有自主控制权和自由选择权的开放环境中开展学习。场馆环境就是这样一类典型的、拥有自由选择空间的学习环境，场馆学习的自由选择性吸引了大量的参观者，包括青少年儿童和成人学习者，他们自发地来到场馆中参观，可以自由地选择展品对象，自由地尝试探究，能够自己决定参观学习的时间和顺序，在学习者在学习什么（What）、什么时候学（When）、在哪里学（Where）、学习方式（How）、学习目标（Why）、学习伙伴（with Whom）等方面拥有充分的自由选择空间。场馆环境为自由选择学习提供了空间和资源，学习者能够充分发挥自主权，来自个体内部的学习兴趣和学习动机，能够促进学习活动的顺利开展。

场馆环境的自由选择性在面向社区和全民的公众教育和科学教育方面发挥着重要作用（Falk and Needham，2011）。大卫·利文斯通曾将"自由选择学习"比喻成一座冰山，能看见的大部分浮在表面，而更多隐藏着的巨大潜能和价值能够在非正式学习中得以体现。有关自由选择学习价值和弊端的探讨一直没有停歇，相关研究可分为主要的三类，即研究人们在非正式的自由选择环境中是如何学习的，如博物馆、科学中心、动物园、植物园、自然中心等；研究人们是如何通过媒体介质学习的，如电视、网络等；以及自由选择学习对公众科学教育的作用（Barry et al.，2012）。

自由选择学习的理念为我们审视在自然情境下的非正式学习活动提供了一个新的视角，它既强调提供给学习者足够的资源、平台和空间，让其脱离教材、教师、课堂的束缚，又在实践检验中得出要适当引导，合理控制自由度的结论。"自由选择性"是在场馆环境中开展学习活动的主要特征，正如上述研究中所述,具有自由选择性的学习活动在激发学习者动机、兴趣等个体内在因素方面有促进作用。

然而,过度开放的自由选择空间在一定程度上容易导致学习者像脱缰的野马,如果没有适当的策略引导和情境建构,也会成为有效学习的障碍。已有研究选取了三个不同的自由选择环境:拥有交互式展品的科学中心、传统的自然历史博物馆以及一系列的公开演讲。结果证实,在这三类看似不同,实则都具有充分自由选择权的学习环境中,学习者的科学价值观有所提高,在看待科学家的工作方面拥有了更加积极的态度。但是,参观者对科学知识本质的认识发生了出乎意料的变化,认为科学知识是不能受到质疑的(Renniea and Williams,2006)。当参观者置身于场馆环境中,面临众多选择机会时,他们在选择上又有一定的困难,同时,也会在新奇的环境和事物的影响下,无法在某一方向上持续投入。因此,场馆设计者或教学辅助人员需要把握场馆学习情境中的自由选择"度",而不是完全开放式地任由参观者自由行动。以色列的研究者借鉴美国场馆研究学者 Falk 的"学习情境模型"中有关个人情境的研究结论,选取了以色列四个地理位置、规模、性质不同的场馆,包含科学博物馆、自然历史中心和动物中心三类。在这风格迥异的四个场馆中,研究以学校组织参观的学生群体为研究对象,包含 750 名学生、29 个班级,这些学生分布在以色列国家的各个区域。研究采用现场观察、半结构化访谈以及博物馆工作单收集等多种研究方法和工具,分析不同程度的自由选择"度"对学习有效性的影响。研究将能够由学习者自由选择的学习机会分为学习主题、空间、时间、对象、交互以及参观顺序,从三个方面描述参观学习的有效性,即任务行为、连接先前知识和学校课程以及连接学生生活经验。研究者将自由选择的"度"分为无选择、有限选择(其中包含有限选择 1 和有限选择 2)以及完全自由选择,三类不同的自由选择"度"在对描述学习有效性时有不同的体现(Bamberger and Tal,2007)。笔者通过对上述研究的综合分析,整理得出表 2-1。

由上述研究可以看出,对学习机会无选择和完全自由选择两种类型的场馆参观学习,在学习有效性的体现中均有负面影响:无选择的学习机会容易造成学习者过度依赖指引信息,在完成任务时行为没有自主权,在与已有知识和生活经验建立连接时处于被动状态,虽然能够建立与已有知识、课外知识的连接,但由于缺乏兴趣和动机,建立的知识连接很难进入学习者的长时记忆中;而在拥有完全自由选择的参观学习中,学习者能够自主控制学习进程,但在建立知识连接时由于缺乏合适的指引而加大困难，由此造成的挫折感会导致学习者情绪上由开始的激动、兴奋转为失望，对学习效果会产生负面影响。有限的自由选择是二者的折中，由场馆设计者或教师为学习者设定学习主题，以任务小组的形式开展活动，在活动过程中提供适当的指引策略和工具，如在学习单中提供指引线索，促进学习者自主、有效地建立知识间的联系。

表 2-1　不同程度的自由选择"度"描述学习有效性的体现

	可选择的学习机会						任务行为	场馆学习的有效性与先前知识和学校课程结合	与学生生活经验结合
	主题	空间	对象	时间	交互	顺序			
无选择	—	—	—	—	—	—	多样的，依赖指引信息	通过问一些促进理解的问题，指引连接学校之外的知识，学生建立学校与学校外知识的联系	多样化的，依赖指导，学生建立与生活经验的联系
有限选择1	—	—	—	√	√	√	大部分专注于任务行为，指引和教师扮演重要的导航角色	学习单中没有相关信息，学生建立学校与学校外知识的联系	学习单中有一些参考信息，由学生联系生活经验
有限选择2	—	√	√	√	√	√			
完全自由选择	√	√	√	√	√	√	观察到的行为主要是兴奋，学生表现出既满足（开心），又时常受挫	学校课程与参观主题没有联系，学生通过观察实物对象来建立学校内外知识的联系	学生联系生活经验

本书认为，自由选择性是场馆非正式学习的重要特征之一，能够激发学习者自主学习的动机，启发学习者将展品与已有知识经验进行连接，让参观者自由选择学习对象、自主控制学习进程。同时，场馆机构通过学习支持服务，提供必要的指引策略和学习支持手段，合理控制赋予学习者的自由选择权利，能够有效促进学习者在场馆中的参观体验和学习效果。

（2）场馆中的非正式学习理念

非正式学习是一种将终身学习思想践行于人们生活、工作和学习等各个方面的学习理念。近年来，研究者们不断探讨非正式学习在成人发展、终身学习、学习型社会、正式学习、新媒体应用等领域的重要价值（高原，2014），探讨非正式学习理念在多种文化视角和理论思想中的体现,建构主义理论、知识管理理论、人本主义理论、终身学习理论、二八定律以及长尾理论等(张卫平、浦理娥,2012)都能为非正式学习研究提供指导。

例如,长尾理论来自经济领域,其观点为:只要存储和流通的渠道足够大,那些需求不多或销售量不高的产品所占据的市场份额,就能够与那些数量不多的热卖商品所占据的市场份额相匹敌甚至更大。有研究者利用长尾理论的"头"与"尾"的重构机制探讨学习方式、学习课程以及学习组织结构的重整,认为由技术支持开展非正式学习实践具有一定的可能性(宋权华等,2009),并根据繁荣长尾市场的九条法则,提出构建网络非正式学习模型的原则及模型中的各个子模块(宋权华、廖守琴,2010)。社会学习理论的学者代表——心理学家班杜拉认为,人的行为学习受到外部强化的刺激,是社会观察学习的结果,人们可以通过观察他人行为模仿学习,且学习效果会受到社会因素变量的影响。如果他们模仿行为能够得到好的结果,如赞赏及奖励,这种行为模仿学习会得到一定的促进作用。社会学习理论强调社会因素变量的重要性,这种学习通常发生在学校课堂之外,常见于人们的日常生活和工作中。有研究者指出,社会学习理论与非正式学习在指向知识和行为学习,对生活环境、社会背景的强调,学生自主选择学习的随机性和偶然性,个体与社会以及个体之间对学习的影响,强调非课堂学习,持续终身学习等六个方面存在契合之处(程凤农,2013)。

非正式学习不仅能够与不同的理论思想找到契合之处,非正式学习理念在具体的实践领域同样具有指导价值。非正式学习强调学习者的自主性及学习的持续发展性,发生在学校围墙之外的成人世界中,非正式学习显得更加活跃和多样化。国际多次大规模的成人非正式学习调查和研究都证实了非正式学习对成人的个体发展和学习型社会的构建具有重要价值。为了活跃成人教育市场,研究指出可以通过成人非正式学习意识的自我促进,以及利用社会资源为成人非正式学习提供学习支持,促进我国成人教育的发展(邢蕾,2011)。如果说成人教育的目标是促进人的全面、持久地发展,那么职业教育就是为了满足社会需求而朝着某一专业领域的深入发展,目前人力资源部门为职员提供正式学习和非正式学习的机会和条件。有研究显示,与正式学习活动相比,非正式学习在提升就业能力方面有显著优势(Klink et al.,2014)。此外,职业教育中有关职员个体特征的五大人格维度:随和、责任心、稳定的情绪、外向性格和开放的经验与非正式学习的效果有显著关联(Noe et al.,2013)。成人教育和职业教育对非正式学习的需求高于对正式学习的需求，非正式学习的开放性、灵活性有利于成人在正式学习之外获取新技能、提升社会竞争力，是促进个体持续发展的重要学习形式。

现代数字化场馆承担着收藏、展览以及社会教育等职责，由于学习者的个体特征、社会关系、参观目的等方面不同，并且在参观学习活动中拥有完全自主的选择权和控制权，在自由、开放的场馆环境中，他们能够选取各自感兴趣的展品，通过阅读文本、观看动画、操作互动设备等途径获得展品信息，在反思或实践中内化信息、整合知识，获取对展品信息的认知和理解，达到通过参观展览学习知识、技能，提升态度、价值观等学习效果。场馆中所发生的学习行为体现了以"学习者"为中心的思想，赋予了学习者完全自主的选择权和控制权。同时，为满足不同类型的学习者，可以根据各自的喜好，选择性地关注展品，场馆机构在信息技术和数字化设备的支持下，提供多样化的数字化展品，如影像展品、触屏展品以及互动展品等，这些数字化展品能够更加形象、逼真、全面地呈现展品信息，为学习者提供与展品相关的学习支持。

与日常生活等没有学习设计的自然情境相比，数字化场馆中的学习活动以真实存在于参观空间中的展品作为学习对象，学习者能够根据自己的兴趣、偏好自由地选择学习对象，在场馆提供的学习支持服务帮助下，能够自主控制学习进程。本书在非正式学习的理念下探讨场馆学习，将其看成面向社会公众的开展科学知识普及和文化历史传承的重要学习形式，是非正式学习理念在场馆知识传播中的具体实践。

①自 2008 年以来，我国场馆中的博物馆、纪念馆等公共文化设施加快推进免费开放进度（欧阳坚，2008），降低了社会公众参观博物馆的有形门槛。因此，场馆面向的学习群体不受年龄、职业、社会背景的限制，场馆内展品的信息传播面向所有参观者，旨在全面提升社会公众的科学文化素养，体现非正式学习的社会教育价值。

②随着数字化场馆工程的不断完善，场馆机构在使用信息技术手段和先进设备丰富学习者的实地参观体验之外，网络数字场馆和移动应用等参观学习服务打破了实体场馆开展非正式学习的时间、空间限制，学习者可以利用实体场馆和虚拟场馆的资源和工具，自主开展同步或异步的非正式学习。

③场馆学习的自由选择性赋予了学习者自由选择学习对象和自主控制学习进程的权利。处在自由、开放的学习环境中，在多种可供选择的展品类型和

学习支持服务帮助下,场馆为学习者提供了合理程度的自由选择学习,体现了学习者主体地位、以学习者为设计提供学习支持的非正式学习理念。

④场馆学习是发生在自然情境中的学习行为,与学校等正式环境中去社会化的学习行为不同,社会因素变量对其学习效果的影响不容忽视,如本书后续关注的场馆学习中社会人际互动对学习者展品信息理解的影响。场馆学习受到来自社会环境中因素变量的影响,体现了非正式学习的复杂性和社会性。

2.2 体验学习理论

2.2.1 理论概述

体验学习理论(experiential learning theory)建立在 20 世纪诸多杰出学者的研究基础之上,在"体验对人类学习和发展中占据核心地位"这一观点上具有共识,如表 2-2 所示。

表 2-2 体验学习理论的奠基人

学者	相关理论
威廉·詹姆斯	激进经验主义
约翰·杜威	经验教育
库尔特·勒温	行动研究
让·皮亚杰	建构主义
卡尔·罗杰斯	通过体验过程自我实现
维果茨基	最近发展区
卡尔·荣格	专业化整合发展
保罗·弗莱雷	对话中的命名体验

库伯的体验学习理论观点的提出有六个涉及学习观的基本前提:

①学习是一个过程,而不是一个结果。提升学习效果的关键是使学生投入学习过程中去。

②所有的学习都是再次学习(re-learning)。学习通过有效激发学生信念和想法而得到促进,只有这样,他们才能够接受检验、测试,并与新的想法相融合。

③学习需要解决对立模式的双重辩证矛盾。矛盾、差异、争论能够有效驱动学习的进程。在学习的过程中，学习者需要在反思、行动、感受和思考的对立模式间来回移动。

④学习是一个适应性的整体过程。它不仅是认知的结果，而且涉及思考、感受、感知、行为等心理活动。它包含掌握科学方法、问题解决、决策制定和创造性实践等多样的学习形式。

⑤学习的结果来源于人和环境间的协同交互。人类学习的稳定性和持久性由个体和他所处环境的协同交互引起。我们做出的选择和决定在某种程度上决定了我们生活中所遇到的事件，这些事件也将影响我们未来的选择。

⑥学习是创造知识的过程。体验学习理论赞同建构主义学习理论的观点，社会知识是在学习者个体知识中进行建构和重建的。这个观点与传播模式形成鲜明对比，目前很多教育实践在先前存在的固定观念基础上，主张将知识传递给学习者，而不是激发学习者创造新的知识。

2.2.2　理论内涵

(1)体验学习圈

体验学习理论基于学习圈的动态视角，试图辩证地解决两对矛盾集合，即把握经验—具体体验（concrete experience，CE）和抽象概念（abstract conceptualization，AC），以及改造经验—反思观察（reflective observation，RO）和积极试验（active experimentation，AE），根据这四类基本学习模式，形成体验学习螺旋式上升的环状学习模式结构，即"体验学习圈"。同时，它也是一个基于整体观的理论，认为学习是涉及整个人的适应过程，不仅适用于正式的学校教育，而且也适用于生活的全部领域，如非正式的校外教育，包括各类博物馆、科技馆中的参观学习体验。因此，体验学习过程是泛在的，时时刻刻体现在人类的行为中。体验学习过程的整体本质意味着它在人类社会的各个水平上发挥着作用，从个体到群体、到组织、到整个社会。

作为一个动态的、整体的理论，体验学习将学习过程设想为一个理想化的学习周期，使上述四种学习方式以环形的方式呈现，形成体验学习圈，如图 2-1 所示。

体验学习圈描述了一个由体验、反思、思考、行动组成的持续的、递归的学习周期，这个周期不是一个封闭的环形，而是呈螺旋上升式的结构，如图 2-2 所

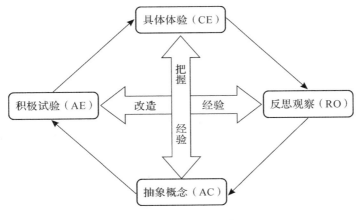

图 2-1 体验学习圈

示,周期的每一次循环完成都将以新的视野回归到体验中去。因此,这个体验
学习圈描述的是学习如何从体验中获得发展的过程:具体体验通过反思得以丰
富,通过思考赋予意义,通过行为得到转化,在这一周期结束后获取的新体验将
更加丰富、广泛、深化,而下一轮的迭代循环将在新的情境中探索和转化体验。

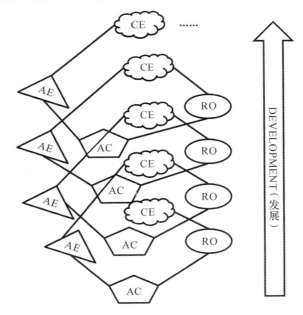

图 2-2 体验学习的螺旋结构

库伯的体验学习圈融合发展了众多学者的研究成果,卡尔·荣格发现通用

的 mandala 符号，mandala 意味着环，一个永恒的过程，即一次次的结束再次成为开端。如威廉·詹姆斯提倡的激进经验主义，它作为一种新的现实和思想哲学来解决 19 世纪理性主义和经验主义、唯心主义和唯物主义哲学间的矛盾。詹姆斯认为，所有事物在连续经验中开始和结束。巴西教育家保罗·弗莱雷则主要强调实践，他用分析人类间的对话方式来变革性地辩证反思和实践的关系，即中国通俗说的"只说不做"和"只做不说"。美国凯斯西储大学的生物学家 James Zull 发现了体验学习理论和神经科学研究的联系，认为体验学习的过程是与大脑运作的过程相关的。"……具体经验通过感觉皮层工作，反思观察涉及后脑皮层的整合，创造新的抽象概念发生在额骨整合皮层，行动测试涉及大脑。"

库伯的体验学习圈并不是将具体体验、反思观察、抽象概念和积极试验四个步骤进行简单地连接，而是从哲学思辨的角度出发，试图解决现实世界学习过程中两对基本的二元对立矛盾：具体和抽象，反思和行动，从把握经验到改造经验，最后将其转化为学习者的知识。国内对体验学习圈的理解局限于四个步骤的实施，忽略了循环周期的开放性、迭代性和发展性。

（2）学习空间

体验学习理论中学习空间的观点建立在库尔勒·勒温的场论及其对生活空间的理解基础上，进一步阐述了体验学习过程中学习者的学习风格及其个体、环境交互的整体、动态的本质。勒温认为，个体和环境是内在相互依赖的变量，他将这个概念转换成数学公式：$B=f(p,e)$，行为 B 是个体 p 和环境 e 的函数关系，生活空间是整体的人主观经历的心理环境，它包含需求、目标、无意识影响、记忆、信仰等，以及其他将对行为产生作用的要素。这些要素在给定的生活空间中是内在相互依赖的，只有在由合理要素构成的象限区域中才能解决这些要素的内在依赖关系。

因此，体验学习的学习空间旨在描述多样化的学习风格与个体、环境交互作用的内在联系，它用行动/反思和经验/思考两对矛盾集合构成二维的象限图，如图 2-3 所示。个体的学习风格在区域中的位置决定于行动、反思、经验和思考四个力的平衡，这个位置决定于个人性格和学习环境特征的结合。库伯的学习风格量表就是测量个体偏好在学习空间所处的特定位置。

体验学习理论的学习空间强调学习不是一个通用的过程，而是学习领域的地图，即可同时促进不同学习方式的发展。体验学习过程可以被视为一个在学

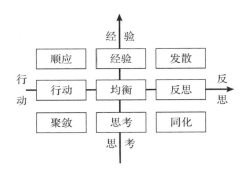

图 2-3　体验学习空间的九个区域

习空间不同区域运动的过程,这个过程受学习者的学习风格在学习空间位置的影响。

（3）学习风格

由于学习者在体验学习圈不同阶段的喜好,产生学习上的个体差异,形成独特的学习风格,这是我们的遗传因素,特殊的生活经历以及所在环境需求所导致的。库伯 1984 年的早期研究表明,学习风格受到人格类型、受教育程度、职业选择和目前工作角色和任务的影响。

库伯的学习风格量表（KLSI）测量个体对不同学习方法的喜好,而形成了四种学习风格:发散、同化、聚敛和顺应。

发散风格的个体是 CE 和 RO 占据主导地位。擅长从许多不同观点中观察具体情况。在如头脑风暴会议的活动中,发散风格的个体会有突出表现。他们拥有广泛的文化兴趣,喜欢收集信息,对人感兴趣,富有想象力和情感,试图专攻艺术。在正式的学习情境下,发散风格的个体喜欢群体工作,带着开放的思维倾听,接受个性化的反馈。

同化风格的个体是 AC 和 RO 占据主导地位。擅长了解各种信息并将其简化为逻辑形式。同化风格的个体较少关注人们,对思想和抽象的概念更有兴趣。一般说来,这种风格的人们发现拥有逻辑可靠性理论比实用价值的理论更加重要。同化学习风格在信息和科学职业中有显著优势。在正式学习情景中,此类学习风格的个体更喜欢阅读、讲座,探索分析模型,思考事情。

聚敛风格的个体是 AC 和 AE 占据主导地位。擅长发现思想和理论的实践使用。他们在发现问题或困难的解决方案基础上,有能力解决问题,做出决策。聚敛风格的个体喜欢处理技术任务和问题,而不是社会问题和人际问题。这些学习技能在专家和技术职业中至关重要。在正式的学习情境下,此类风格的人们喜欢经历新的思想、刺激、实验室作业,以及实际应用。

顺应风格的个体是 CE 和 AE 占据主导地位。能够从"动手"经验中学习。他们喜欢制订计划,让自己进入新的和有挑战性的体验中去,倾向于"内部"感觉,而不是逻辑分析。在解决问题方面,聚敛学习风格的个体喜欢从他人那里获取信息,而不是自己分析。这种学习风格对于市场营销或销售职业至关重要。在正式的学习情境中,顺应学习风格的个体喜欢同他们合作完成作业,确定目标,做现场工作,并用不同的方法测试来完成一个项目。

只偏爱四类学习方式——经验、反思、思考、行动——的学习者形成了相应的四类学习风格,而偏爱四类学习方式中的两种——把握经验中的经验或思考,转变经验中的反思或行动——的学习者则形成另外四种学习风格,即图 2-3 中的发散、聚敛、同化、顺应。而对四类学习方式同样偏爱的学习者形成了第九种学习风格,即图 2-3 中间的均衡风格。库伯发明了专用的学习风格量表(KLSI)来测试学习者的学习风格位于图 2-3 中的具体位置。

(4)深度学习

体验学习理论的学习发展分为三个阶段:①接受,从出生到青春期,基本能力和认知结构发展;②专业化,从正式学校教育到早期工作,以及成年的个人经历,通过社会、教育和组织社会化的力量形成一个特定的发展、专业的学习风格;③整合,职业生涯中期和晚年生活,在工作和个人生活中没有主导的学习模式,如图 2-4 所示。

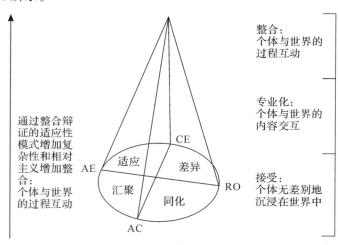

图 2-4　体验学习理论的发展

　　体验学习理论中,深度学习用来描述整合了体验学习圈四个学习模式——经验、反思、思考、行动的发展学习过程。库伯认为基本的学习风格是专业化的、受限制的学习方式。成人发展是从适应性的专业化道路走向整体的整合道路,深度学习被看作从专业化向整合化的转变。整合化的深度学习是一个能够满足情境需求的四个学习模式的创造性融合。

　　深度学习的发展被分为三个层次:第一层,学习是绩效取向的,强调专业化学习风格的两个学习模式;第二层,学习是解释和学习取向的,包含三个学习模式;第三层,学习是整合和发展取向的,包含所有四类学习模式。

　　例如,传统的课堂课程强调第一水平,绩效学习强调反思和抽象学习模式,包含少量的行动、少量的个体经验联系。如果辅以行动的反思则深化了概念理解,这就涉及实践应用,创造第二水平的深度学习,即包含上述的三个学习模式。进一步加入学习体验,涉及个人经验,例如实习或实地项目则能够创造第三水平的深度学习。相反的,实习生通过行动和体验模式强调绩效学习,通过加入行动来刺激反思,到达第二层的深度学习,如小组讨论实习经验和/或学生期刊。最后联系概念材料和经验增加第四类学习模型,到达第三层的深度学习。

　　(5)理论述评

　　体验学习理论是以学习者为中心的代表性学习方式,同时,也是从传统的正式学习向非正式学习转变的主要学习方式之一。它从解决双重辩证矛盾“具体和抽象、反思和行动”出发提出体验学习圈,对现实中的教育实践具有重要的指导意义。然而,从上述对体验学习的解读中,可以看出体验学习圈建立在库伯对学习空间和学习风格的研究基础之上,通过把握经验和改造经验两个维度建立有利于学习者整体发展的学习空间,分析学习者对四类基本学习方式的偏爱,判断其在学习空间的位置,获取其学习风格的特征,从学习者的遗传因素、个体生活经验、受教育背景等个人经验出发,给予其适应性的体验学习支持。然而,有学者曾经指出,仅仅支持适应学习者个体特征的个性化学习,是否会造成学习者其他能力、其他学习方式的弱化甚至缺失,因此,库伯的发展和深度学习的理论观点在促进学习者的整体性整合发展中具有重要意义,将发展从学习者一生发展的角度分为三个阶段,将深度学习从对四类基本学习模式的掌握情况分为三个层次,这在我们开展终身学习的过程中促进学习者的整体发展具有指导意义。

　　体验学习理论在教育领域研究中的理论建构和实践探究都具有极其重要

的指导意义和研究价值。作为非正式学习主要学习方式之一,体验学习理论可根据学习者特征建构面向大众的"通用"型的体验学习模式。非正式学习项目面向的学习对象越来越多样化,包括年龄、受教育水平、个性特征等,可利用体验学习理论提出的九类学习风格:体验、反思、思考、行动、同化、顺应、发散、聚敛以及均衡,和成熟应用的学习风格测量量表,在非正式学习项目中建立适应学习风格"通用"体验学习模型,先测量学习者的学习风格,获取其对学习方式的偏爱,提供相应的学习资源和工具。

体验学习理论的学习空间研究可为探究学习环境的设计框架提供理论依据和指导。体验学习理论的学习空间观点延续了勒温的行为研究,即行为是人和环境相互作用的结果,因此,学习空间或学习环境的设计在影响人的行为方面至关重要。库伯指出,为了使学习者全身心地投入体验学习圈的每个环节中,学习空间必须与学习周期的四个环节紧密契合,它需要一个让人容易接受的环境,有安全感同时具有挑战性的环境,允许学习者控制各自的学习进程,给予充分的时间可以重复实践,获取更加准确的知识。库伯在其 2005 年的研究中提出了设计学习空间的原则,包括支持对话性学习、专业发展学习、行动和反思、感悟和思考等等。

体验学习圈的螺旋上升结构与深度学习可指导在开放的学习环境中促进学习者的整体性发展的研究。体验学习圈在教学实践中已得到广泛应用,其螺旋式上升结构在研究过程中遇到了瓶颈,因为正式学习的学习环境受到时间和资源的限制,很难完成一轮轮的循环递归,多数教育者甚至认为这是一个闭合的学习环,学习者能将知识赋予积极试验中即可视为学习过程的终止。开放的学习环境,如肩负科普任务的科技中心,参观者拥有足够的时间,馆内提供足够的资源和工具,如何在这个开放的环境中促进参观者在一次次的体验循环中获得更加完整的、深化的学习历程,是值得研究的。

体验学习理论的研究旨在促进学习者的整体性发展和深度的学习,然而是有一定难度的。因为它需要具备足够的开放空间、学习资源以及多种多样的学习方式,以完成动态的、多样化的体验学习圈。因此,简单的按照四个学习步骤设计课程或项目实际上局限了体验学习的实践指导作用,只有拥有足够开放的环境、足够丰富的资源和工具,以及具备多种学习风格的学习者才能完成这个螺旋式上升的学习圈模型。

2.2.3 体验式场馆学习

体验学习理论基于对立模式双重辩证的理念,形成体验学习循环圈,解答了学习对象和学习方式的问题,学习对象即获取信息的渠道,是具体的感官体验,还是抽象的前人总结的经验概念;学习方式即改造信息的方式,是反思观察重新建构的知识体系,还是积极实践检验得出的结论性知识。

(1)模式构建

场馆学习的学习对象以展品为主,在技术支持下的新型展品从不同的感官通道传输信息,提供不同的交互反馈机制促进学习者知识内化与重构。因此,本书基于体验学习对获取信息、改造信息两个矛盾体的辩证理念,提出体验式场馆学习模式,如图 2-5 所示。

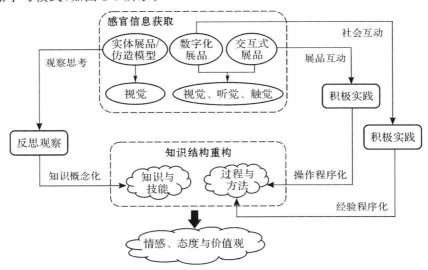

图 2-5 体验式场馆学习模式

体验式场馆学习模式基于库伯的体验式学习循环圈,在此之上,根据场馆学习的展品对象特征、自由选择学习、感官体验增强等特性,进行修订。库伯构建了一种综合学习的体验学习循环圈,适用于传统学校教育,以培养学生学习迁移能力为最终目标的学习。场馆学习是一种非正式学习,以具有文化历史和科学价值的展品为学习对象,它最终是通过建立展品与学习者已有知识的联结,达到传播历史文化,提升学习者科学文化素质的目的,即将知识与技能、过程与方法内化到情感、态度和价值观层次中。研究根据展品的类型修订库伯的体验式学习循环圈，形成了三种不同的体验式学习路径。

①视觉信息—观察思考—知识概念化

传统实物展品或利用 3D 打印等先进技术复制的仿造模型，将珍贵的文物/科技展品全方位展示在学习者面前，此类展品提供给学习者丰富的视觉感官刺激，吸引参观者驻足观赏，通过视觉通道传递展品信息。学习者在观察思考的过程中，整合展品与已有知识结构的相关的经验概念，进行抽象的知识经验概念化，获得展品"是什么"的知识。

②视觉、听觉、触觉信息—社会互动—经验程序化

数字化展品利用媒体技术与数字网络技术，将静态的展品通过复合信息通道（如边听边看）传输展品信息，丰富的视觉信息（虚拟影像技术）、听觉信息（语音讲解）、触觉信息（屏幕介质交互），提供学习者全面了解展品的学习机会，基于移动终端的呈现介质，让每一位学习者能够同步或异步与展品互动，并且促使学习者彼此之间的社会文化互动，如彼此的留言、提问、回答有利于促进个体知识结构的社会化建构。在个体知识结构与展品信息整合的过程中，社会性的交互能够带入更多的社会性经验，从而促进社会化的经验程序化，形成系统化的过程与方法，获得展品"如何做"的信息。

③视觉、听觉、触觉信息—展品互动—操作程序化

交互式展品利用多感官信息检测的体感技术，捕捉学习者的多种行为做出输入信息，根据预先设定好的程序，使展品反馈适应性的结果，给予学习者直接的视觉、听觉、触觉信息反馈。此类展品更关注学习者与展品之间的互动反馈，在刺激—反馈的效应调节过程中，使学习者不仅能够获得"如何正确地做"的知识，而且帮助学习者建构起系统观念，即个人系统与物理系统的互动作用受到多因素的影响，向学习者传输的是展品"为何这样"的原理性知识。

（2）模式特征

①学习对象

场馆学习的主要学习对象是馆内丰富的展品资源，展品资源处于体验学习循环圈中的具体体验环节，是学习者信息获取渠道的直接来源。基于信息通道加工理论对技术增强的新型展品进行分类，细化学习对象的类型，设计统整型的场馆体验式学习模型，有效发挥当前场馆馆内学习资源的教育效果，有效推进场馆机构开展场馆学习实践。

②自主学习的指引

场馆是一类典型的非正式学习环境,学习的自由选择性是区别于其他学习环境的主要特征。学习者在场馆中的学习路径不受测验成绩等外部驱动的影响,完全根据个体自身兴趣与需求自主进行。多样化展品类型在具体体验环节为学习者提供自主选择获取信息的通道,同时,符合认知规律的学习路径指引,能够帮助学习者高效地加工知识,重构知识结构。

③知识互动的建构

决定场馆学习有效性在于展品信息与学习者个体知识结构的互动建构,不同程度的互动决定了学习者最终知识建构的层次。场馆体验式学习模式提出旨在社会性互动的数字化展品,需要整合具有一定广度的社会知识经验,进行经验化程序的建构,旨在个体与展品的深度互动反馈的交互式展品,需要整合具有一定深度的互动反馈机制,帮助学习者进行操作化策略的建构。

④教育目标的升华

场馆学习在学习者不同的人生阶段,会产生不同的学习效果,它是一个追求过程的学习形式,而不追求结果。场馆体验式学习模式构建对知识与技能、过程与方法信息的学习路径,提出观察思考实体展品/仿造模型进行知识概念化,获得知识与技能,与数字化展品的社会性交互实践促进经验程序化,与交互式展品的互动实践构建操作程序化,获得过程与方法,在二者的结合下提升情感、态度和价值观,形成面向不同人生阅历和学习阶段的三步骤场馆学习,最终达到传承历史文化、提升科学素养的场馆教育目标。

2.3　游戏化学习理论

2.3.1　理论概述

(1)游戏化

①游戏化的概念

关于游戏化的概念,学术界尚未形成统一的定义。Yu(2015)认为游戏化将游戏中那些有趣、吸引人的元素巧妙地运用在现实世界或生产活动中,并将游戏化称为"以人为本的设计"。Gartner(2018)则认为,游戏化是在非游戏工作场景中运用游戏机制来驱动任务，改变目标受众的行为，以完成工作成果。目前，学界接受度最为广泛的是 Deterding(2011)对游戏化的内涵界定，他认为游戏化将游戏元素应用于非游戏的情境中来提高用户的参与度、沉浸度与用户忠诚度。本章认为，游戏化是指在非游戏的情境中，使用游戏化元素与机制来解决生产生活中的问题，而不仅仅是简单地玩游戏。

②游戏化元素

游戏化元素是游戏理念落实的具体载体，是实践层面的具体体现(王春丽等，2021)。在商业领域，最常见的游戏化元素即指积分(points)、徽章(badges)以及排行榜(leader boards)，简称为 PBL；沃顿商学院 Werbach 和 Hunter 提出了应用最为广泛的 DMC 游戏元素分类体系，分别为动力(dynamics)、机制(mechanics)、组件(components)(Werbach and Hunter，2012)。其中，PBL 是游戏化元素研究的起点。在教育领域，一些学者基于 DMC 框架提出了构想，如石晋阳、陈刚(2016)的五类动力元素、陈媛婷(2019)的动力和组件类组合模式等。

从科学的角度来看，目前关于游戏化元素的研究并不系统，学界使用了各种不同的方法和术语，这可能会产生一些分歧。例如，如果一名研究人员研究游戏中的挑战元素，而另一名研究冲突元素，那么我们就不知道这两名研究人员在多大程度上研究了相同的潜在游戏元素。究其原因，可以追溯到游戏研究的核心分歧：研究人员对游戏元素的特定定义都不一致。基于此，学界提出很多相关模型，其中最简洁的模型是 Bedwell 及其同事于 2012 年提出的。该模型中包含 19 个与学习相关的游戏元素，并被归为 9 个类别：动作语言、评价、冲突/挑战、控制、环境、游戏情节、人际互动、沉浸感和规则/目标(如表 2-3 所示)。该分类法是使用卡片分类技术创建的，其明确目标是平衡理论问题(即先前的证据表明与学习相关的各种游戏属性)与实际问题(即开发具有广泛实践价值的模型)。鉴于此，Bedwell 模型可以有效地将迄今为止分散且结构丰富的研究集中在游戏对学习的影响上。

表 2-3　游戏化元素类别及其例子

类别	定义	例子
动作语言	玩家与游戏本身进行交流的方法和界面	为了参加在线学习活动,学生们需要使用游戏控制台控制器(如 PlayStation 控制器)
评价	跟踪游戏进程的方法	在学习活动中,当每个学习者完成活动时,分数被用来跟踪每个学习者获得的正确答案的数量
冲突/挑战	玩家所面临的问题,包括问题的性质和难度	增加了小组讨论活动,以便每个小组都竞争"最佳"答案
控制	玩家能够改变游戏的程度,以及游戏自我响应的程度	重组小组讨论活动,以便每个小组做出的每个决定都会影响该小组将讨论的下一个主题
环境	玩家物理环境的表示	课堂会议从物理教室转移到 3D 虚拟世界
游戏情节	虚构的游戏世界和故事	讲座、测试和讨论分别更名为冒险、打怪和议会
人际互动	玩家在空间和时间上与其他玩家互动的程度	学习者参与一个在线系统,该系统在工作时向其他学生报告他们的作业进度
沉浸感	游戏的情感和感性体验	在学习海洋学时,教室的墙壁被显示器取代,显示器显示从海底捕获的实时图像
规则/目标	提供给玩家的明确定义的规则、目标和实现这些目标的进展信息	在平板电脑上完成工作表作业时,会显示一个进度条,指示已完成多少作业(但不一定是正确答案的数量,这将属于"评价")

③游戏化概念的理解取向辨析:游戏化、严肃游戏、游戏式设计与游戏

Olga Kokoulina(2017)认为游戏化就是在一些工作等无聊的过程中添加四个特殊组件,让用户有更多动力去完成这个过程。四个组件分别是结构、奖励、评价、行为。结构包括点数、关卡、进度条、排行榜、徽章、持续反馈等。奖励不仅仅是指金钱或物质的奖励,它们本身不应该很昂贵,玩家打败其他用户并获得奖励,才是真正激励玩家的元素。评价指对表现结果的等级判断。行为指游戏预先设置的允许玩家选择的行为模式。游戏化让用户更加有动力持续进行此种行为,让他们更加享受游戏化组件带来的愉悦的体验过程。

在添加任何游戏元素之前,游戏设计需要考虑用户体验。如"披萨追踪器"就是典型的用户体验提升元素,它会追踪你要花多长时间才能拿到披萨。这个追踪器实际上并不是一个游戏化的元素,但是,它可以让你在等待拿到披萨时看到一些有趣的东西,降低用户在枯燥等待时的不愉悦体验感受。

　　总之，如图 2-6 所示，如果游戏中没有玩游戏的过程，但是具有娱乐性，即无目的，就是游戏式设计；如果它有目的，但几乎没有玩游戏的过程，那就是游戏化；如果它有明确的目的，并且需要玩家体验玩游戏的过程，那它就是一款严肃游戏；如果它有玩游戏的过程，只是为了好玩，而不具有明确的目的，那就是游戏。以上即是游戏式设计、游戏化、严肃游戏与游戏的区别。

图 2-6　游戏化、严肃游戏、游戏式设计与游戏

④游戏化的核心价值——动机给养

Hamari 等（2014）将游戏化概括为三个过程，即实施的动机给养、产生的心理影响和进一步的行为结果，如图 2-7 所示。它指出了游戏化的核心价值——动机给养，其他的心理影响和外在行为的改变都是动机给养的结果。现有研究也已证实，游戏化产生的行为动机是推动用户从事行为的内部力量，能够促进用户产生愉悦感、满足感等心理影响，进一步对用户的行为结果产生影响。

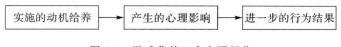

图 2-7　游戏化的三个主要部分

（2）游戏化学习

①游戏化学习与基于游戏的学习

　　近些年来，游戏化在学术界和实践中受到了越来越多的关注和兴趣，其中，教育处于游戏化研究的顶尖领域（Dichev and Dicheva，2017；Hamari et al.，2014）。动机力量使游戏化成为教学情境中一个特别有前途的方法。学习环境中的游戏化可以称为"游戏化学习"（Armstrong et al.，2017；Landers，2014）。

　　游戏化学习与"寓教于乐"的教育思想不谋而合。韦巴赫、亨特（2014）认为游戏化学习就是采用游戏的机制，用美学和游戏化的思维来吸引他人、鼓励行为、促进学习并解决问题。游戏化学习强调游戏设计元素的使用，强调在非游戏情境下的游戏特征，采用了娱乐的方式而非单纯的娱乐（Deterding et al.，

2011;鲍雪莹、赵宇翔,2015)。

早在 20 世纪初就已经有学者在研究思考教育中游戏的作用,之后的很长一段时间,相关研究成果甚少,几乎出现了停滞状态。直至 20 世纪末,游戏化相关研究急速增长,发文量剧增(鲍雪莹、赵宇翔,2015)。游戏化在教育领域的研究沿着教育游戏(Education Game)、基于游戏的学习(Game-Based Learning,GBL)、严肃游戏(Serious Game)和游戏化学习(Gamification Learning)的脉络逐渐展开,并掀起了一股研究热潮。

基于游戏的学习和游戏化学习有着相似的研究基础和共同的游戏设计元素工具包(Landers et al.,2018),并且同样关注在娱乐之外添加教育价值,即在学习中使用娱乐性的游戏化干预(Deterding et al.,2011;Zyda,2005),但是它们在本质上是不同的。基于游戏的学习指向成熟(严肃)游戏的设计(Deterding et al.,2011),而游戏化学习则专注于增强或改变现有的学习过程,从而创造出一个为提升学习者学习体验的游戏(Landers et al.,2018)。因此,基于游戏的学习与游戏化学习是不同的。学习环境中的游戏化是指添加游戏元素以改变现有学习过程的设计过程。

②游戏化学习理论

有研究者试图通过构建一种游戏化学习理论来解释游戏和学习之间的关系。该理论定义了四个组成部分:教学内容(Instructional Content)、行为和态度(Behavior/Attitude)、游戏特征(Game Characteristics)和学习结果(Learning Outcomes)(Landers,2014)。游戏化学习中的教学内容直接影响学习结果和学习者的行为。因为游戏化通常不是用来取代教学,而是用来改进教学,所以有效的教学内容是游戏化学习的先决条件。游戏化学习中的学习者行为和态度会影响学习结果。不同的学习者态度和行为在学习过程中会产生持续的影响。例如,当学习者在游戏化学习中投入较少的认知努力,最直接的体现就是降低学习效率。当学习者在游戏化学习中的参与行为较为消极时,他们收获的学习成果也随之较低。当学习者在任务的投入度过低时,学习效果会大大降低。游戏特征也会影响学习者的行为和态度。在游戏设计中,通过提高游戏对学习者能力的适应水平,学习者的认知策略将会大大提升。同样的,在游戏化学习中使用更加具体的规则或目标,也能够在一定程度上增强学习者的学习动机。

③游戏化学习的价值体现

关于游戏化学习的价值体现,尚俊杰、蒋宇(2018)指出游戏的三层核心教育价值:游戏动机、游戏思维与游戏精神。游戏动机是最基础的价值,与学习者的学习动机与学习欲望有关。芝加哥瑟琳达研究协会指出有着预约经历和学习欲望的学习者在学习中往往会产生认知、情感、能力与身份的改变(Perry,2012)。游戏思维或游戏化思维指在教学或管理的各个环节将游戏中的元素、机制与设计应用到教育中,如奖励机制等。游戏精神是最高层次的意义。游戏是假的,但是对待游戏的态度、游戏中所经历的过程、体会到的情感却是真实存在的。学习者在游戏过程中有着最大的选择学习内容、方式和时间的自由。游戏化学习的内在目的在于满足学习者的内心需求、愉悦体验、角色操控和情境探索,外在目的在于促进学习者动机激发、情感调节、认知发展与社交技能(张文兰、刘俊生,2007)。

(3)理论基础

教育领域中游戏化应用的理论基础包括期望理论、自我决定理论、目标设定理论、沉浸理论、体验学习理论、生成性学习理论等。

①自我决定理论

游戏化学习理论指出了游戏化对学习结果积极间接的影响。但需要注意的是,该理论并未提供有关游戏化元素所触发的有效学习机制的信息。这种机制可以在成熟的心理学理论中找到,如自我决定理论(Ryan and Deci,2002)。

自我决定理论已经成功地应用于游戏情境(Rigby and Ryan,2011)和游戏化中(Mekler et al.,2017;Sailer et al.,2017)。它假定了对能力、自主性和社会关系的心理需求。这些需求的满足是内在动机的核心,随后是高质量的学习。自我决定理论强调了环境在满足这些心理需求方面的重要性(Ryan and Deci,2002)。用游戏设计元素丰富学习环境可以改变这些环境,并可能影响学习结果。从自我决定的角度来看,不同类型的反馈可能是由游戏设计元素触发的核心学习机制。不断向学习者提供反馈是严肃游戏和游戏化的核心特征(Wouters et al.,2013;Werbach and Hunter,2012)。尽管反馈的有效性取决于各种标准,如反馈的时间(即时的、延迟的),参考框架(标准的、个人的、社会的),或反馈的水平(任务、过程、自我调节、自我)。一般来说,反馈是教育干预和学习的关系中最有力的因素之一(Hattie and Timperley,2007)。游戏化学习活动中,学习者拥有足够的自由度去选择完成目标的途径,从而体会到一种内部归因,感受到自己的决定对结果的影响从而提高学习者学习的动机。

②生成性学习理论

美国教育心理学家 Wittrock 在进行中小学教育实验的过程中发现,仅仅靠外在动机不能决定学习者的学习效果,学生的已有知识与经验对学生的学习有着直接的影响(Lee et al.,2008)。基于此,1974 年他提出了著名的生成性学习理论。

生成性学习模型包含了学习过程、动机过程、知识与先前形成的概念、知识生成的过程(Wittrock,1989)。生成性学习模型强调学习是学习者已有的知识经验与新知识产生内在关联的过程中进行的,理想的教学应当帮助学习者产生新旧概念的联系。Wittrock(2010)强调学习者主动生成的知识概念与简单的硬性记忆有很大的不同。

Lee 等(2008)与张露和尚俊杰(2018)等总结了生成性学习理论的基本特征,认为学习者的兴趣、态度、爱好与认知策略会促使学习者对环境中的信息产生选择性注意;当学习者认为自己因为在知识生成方面付出过努力而获得了知识成就时,他们的学习兴趣才会被提升;当学习者怀着积极的态度参与到学习过程中时,学习者的记忆等认知能力在一定程度上才能得到改善。另外,生成性学习理论强调教学与学习策略的重要性,学习者在教师某种教学技巧的指导下采用一定的学习策略进行学习与思考,同时以元认知的方式进行自我调节。

2.3.2　相关理论

(1)古典游戏理论

古典游戏理论最早可以追溯到古希腊时代,这个时期的游戏理论主要通过哲学来推理人们为什么要玩游戏、游戏的目的是什么。如柏拉图认为游戏是为了满足儿时跳跃的需要,亚里士多德认为游戏是没有目的的消遣和闲暇活动等。其中最具代表性的说法是精力过剩说、松弛消遣说、复演论和预演论(Bammel and Burrus-Bammel,1992)。

精力过剩说的主要代表人物是席勒和斯宾塞,他们认为游戏是人类为了适应自身发展的需要来消解过剩的精力;松弛消遣说认为游戏是为了在日常工作学习生活中放松精神以重新获得继续工作的精力;复演论从胚胎学的角度出发,认为人类在成长的某一时期会出现狩猎、游牧和形成部落等不同人类阶段的行为,即游戏;预演论则认为游戏是人类为了生存与未来的发展而产生的对未来时间的一种模拟行为。虽然从古典游戏理论哲学和进化的角度上探讨游戏的本质与目的存在一定缺陷,但这是人类首次将游戏作为一门专门的研究领域去探究,意义重大。

（2）现代游戏理论

现代心理学的出现,使人们开始从科学的角度去探讨游戏。这与早期关注本质与目的不同,人们开始基于不同理论范式的实证研究,从认知与动机的视角探究游戏与人类认知与主体性发展的关系(尚俊杰、裴蕾丝,2015)。

精神分析学派将游戏理论从纯粹的哲学思辨带向科学的实验分析。精神分析学派将人的潜意识作为研究对象,游戏作为现实的对立面,可以在调节人的本我与超我的矛盾平衡之间提供自由的方法,此研究在治疗精神病人上取得了较好的结果。行为主义理论从人的行为出发,使用试误、强化和模仿的三个要素将游戏和学习过程联系在一起。但是行为主义忽略了人的大脑中重要的认知,所以仍然存在一些限制。相反,认知主义理论从人的大脑认知出发,分析人类学习的内部机制,尝试解读游戏在人的认知发展上的作用机理和影响,这为游戏化学习活动的设计与实施提供了必要的理论与思想指导。

（3）转换游戏理论

转换游戏理论(transformational play)由 Sasha 等于 2009 年提出。转换游戏理论基于学习投入理论、概念性玩耍空间理论,在经历长达十年的游戏设计、开发和应用的过程中凝练而成(马红亮,2010)。

转换游戏理论是杜威"交互"思想的延伸,即"每一次的经历都会对一个人的发展产生影响"(Dewey,1963)。这种交互思想不仅强调了人与情境之间的密切关系与作用,更指出情境促进人的发展的道路。转换游戏理论的核心元素是意向性的人、合法性

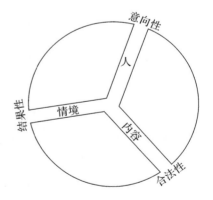

图 2-8　转换游戏理论的核心元素
(轮辐)和每个元素的目标类型定位

的内容和结果性的情境,如图 2-8 所示。当游戏情境中的角色、情节与任务跟学习者的幻想、好奇和挑战产生紧密联系时,学习者的内驱力被最大化地激发。学习者开始运用概念性知识去理解然后做出有可能改变问题情境的选择(Barab et al.,2012)。李晓雯和马红亮(2012)指出了转换游戏理论的游戏叙事

的三点特征:将学习内容与人物角色结合在一起,将人物角色与游戏情境结合在一起,将游戏情境与学习内容结合在一起。

(4)游戏化学习体验理论

张露和尚俊杰(2018)分析与总结真实学习理论、体验学习理论与生成学习理论的核心要素,归纳出学习体验的三种类型:基于情境的认知体验、基于协作的社会性体验和基于动机的主体性体验,如图 2-9 所示。

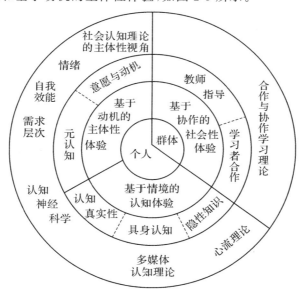

图 2-9　游戏化学习体验的理论框架

游戏化学习环境为学习者提供了认知真实性的学习情境,基于学习科学的游戏设计帮助学习者获得更加科学有效的认知体验。游戏化学习环境是基于特定的目的进行游戏化设计的真实性的环境,为学习者提供了获得隐性知识的实践情境。在游戏情境中,学习者获得来自游戏或者教师的指导信息与同伴开展协作与交流。另外,游戏化学习体验理论强调学习者的学习动机在学习者进行主体学习过程中的作用。

(5)理论述评

综上所述,游戏化学习的设计通过将游戏情境中角色、情节与任务与学习者的内在动机(幻想、好奇与挑战)产生联系,让学习者在愉快的游戏过程中学习知识、获得能力、升华情感。游戏化学习的本质特征体现在学习的过程中添加游戏化的元素,这包括结构的游戏化、奖励机制的游戏化以及学习过程的游戏化,具体内容如下。

结构的游戏化包括线索提示、闯关、竞争等;

奖励机制的游戏化是对学习者的一种肯定的反馈,学习者从中可以获得成就感;

学习过程的游戏化为学习者提供丰富的感官体验、操作体验,以此获得学习的持续性。

2.3.3　应用案例

游戏化学习活动(课程)设计是当前游戏化学习领域的研究热点之一(于颖等,2021)。有关游戏化学习设计的实证研究近年来逐渐增多,从理论与实践的角度反映了游戏化学习对学习者学习效果的影响。游戏化评价是游戏化学习活动设计的研究焦点之一。Sanchez 等(2020)和贺宝勋等(2021)等认为,游戏化评价指在教育教学的评价中采用游戏化的元素,从而提高学习者的学习体验与学习参与度,如使用积分、排行榜、倒计时、音效等游戏化元素。已有研究证明游戏化的学习效果评价在促进学习者学习动机与学习成效上有显著的作用(Sanchez et al. ,2020;Zainuddin et al. ,2020;Georgiou and Nikolaou,2020)。贺宝勋等(2021)则认为游戏化学习评价在一定程度上可以缓解在线学习者学习倦怠,同时在学习效果保持与学习过程趣味性上有明显优势。李玉斌等(2019)等认为,游戏化学习在促进学习者行为投入、认知投入和情感投入方面有着积极的作用。张靖等(2019)指出游戏化与学习活动融合的过程中,技术使学习活动更加直观清晰、可视化更强,学习者在学习的过程中及时得到反馈,带来了更强烈的视觉冲击与更高的学习效率。未来,游戏化学习需要更加注重交互设计、用户研究和评价体系的构建(鲍雪莹、赵宇翔,2015)。这里对游戏化学习两个案例进行介绍与解读。

(1)小学游戏化学习社区中的智能学伴

在游戏化学习中引入人工智能代理技术,带领学习者在虚拟社区中进行愉快的学习已经成为当前游戏化学习的一大趋势。学习伙伴、虚拟学习伙伴和智能学习伙伴等在网络学习中渐渐出现。智能学伴结合了人工智能技术与学习伙伴,能够与学习者进行交流互动,帮助学习者记录学习过程,与学习者进行情感交互,有利于学习者自我概念的形成和人格的发展。吉丽晓(2013)和张攀峰等(2014)通过分析智能学伴情感交互的相关特征,对小学四年级游戏化学习社区进行了设计与实现。

　　游戏化学习社区中的智能学伴关注小学生情感培养的关键期,重视情感交互的设计。学习社区的游戏化体现在学习情境游戏化、奖励机制游戏化、角色游戏化和学习过程的游戏化。

　　① 学习情境的游戏化

　　学习社区将小学四年级的语数外三科学习内容整理融合于一个游戏化场景——海底世界。界面场景的情感交互设计与海底世界的主题场景有关,需要对学习社区的色调、物品、道具等元素进行分类处理,部分道具如表 2-4 所示。

表 2-4　海底世界中的部分道具

种类	名称	动作	形象
海底生物	海马	眨眼、游动	
	海龟	水中游动	
	小丑鱼	眨眼游动、吐泡泡	
	螃蟹	爬动	
	海豚	游动	
海洋机器	螺旋艇	螺旋桨转动	
	传送门	闪光	

　　②奖励机制游戏化

　　学习者将收到来自学伴的问候、通知、任务消息、积分奖励等。学习者通过积分和金币购买喜欢的道具用以装饰自己的动态海底世界,以提高学习者的学习的成就感与学习兴趣。

　　③角色的游戏化

　　首次登录社区的学习者将会认识故事情境并领取智能学伴。泡泡精灵(如图 2-10 所示)是智能学伴的可视化表现,在接下来的学习时间里和学习者一起学习,向学习者致以节日与天气等的问候。另外,泡泡精灵在任务布置与做任务过程中的情感调节功能不可忽视。泡泡精灵作为智能学伴陪伴学习者,给予学习者情感的问候与关怀,让学习者感受到尊重与被需要,是推动学习者攻克难关的助力。泡泡精灵每次不同的问候状态也会引起学习者的好奇心以及提高学习的积极性与持久性。

④学习过程的游戏化

在游戏过程中,学习者会收到来自智能学伴的问候、通知、任务消息、积分奖励等。学习者还可以根据自身学习情况在自选模块选择复习或者进阶任务。智能学伴还会通过心情状态询问与问候,超过任务规定时间后的放松环节和结束前的温馨提示与学习者进行情感交互。情感问候与温馨提示可以让学习者在学习或者使用学习社

图 2-10 智能学伴
——泡泡精灵

区时有归属感,感受到来自社区的关怀,满足学习者的情感需求,这对影响学习者的学习动机有重要作用。学习社区在融合学习知识点与游戏任务时使用视频讲解"泡泡精灵视频故事课堂"辅助学习者的学习,最后对学习者进行知识测试以检测学习者的学习效果。

(2)移动游戏化学习系统(MGLS)支持的户外科学学习

Su 和 Cheng(2015)将带有游戏元素的移动游戏化学习系统(mobile gamification learning system,MGLS)应用于户外教育环境的移动学习活动。为了强调移动增强的学习活动,研究者设计了两个视角"游戏化技术"和"移动应用程序"(见图 2-11)。MGLS 的设计基于游戏化学习和社会建构主义的概念,通过添加轻量级游戏层,其应用程序可以用于增强学习过程中的参与度和动机。最终的 MGLS 包含了一系列关于昆虫的学习活动,旨在将游戏元素整合

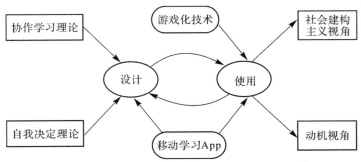

图 2-11 MGLS 游戏化学习活动的设计与使用模型

注:改编自 Huang 等(2009)。

到户外学习环境的课程设计中。该系统的游戏化主要体现在游戏化结构和游戏化奖励上。

MGLS 使用了一些游戏化功能,如排行榜、徽章和任务,引导学生通过多种活动来完成特定的学习目标。学习者在做任务的过程中获得奖励徽章,这些徽章可以兑换成现实世界的奖励,比如礼物。任务的积分可以创建实时的排行榜,激发学习者的竞争心理。此外,MGLS 系统进行了团队任务与社交设计。教师可以创建任意数量的学生团队,以及为这些团队制定任意数量的具体目标和任务。这些任务可以包括参观学习区域,观察学习目标等。学习者在执行任务的过程中可以进行协作交流。

第3章 技术赋能

信息技术应用于场馆，这为场馆建设与智能参观提供了重要的技术支撑，数字化场馆应运而生。甄朔南（1999）认为数字化场馆指使用数字化的方式将场馆的教育、收藏与研究功能表现出来。龚花萍等（2015）认为数字化场馆指"以数字化的技术、形式和统一的数字资源标准对场馆的收藏、研究和教育资源进行处理、加工、整序、组织，并向不同需求类型的社会公众传播自然或文化遗产相关知识的信息服务机构"。

根据数字化场馆建设的各类信息技术条件，本章将数字化场馆分为两类：一是基于在线网站的虚拟场馆，这包括静态的场馆官方网站和可以漫游的三维立体虚拟场馆；二是基于各种虚拟技术与移动技术的虚实融合的场馆，这类场馆具备丰富的展品资源和感官交互，在提高学习者学习参与度和沉浸度上有很大优势。

丰富的信息技术应用于场馆为场馆参观注入了新的生命力。本章将主要介绍数字化场馆中的数字化展品资源开发技术、虚拟仿真技术、增强现实技术和智能导览技术。

数字化展品资源开发技术是将物理性质的展品数字化，包括数字化扫描、三维立体模型、视频等，这些数字化的空间与展品为学习者提供了更丰富细致的观看感受。

虚拟仿真技术又称虚拟现实技术或模拟技术，是指利用计算机生成三维动态实景，对系统的结构、功能和行为以及参与系统控制的人的思维过程和行为进行动态性、逼真的模仿。该技术多应用于仪器仪表、虚拟制造、电子产品设计、仿真训练等人们生产、生活的各个方面。

增强现实技术旨在增强学习者与展品之间的交互，为学习者提供沉浸式的参观体验。

智能导览技术多通过搭载了智能导览系统的移动设备实现,为学习者指引学习路线、推荐展品相关资源等。

3.1　数字化展品资源开发技术及其案例

3.1.1　数字化展品资源概述

(1)数字化展品资源内涵

传统的场馆展品多指向观众展示的文物、标本等实体展品,这些展品往往实用性不足,目标用户狭窄且展示手段单一,限制了场馆公众教育的普及。时代在发展,场馆也在与时俱进。现代化的场馆通过不断更新内部资源,以更加科学、便捷的方式为人们提供服务。数字化展品资源是数字化场馆建设的核心,是场馆发挥教育、收藏与研究功能的重要条件。数字化资源指的是依据学习者特征进行设计,以数字化形式呈现,提供异步展示的展品资源。学习者可以利用数字化展品资源开展自主学习。常见的数字化展品资源包括数字音频、数字视频(2D 或 3D)、虚拟 3D 模型、场馆官方网站等。

(2)数字化展品资源的特征

① 获取的便捷性

场馆中数字化资源获取的便捷性体现在虚实融合的实体场馆和虚拟场馆中。实体场馆中,快速响应代码(quick response code)、位基服务(location-based services)、射频识别(radio frequency identification,RFID)等技术的应用帮助学习者及时获得感兴趣展品的相关信息。这些信息包括展品的文字、图片与视频等。另外,学习者可以超越时空的限制,随时随地登录网站,游览虚拟场馆进行非正式学习。

② 形式的多样性

场馆中的数字化资源形式呈现多样性特征,这不仅包括二维的图片与视频信息,还包括 3D 展览模型和立体视频。多样的展品资源为场馆学习者提供了多视角观察与学习展品的机会。展品不再被封在安全玻璃后面,而是放到学习者眼前甚至可 360°无死角观察,这无疑为场馆学习者的学习提供了莫大的助力。

③内容的可扩展性

数字化场馆中学习者不再是被动的知识接受者，他们可以根据自己的已有经验，有意识地对数字化展品进行评价、修改和再生产，将展品传递的知识内化。另外，场馆中的数字化资源是可再生的。传统的展品往往有着极其重要的研究价值，是独一无二的。而数字化技术将这些贵重展品一比一再现出来，不仅很好地保护了文物等展品，还起到了教育传播的重要作用。

④使用的交互性

多种形式的数字化展品资源都为参观者提供了交互服务。这不仅体现在二维展品的放大、缩小等交互，还包括虚拟博物馆中的交互。借助虚拟头盔和平板电脑等 VR 设备，学习者可以"进入"虚拟场馆中与展品和空间环境进行交互；借助鼠标和电子笔等输入输出设备，学习者可以点击部分展品的历史背景信息等。丰富的交互设备激发了学习者的好奇心与参观积极性，吸引了更多的学习者参观与学习。

3.1.2 技术实现

（1）数字音视频技术

数字化音视频以数据的形式存储于计算机内部，实现了资源的永久保存与无损复制。数字化音视频技术将自然界的声音与视频通过数字模拟出来，实现了资源的可再生与共享。音视频可以反映事物发展的变化趋势，包含了巨大的信息量。相对于文本数据来说，为场馆学习者带来了丰富的感官体验。中国科技馆内设有球幕影院、巨幕影院、动感影院、4D 影院四个特效影院，使参观人员产生身临其境的感受，领略科技与自然之美。图 3-1 展示了中国科技馆巨幕影院的《海龟奇幻之旅》视频影像。

（2）三维激光扫描

三维激光扫描（three-dimensional laser scanning）是一种获取空间三维信息的技术。这种技术克服了手动测量的局限性，采用非接触的方式获取被测物体的三维坐标信息，将空间信息存储为计算机内部的三维数据。场馆领域中可以使用三维激光扫描技术获取场馆的三维坐标信息，生成场馆的 3D 立体模型。这种三维激光扫描技术由于测量速度快、数据准确性高、有利于保护被测物体等优势受到国内外专家学者的广泛关注。

三维激光扫描通常包括数据的采集、点云数据的处理以及三维模型的建立

图 3-1 中国科技馆巨幕影院《海龟奇幻之旅》

三个阶段。通过使用各种三维激光扫描仪(见图 3-2)、数字影像拍摄等数据采集技术获取测量数据——点云,然后对点云数据进行预处理,最终加工成为三维模型、二维条形图和正射影像图。

远程扫描仪　　　中程扫描仪　　　短程扫描仪1　　　短程扫描仪2

图 3-2 各种三维激光扫描仪

（3）自然彩色 3D 模型数字化系统

场馆尤其是自然科学博物馆中的展品,主要以动植物标本为主。这些标本的制作过程较为复杂,想要在自然环境下完整保存也较为困难,这对经济落后的国家或地区来说,是当前急需解决的重要难题。因此,这些地区或机构主要使用文本、2D 图表和图像来描述生物物种。虽然这些传统的描述拥有丰富的信息,且被证实是有用的,但是,它们不能从所有角度完整地描述标本信息。自然彩色 3D 模型数字化系统(natural-colour 3D model digitization)成为突破这些限制的一个有效解决方法(Nguyen et al.，2014)。

自然彩色 3D 模型数字化系统是一个实用、经济、高效的现成组件系统,用于获取长度从 3 毫米到 30 毫米的自然色昆虫的 3D 模型(自然彩色模型与灰度模型相反)。彩色图像是使用数字单镜头反光(DSLR)相机和两轴转台从不同的角度和焦距捕获的。使用基于视觉船体算法的软件将这些 2D 图像处理为 3D 重建。由此产生的模型非常紧凑（大约 10 兆字节），具有出色的光学分辨率，并且可以轻松嵌入文档和网页中，也可以在移动设备上查看。该系统是便携式的、安全的、相对实惠的，并且可以通过计算机断层扫描补充体积数据。该系统提供了一种新方法来增强昆虫物种正模的描述和记录，减少处理或运送标本的需要。它开辟了为研究、教育、艺术、娱乐、生物多样性评估和生物安全控制领域收集数据的新领域。

自然彩色 3D 模型数字化系统的工作流程包括以下三个主要步骤，如图 3-3 所示。

①标本固定：物理标本被固定在预先打印好的垫上，之后重建软件会使用它来估计相机的状态（观察角度和位置）。

②图像获取：标本的二维图像从不同的方向（和小昆虫的焦点深度）自动获取。这一步标志着从物理领域到数字领域的过渡。

③3D 重构：3D 模型是从多个 2D 图像推断出来的。对于小昆虫来说，这需要在提取相机姿态、形状和颜色之前进行多焦点图像叠加。

该系统有两种采集模式，取决于样品的大小。大于 10 毫米的昆虫是在正常模式下捕捉的，在正常模式下，普通单反相机镜头的焦距足以使整个标本在任何观察角度聚焦；小于 10 毫米的昆虫是用高倍放大镜在宏观模式下捕捉的。由于该透镜的焦距较浅，因此需要在离样本不同的距离捕获多个图像，并处理成单一的聚焦图像。

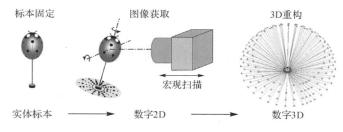

图 3-3　创建自然颜色 3D 模型的三个主要步骤

3.1.3　案例分析

（1）生物标本的 3D 模型

①背景

科学的进步使许多软件和平台都支持捕捉二维图像来创建目标对象的三

维结构。虚拟 3D 模型的制作成本更低,可以替代昂贵的场馆参观。在教学中,3D 模型为学生提供了一种互动的参与体验,极大地帮助了教育者进行科学理论的教学。使用这些模型的主要优点是它们可以被学习者轻松地处理,并允许他们从不同的角度来观察结构。Castro 等(2021)认为 3D 模型的使用对那些无法触及场馆实体展品的人来说有着重要的作用。基于此,Castro 构建了蟾蜍的3D 模型并进了实验教学研究。

②技术实施

蟾蜍是一种脊椎动物,代表了从水生环境向陆地环境的过渡,并对两种栖息地都能适应。了解蟾蜍主要生物学特征的起源对了解四足动物的起源和进化至关重要。此外,蟾蜍在各大自然历史博物馆均有较好的代表性,是生物教学的重要组成部分。在巴西,与动物学相关的课程贯穿高中二年级。为此,研究人员选择了大二的学生,并以三组蟾蜍作为模型来评估不同的教学方法。研究人员建立了三个代表性物种的 3D 数字模型,如图 3-4 所示。3D 模型是通过如图 3-5(a 从照片上捕捉标本的不同角度;b 二维图像的叠加;c 样本的 3D 模型)所示的三步协议获得的(Amado et al.,2019)。将蟾蜍固定在插着针的橡皮泥上,这种固定方式可以通过覆盖样本的每个角度来更详细地捕捉结合图像。固定标本放置在转盘上,使用 11mm 摄影标签校准模型的几何尺寸。研究人员使用了尼康 D3400 数码单反相机,带有 AF-S 尼克尔 50mm 定焦镜头,从 5个角度拍摄了大约 250 张照片(见图 3-5a)。在手动模式下拍摄所有样品,并使用自动对焦(AF-S),其中凸轮锁定焦点,在完成不同方向的 2D 图像采集后使用 Autodesk Recap Photo 版本 18.2.0.8 从所有拍摄的样品中生成 3D 数字模型(见图 3-5b)。然后,从生成的 3D 模型中计算表面积和体积来确定每个样品的表面体积比(SA∶V)(见图 3-5c)。

图 3-4　三种蟾蜍的 3D 模型

③实验实施与结果

Castro 的实验研究将学习者分为三组:控制组,参加者只接受正面教学;实践组,参加者除接受传统课程,还接受实体生物标本的实践课程;3D模型组,参加者接受传统课程,同时又接受两栖动物3D模型的实践课程。结果显示,3D虚拟模型的两栖动物不仅可以在动物学课上有效地帮助学生学习相关知识,而且其效果类似于使用生物标本。另外3D模型帮助学习者积极地改变教学动态,使学习者成为学习过程中的积极参与者。

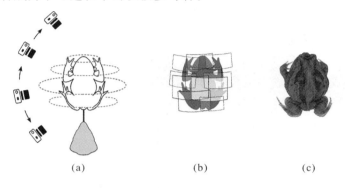

图 3-5　从 2D 图像进行 3D 建模的步骤

(2)天文馆中的立体电影

①背景

在科学教育中,大多数 3D 对象的可视化是使用平面的 2D 技术在电视、电脑显示器和电影屏幕上显示的。这些可视化是有限的,它们如何呈现空间深度感,有时会导致学习者的误解和困惑。立体技术则可以较好地解决这个问题。立体(又称三维,3D)是一种用于图像中创造生理深度感的技术。一个半世纪以来,它一直被用于科学教育,并于 20 世纪 70 年代首次在博物馆以一种主要的呈现方式出现。

立体视觉在提高观众的空间感上有重要作用,所以可以假设立体视觉的影响可以表现在与空间认知相关的概念上。空间认知的各个方面都与立体视觉有关。空间认知被认为是学生理解天文现象的重要因素(Plummer and Julia,2014)。学生创造心理可视化的能力,已经被证明与他们对星系形状和天文学其他多维方面的理解呈正相关(Eriksson et al.,2014)。该领域研究人员一直呼吁使用立体技术,将其作为向数字化、沉浸式展览转变的一部分。数字化展览更具移动性,资源密集性更低(Jacobsen et al.,2014),同时还呼吁对它们的总体有效性进行更多的研究(Steinbach,2011)。

基于此,Price 设计了一个关于银河系形状的短片《银河系是什么样子的?》,来确定当观察者位于银河系内部时观察到的银河系情况。研究人员创造了两个内容相同的版本,唯一的区别是一个是立体的,另一个是传统的 2D 格式。

②设计原则与技术实施

为了降低立体短片带来的认知负荷,Price 根据空间和多媒体认知文献,提取总结了以下立体电影设计原则。

状态调节:观众需要一段时间才能习惯看立体电影。然而,许多立体电影,尤其是带有娱乐元素的电影,一开始就有一个惊人的立体镜头,意在震惊观众并抓住他们的注意力。它通常包括一个物体,看起来飘浮在空间中,离观众非常近,同时移动迅速,伴随着巨大的噪音。这可能会造成额外的认知负荷和身体不适,同时把观众带出电影的叙事情境。研究表明,看立体电影的人首先会在心里把立体图像转换成 2D 图像,因为他们更习惯看 2D 电影(Ting et al.,2011)。因此,之前的观看经验在形成观众对未来的预期方面扮演着重要的角色。

为了解决这些问题,首要原则是让观众轻松地进入立体图像。在 Price 的影片中,这一原则通过三种方式实现。首先,片头的字幕主要是平面和静态的镜头,只有电影的标题在立体声中。其次,片头涉及星星和山峦的图片,这些是观众在现实生活中最有可能看到的东西(而不是从计算机生成的效果图或他们没有在现实生活中体验过的东西的照片)。最后,第一次完全立体拍摄是在 40 秒的山脉和夜空的 2D 图像之后。这将有助于观众的期待从观看 2D 电影转变为观看立体电影。

尊重立体原则:不是所有的东西都需要立体。只有当增加的深度感有助于观众理解他们所看到的东西时,才应该使用立体效果(Vendeland and Regenbrecht,2013)。这通常是存在复杂空间项目的情况。立体视图主要应用于需要空间维度整合的任务,而 2D 视图主要应用于需要集中注意力在一个或两个维度上的任务。这一原则不仅适用于需要展示的内容,也适用于需要实施的立体技术。当使用立体视角时,应该根据需要限制视差以呈现所需的深度感。如眼内距离为 3cm 的立体平台是有益的,进一步延伸这个距离会造成观众的心理不适,或引起视觉诱发的晕动病。

Price 在展示过去的科学家如何注意到天空中恒星的分布时应用了这一原则。该场景基于一幅古老的地球周围恒星图画。以 2D 形式开始场景,展示了绘图的照片。然后过渡到绘图的二维数字模型。再然后再次过渡到模型的立体视图,最后才虚拟地飞过它。这个多步过渡序列需要 40 秒。一般来说,在决定是否使用立体视觉时,原则上建议默认为 2D,除非场景需要了解 3D 结构和深度。在使用时,需要尽量减少立体视差的使用。

利用图像深度提示:图像深度提示有助于减轻生理立体深度线索加工的心理负担。图像深度提示被构建到 2D 表示中,以提供一种深度感。学习环境和学习任务决定了使用多种深度提示是否对学习结果产生附加影响。然而,研究表明,在特定的实施指南中使用一些图像深度提示,可以增强立体视图的生理深度(Reichelt et al.,2010)。有效的深度提示应该在图像中有一个相对次要的存在,不应用于传达其他信息,并且需要与图像内容保持一致。

三种类型的提示在立体视觉中特别有用。首先,运动可以用来表示深度。例如,沿着 3D 视线向前或向后运动。其次,阴影可以用于定位方向和深度,但只能使用一个固定光源。最后,可以使用参考框架来表达深度。与月亮从地平线上升起或在云层后面的照片相比,月亮本身的照片可能看起来是平面的。在 Price 的影片中,图像深度提示的一个例子是使用虚拟摄像机在银河系周围移动,应用运动来增加深度感。

尽量减少其他认知负荷:大多数观看立体电影的观众还会受到其他干扰,从而产生认知负荷。尤其是在场馆学习和其他非正式学习中,其他活动可能与看电影同时进行。此外,身临其境的环境除了视觉显示,通常还有其他的认知需求。因此,人们需要减少由可视化造成的不必要的认知负荷。

一种方法是坚持多媒体学习的认知理论(cognitive theory of multimedia learning,CTML)。CTML 描述了一系列指导原则,这些原则被用来减少相同认知渠道的同时需求。例如,时间连续性原则规定,叙述应该与相关的视觉画面同时呈现;特定冗余原则表明,如果书面文本与图片重复了口语文本,就不应该使用书面文本;情态原则认为口语与动画一起使用比文本效果好。Price 的电影遵循这些原则。例如,在遵循情态原则的情况下,在电影中只使用音频叙事,文字只用于标题场景和结尾字幕等。

③影片与实验

这部时长为 7 分 50 秒的《银河系是什么样子的?》电影的主要学习目标是描述天文学家如何使用 2D 观测来构建 3D 模型。银河系的结构提供了一个很好的案例研究例子。理解夜空的 3D 本质已经被证明是关于宇宙结构教育的一个重要挑战(Eriksson et al.,2014)。影片一开始是在一个黑暗、晴朗的夜晚看到的银河系。然后给出了不同的古代文化如何解释其形状的例子,并涵盖了天文学家提出的银河系形状的各种历史模型。这些天文学家绘制的一些图像被叠加在夜空上,利用运动和立体视角展示了看似平坦的天空是如何在三维空间中被解释的。

影片的下一部分讨论了其他星系的发现,提供了星系如何出现的外部视角,让参观者更深入地了解我们自己星系的可能形状。然后,这部电影展示了银河尘埃如何使我们难以看到整个银河系,同时介绍了一些天文学家用来透视尘埃的工具,例如红外成像。最后,它将银河系的当前形状与其历史以及未来随着银河系与附近其他星系的相互作用而发生的变化联系起来。

这部关于银河系形状的影片以 2D 或立体的形式,随机向 498 名参观大型城市天文馆的成年人播放。为了调查观众对星系相关的空间概念了解的变化程度,在电影放映前后用 iPad 提问了一组相同的问题。大约 6 个月后,对其中123 名成年人进行了延迟后测。该测试以人口统计学和空间可视化能力测量作为协变量。结果显示二维组和立体组的短期学习收获是相同的。但是,只有立体组表现出长期的学习收获。认知负荷理论和中介信息加工的有限能力模型可以解释该研究的研究结果。

(3)百度百科数字博物馆

百度百科数字博物馆(https://baike.baidu.com/museum/),是百度百科的大型公益科普项目,通过技术的手段,将实体博物馆搬到网上来。通过音频讲解、实境模拟、立体展现等多种形式,让用户通过互联网即可身临其境地观赏珍贵展品,更便捷地获取信息、了解知识。实现了电脑端和手机端的同步展现,让用户随时随地都能感受到历史文化的沉淀,足不出户逛博物馆。截至 2021年,已上线的百度百科数字博物馆有中国国家博物馆、三星堆博物馆、中国园林博物馆等 339 家。在呈现方面,数字博物馆通过文字、图片、录音解说、立体flash、虚拟漫游、高空俯瞰等多种方式,全景展示了各家博物馆的权威信息和独家藏品知识,极大丰富了用户的感官体验。

百度百科数字博物馆包含滚动图链接、精彩推荐、优秀专题、博物馆日历、博物馆大事记与合作介绍六个部分。主页的滚动图片可以带领学习者进入当前热门的展览,如河南省红色文物地图、《宫崎骏与吉卜力的世界》美术馆新展等。精彩推荐将馆内包含的各数字场馆分为综合类、纪念类、专题类与遗址类,参观者可以根据自己的需求与喜好选择自己想要参观的场馆。优秀专题向参观者推荐了具有特色的展览或体验,如"曾侯乙编钟"和虚拟体验(AR)。博物馆大事记则向参观者展示了近期已经上新或即将上新的新展,如 2021 年 7 月 1 日上新的"伟大征程时代画卷"庆祝中国共产党成立 100 周年美术作品展;发布近年来百科数字博物馆的相关新闻,如 2014 年 5 月 18 日百度百科数字博物馆全面改版升级至 3.0 版本,由网页聚合升级为全国最大最全的博物馆互联网平台。"加入我们"则标注了百科博物馆的合作联系方式,并展示百度百科数字博物馆的特色,如最全面的网络平台、最庞大的用户访问、最丰富的藏品魅力和最新鲜的博物馆日历。

下面将介绍百度百科数字博物馆收录的博物馆,即云冈石窟、曾侯乙编钟、河南省红色文物地图、"伟大征程　时代画卷"庆祝中国共产党成立 100 周年美术作品展四个具有特色的展览。

① 云冈石窟

云冈石窟位于中国北部山西省大同市西郊 17 公里处的武周山南麓,石窟依山开凿,东西绵延 1 公里。存有主要洞窟 45 个,大小窟龛 252 个,石雕造像 51000 余躯,为中国规模最大的古代石窟群之一,与敦煌莫高窟、洛阳龙门石窟和天水麦积山石窟并称为中国四大石窟艺术宝库。百度百科云冈石窟博物馆(https://baike.baidu.com/museum/yungangshiku)普通馆如图 3-6 所示。

普通馆包括 20 个石窟的藏品,每件藏品界面由名称、简介、听讲解、看词条、图片和版权证书 6 部分组成。以"飞天雕像一"藏品为例,如图 3-6 所示。其中,"听讲解"可以连接藏品的讲解语音,"看词条"可以连接藏品的百度百科具体介绍。另外,展品具备"放大"功能。鼠标停留在藏品图片上时可以放大该部分的具体细节,帮助参观者仔细观赏展品,如图 3-7 所示。

② 曾侯乙编钟

战国早期文物曾侯乙编钟出土于湖北随州,是我国迄今为止发现数量最多、保存最好、音律最全、气势最宏伟的一套编钟。它有着高超的铸造技术和良好的音乐性能,被列入我国第一批禁止出国(境)的展览文物。了解曾侯乙编钟对了解我国古代打击乐器与乐理有着重要意义。但这种稀世的文物在保存与运输上存在巨大的困难。数字化模拟曾侯乙编钟成为让大众欣赏该文物的重要途径。百度百科数字博物馆曾侯乙编钟(http://baikebcs.bdimg.com/baike-other/digital_museum/zenghouyi/index.html)在普及公众教育上有着重

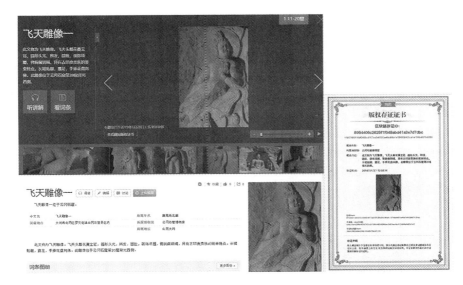

图 3-6 "飞天雕像一"藏品结构

图 3-7 "飞天雕像一"藏品细节

要作用。

百度百科"曾侯乙编钟"展品介绍包括结构、细节、三维、奏乐、钮钟、甬钟、铸钟和分享 8 个部分（见图 3-8）。结构部分通过明暗对比的方式介绍了曾侯乙编钟的长宽高和三层立体结构，并通过闪烁部分强调了下层正中悬挂的镈钟（见图 3-9a、图 3-9b）。细节部分则采用明暗对比与文字介绍的方式详细讲解了曾侯乙编钟的标音铭文、记事铭文、钟架和配件等细节（见图 3-9c）。三维部分以文字的方式介绍了"一钟双音"的特点，用户可以通过鼠标 720 度观赏三维的细节部分（见图 3-9d）。奏乐部分以文字的形式介绍了编钟的音乐特色，并且附上使用曾侯乙编钟演奏的《楚商》《国殇》《春江花月夜》《东方红》四首名曲的音频，让参观者真实感受曾侯乙编钟的魅力（见图 3-10）。钮钟部分以实体图片与文字的形式介绍了钮钟的结构、尺寸、重量等特征，用户可以通过拖拽与点击鼠标"敲击"每个钮钟（见图 3-11a）。甬钟部分则使用手绘的注释图片和文字的形式介绍了甬钟的结构、尺寸、重量等特征（见图 3-11b）。镈钟部分以文字与实体图片的形式介绍了其结构以及背景故事（见图 3-12a）。另外，用户可以通过点击标记进入新的铭文页，在铭文图片上拖动鼠标则可以查看镈钟上古铭文与现代译文的对照（见图 3-12b）。此外，曾侯乙编钟支持手机版，其链接二维码如图 3-13 所示。

图 3-8　曾侯乙编钟数字博物馆首页

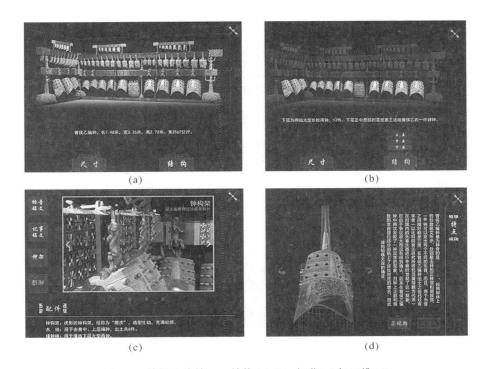

图 3-9　曾侯乙编钟——结构(a)(b)、细节(c)与三维(d)

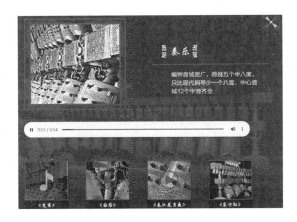

图 3-10　曾侯乙编钟——奏乐

③ 河南省红色文物地图

河南省红色文物地图(https://baikebcs. bdimg. com/baike-museum3d/henanredculturalrelicsmap/index. html♯startPage=off),是河南省文物局与百度深度合作,共建河南省百科文博云名片暨河南革命博物馆、纪念馆数字红色

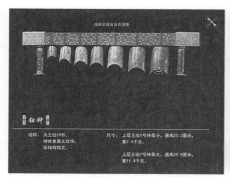 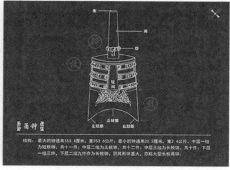

(a)   (b)

图 3-11　曾侯乙编钟——钮钟(a)与甬钟(b)

(a)   (b)

图 3-12　曾侯乙编钟——镈钟

图 3-13　曾侯乙编钟(手机版二维码)

地图项目的一部分。河南省红色文物地图充分利用了河南省优秀红色文物资源,结合互联网技术和传播的优势开展党史学习教育与爱国主义教育。以《炸药箱的故事》为例(见图 3-14),展览共分为视频介绍、文物介绍与展馆介绍三部分,从不同的角度介绍了炸药箱的故事背景与意义。

图 3-14　河南省红色文物地图——炸药箱的故事

④ "伟大征程 时代画卷"庆祝中国共产党成立 100 周年美术作品展

"伟大征程 时代画卷——庆祝中国共产党成立 100 周年美术作品展"(https://baike.baidu.com/wapui/subpage/knowledgetopic?id=e0a309bf54b8087890c7b8e8&force=1)由中央宣传部、文化和旅游部主办,中央宣传部文艺局、文化和旅游部艺术司、中国美术馆承办。展览紧扣庆祝中国共产党成立 100 周年主题,以大美丹青展现党带领中国人民进行革命、建设、改革,走向中华民族伟大复兴的光辉历程,浓墨重彩抒写新时代中国特色社会主义伟大实践,绘就气象万千、壮阔恢弘的时代画卷。

作品展包含 VR 全景展览、网页展览、精彩视频,介绍三种数字化展品资源。VR 全景展览(见图 3-15)一比一复制了实体展览,包括序篇、开辟新天地、奋进新时代和雕塑园 4 层共 12 个参观位置。VR 全景展览馆不仅可以漫游欣赏画作,还可以倾听海霞、任鲁豫、康辉等著名主持人对展品的讲解。网页展览(见图 3-16)包含奋进新时代、迈进新时期、建设新中国和开辟新天地 4 个馆 91 件藏品。每件藏品都采用文字讲解、语音讲解、图片讲解 3 种讲解方式进行了详细的介绍。精彩视频讲解(见图 3-17)则收录了央视主持人海霞对《启航》《共商国是——第一届中国人民政治协商会议》等画作的视频讲解。

图 3-15　庆祝中国共产党成立 100 周年美术作品展——VR 全景展览

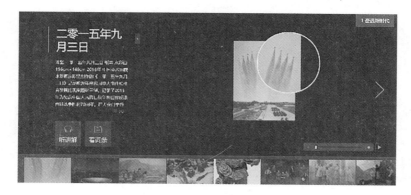

图 3-16　庆祝中国共产党成立 100 周年美术作品展——网页展览

图 3-17　庆祝中国共产党成立 100 周年美术作品展——视频讲解

（4）故宫博物院 App

故宫位于北京市中心，也称紫禁城。这里曾居住过 24 个皇帝，是明清两代（1368—1911 年）的皇宫，现辟为故宫博物院。曾经，受经济条件和技术手段的限制，故宫博物院和昔日殿宇重重的帝王宫殿一样，似乎总是蒙着神秘的面纱。但是，近 10 年来，步入信息化时代的故宫博物院，利用最先进的数字化技术和设备，在虚拟的时空中建立起一座和紫禁城同样辉煌的"数字故宫"。将紫禁城里取之不尽的文化资源奉献给远方的观众朋友，已经不再是遥远的梦想。

故宫目前为止已经推出了多款 App，如皇帝的一天、紫禁城祥瑞、韩熙载夜宴图、胤禛美人图、清代皇帝服饰、每日故宫、故宫展览和故宫陶瓷馆等。这些 App 制作精良，极具中国传统历史文化气息，让参观者随时随地与故宫中收藏的展品互动，部分 App 简介如表 3-1 所示。

表 3-1　八款故宫 App 及其简介

App	亮点	用户体验
皇帝的一天	专为孩子们讲过去的未来"书"。乾清门外的小狮子将带着用户深入清宫，了解皇帝一天的衣食起居和工作娱乐。	皇帝竟然要 5 点起床！还是当普通人好。
紫禁城祥瑞	手绘中国传统文化中 17 种祥瑞并进行深刻解读。	翻转 iPad 可以看到故宫里祥瑞的位置，很有趣。
韩熙载夜宴图	一幅活的《韩熙或夜宴图》。	可以与名画互动，仿佛自己就在夜宴图中。
胤禛美人图	以《胤禛美人图》的 12 幅画为主题制作，为用户提供画与实物的对比。	画质很好，音乐很美。
清代皇帝服饰	介绍皇帝礼服、吉福、常服、便服等的制度、纹饰等。	原来影视剧里皇帝的穿着都是骗人的。
每日故宫	每日为用户推荐一款馆藏珍品，让用户在探寻皇家日常的细节中感受文物。	故宫日历，一天 1 个文物知识。
故宫展览	介绍已展出、正在展出和将要展出的一些虚拟展厅。	足不出户去看展！
故宫陶瓷馆	完整承载故宫陶瓷馆的陶瓷发展史，以展览单元为时代线索，一览无遗。	360°环绕欣赏精品陶瓷，不要太爽！

3.1.4 设计策略及建议

(1)明确受众群体,打造个性化资源建设

无论是实体场馆还是虚拟场馆,其参观学习人员都是复杂的。这些学习者可能是学前儿童、青少年、大学生和成年人,他们在已有知识经验、学习风格、学习动机等方面都有着较大的差异。解决这个问题的一种方式是在建设数字化展品资源时应当考虑不同的学习者,建设具有一般特征的数字化资源。另一种方式是建设特定学习群体的个性化数字化展品资源,如面向学前儿童和青少年的"皇帝的一天"App。这类数字化展品资源虽然受众较为单一,但是在教育传播效果上有着明显的优势。数字化展品资源的受众群体是资源建设的重要因素,应当纳入数字化展品资源建设的考虑中。

(2)注重资源的内容交互,营造学习沉浸

传统的实体展品一般被放置在场馆的橱窗之内,可远观而不可亵玩。学习者被动地接受信息,学习效果较差。因此在进行场馆数字化展品资源建设时应当注重学习者与展品资源的交互。实现方式一是设计操作交互,如学习者可以手动放大或缩小展品资源,从不同角度观察展品的细节;方式二是设计内容交互,如学习者通过完成任务或回答问题进行知识学习和意义构建;方式三是设计沉浸式体验,如学习者可以在虚拟展厅环境中进行全景漫游。

(3)明确学习目标,降低不必要的认知负荷

数字化展品资源往往使用了各种先进的信息技术,这就导致数字化展品资源在设计时会不知不觉地转变为技术的展示。因此,在进行数字化资源建设时必须时刻考虑到学习者的学习目标。学习目标指引着资源建设的方向,信息技术的应用是为学习者的学习目标而服务的。如在进行银河系形状的教育中,学习者需要空间感,体会银河系的空间形状,所以采用空间感较强的 3D 视频作为首要的数字化资源形式,另外,为了降低学习者的认知负荷,应当避免与学习目标无关的炫目震撼的场景制作。

3.2　虚拟仿真技术及其案例

3.2.1　虚拟仿真技术概述

（1）虚拟仿真技术内涵

虚拟仿真技术（virtual reality，VR）又称虚拟现实技术，即使用计算机模拟真实世界生成新的虚拟环境。用户可以通过鼠标、键盘等外部输入设备观察、移动和操纵虚拟环境，控制自身在虚拟环境中漫游。这种由文本、视觉等组成的二维或三维虚拟环境可以呈现在计算机等显示器上，用户也可以使用头戴式设备进行观察漫游。此外，虚拟仿真技术可能还会通过扬声器或耳机为用户提供听觉上的刺激。虚拟现实已经发展到一个新的阶段，成为计算机世界一个独特的领域，并广泛应用于汽车设计、机器人设计、医学、化学、生物、教育以及建筑设计和建设等领域中。

（2）虚拟仿真技术特征

虚拟仿真系统与传统媒体（如广播、电视）的主要区别在于虚拟现实结构的三维性。沉浸感（immersion）和交互性（interactivity）是虚拟现实的独特特征，它们将虚拟现实从其他具象技术中抽离出来。沉浸感是指高保真的物理输入（如光、声波）被提供给不同的感官模式（视觉、听觉、触觉），使用户体会到身临其境的感觉。交互性指人与虚拟环境之间的交互，人以语言、肢体动作等近乎自然的行为，控制虚拟环境中的虚拟对象。

沉浸式虚拟仿真有以下特点：头部参考视图为三维空间的导航提供了一个自然的界面，并允许在虚拟环境中实现查看、行走和飞行功能；立体视觉增强了立体感和空间感；虚拟世界以完整的规模呈现，并与人的大小恰当地联系在一起；通过数据手套等输入设备操纵、操作和控制虚拟世界；可以通过听觉、触觉和其他非视觉技术来增强沉浸感；网络应用程序允许共享虚拟环境（Mandal，2013）。

（3）场馆中的虚拟仿真技术

场馆正在通过不同的方式（如文本、视觉、互动）为学习者提供多种学习支持（如不同的展示设备），帮助不同学习需求的学习者理解整个学习环境所传递的信息。虚拟仿真技术构建的完全虚拟的数字化环境,为无法参观实体场馆的学习者提供了随时随地参观场馆并与虚拟展品进行交互的机会。

3.2.2 技术实现

(1)Flash 动画

Flash 是 Macromedia 公司的一种商业软件,其主要目的是生成面向 Web 的矢量动画。许多公司的网页都包含用 Macromedia Flash 创建的动画,这主要是因为这个应用软件的两个最重要的特点:矢量图形的创建和用户与动画的交互。

矢量图形易于使用,它们将信息以一系列与几何属性相关的数据存储在计算机中,因此文件的大小比由叠加位图图像生成的动画要小,因为后者是以像素数据的形式存储的。另外,Flash 动画允许用户与正在显示的动画进行交互,因此用户可以控制视频动画的可视化、做出决定、编写、按按钮、移动等。

(2)全景技术

数字化虚拟博物馆为参观者提供了随时随地参观场馆的机会与沉浸式的参观体验。但是虚拟场馆的建设难度与成本大,对多数博物馆来说是一个巨大的挑战。现阶段数字化虚拟场馆的全景展示主要基于 Web 3D 技术、Unity 3D 技术与 360 度全景技术。

Web 3D 技术,即网页三维技术,是能够在网页中显示和交互 3D 内容的一种最新虚拟现实技术,也是在网页上实现 AR/VR 等虚拟技术的基础(王会粉等,2021)。虽然 Web 3D 技术已经突破了平面、时间与空间的限制,但是这种技术所展示的网页 3D 场馆无法为学习者提供沉浸式的参观体验。

Unity 3D 是由 Unity Technologies 开发的一个让玩家轻松创建诸如三维视频游戏、建筑可视化、实时三维动画等类型互动内容的、多平台的综合型游戏开发工具。其具有跨平台发布、地形编辑、脚本、网络、物理和版本控制等特性(刘世梁等,2019)。但是 Unity 3D 对于部分场馆来说制作周期长,成本高,普及较为困难。

360 度全景技术是一种基于静态与计算机图形图像技术的虚拟现实技术,是全景场馆制作中使用率较高的技术之一(黄秋儒等,2015)。这种技术无需复杂的三维建模即可变现三维空间,为学习者打造可以随时随地漫游的虚拟场馆。360 度全景技术主要针对场馆等大型场景展示,允许大流量的同时访问,浏览方便,制作成本相对较低,是虚拟场馆建设的新契机。另外,全景技术可根据时间、空间的联系组织场景照片层级结构,增加漫游路线控制(王宁、李罡,2013)。

3.2.3　案例分析

(1)百度百科数字博物馆——云冈石窟全景漫游馆

百度百科云冈石窟博物馆(https://baike.baidu.com/museum/yungangshiku)全景漫游馆如图 3-18 所示。全景漫游馆包含 14 个漫游场景。⊞按钮控制漫游菜单,◀▶按钮控制不同漫游场景的切换。◀▶▼▲4 个按钮分别控制漫游的"向左看""向右看""向下看"和"向上看"。➕➖2 个按钮控制漫游场景的放大与缩小。Ⓥ按钮可以进入 VR 漫游界面,在 VR 漫游界面可以设置 VR 漫游设备、屏幕大小等。

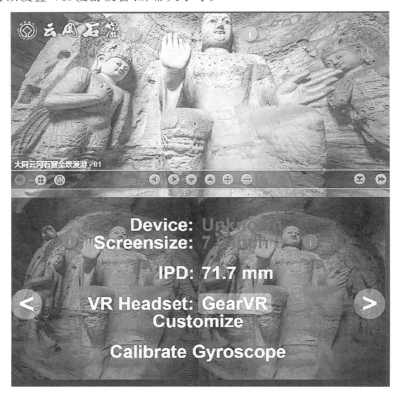

图 3-18　百度百科云冈石窟博物馆全景漫游馆

（2）故宫博物院——全景故宫

全景故宫将故宫部分开放区域一比一数字化呈现在屏幕上,参观者可以全方位多角度游览故宫建筑布局、宫殿展厅和展品。目前可以在微信公众号"微故宫"和故宫博物院官方网站(https://pano.dpm.org.cn/gugong_app_pc/index.html)游览。全景故宫首页面由地图导航、全景漫游、问卷调查和故宫博物院简介等部分构成(见图3-19)。另外,全景故宫提供了背景音乐与收藏服务,点击收藏按钮则会点亮爱心。

图 3-19　全景故宫首页

地图导航:地图导航展示了故宫博物院全貌,包含了慈宁宫、养心殿、坤宁宫、乾清门等全景场馆的链接,用户通过点击感兴趣的标签即可进入相应的地点进行漫游。进入指定宫殿后,页面下方的矩形通道也可以带领学习者进入其他相对应的宫殿。另外,地图上清晰标注了故宫博物院内的餐饮、商店、卫生间、咨询处、售票处、自动柜员机等便民服务点。该地图不仅帮助学习者进行线上漫游与参观,还可以服务于实地参观的学习者。图 3-20 显示了地图导航中的宫殿导航。

全景漫游:学习者通过地图导航进入目标宫殿之后,可以通过拖拽鼠标进行漫游。漫游界面还包括了文字简介与语音介绍。图 3-21 展示了太和殿内部的漫游场景。另外,漫游场景中会悬浮一些数字标签,点击标签则会进入某一展品的介绍界面。如图 3-22 所示,数字标签展示了朱雀的位置与象征意义。

问卷调查:问卷调查由故宫博物院发起,旨在收集网友们对故宫的印象、认知、评价和建议,以便提供更好的内容和服务。问卷包含 9 个开放或封闭问题,包含单选题、多选题和开放问答题。另外,该问卷设有抽奖环节,每位中奖者将会获得"传给故宫"紫禁城建成 600 年纪念章 1 份。

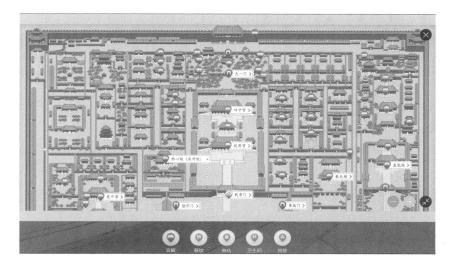

图 3-20　全景故宫地图导航(宫殿导航)

图 3-21　太和殿内部漫游场景

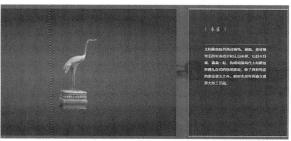

A　　　　　　　　　　　　　　　　　　B

图 3-22　朱雀标签及其简介

　　故宫博物院简介：首页的故宫博物院简介主要是关于其开放时间与门票信息。如果学习者参观全景故宫结束之后感到意犹未尽，则可以浏览故宫博物院的开放时间与门票信息点击购票链接，将参观实体故宫提上日程。

　　（3）故宫博物院——V 故宫

　　V 故宫集合了故宫博物院自 2000 年以来积累的文化遗产优质数据资源，以三维数据可视化为主要技术手段，高拟真度再现金碧辉煌的紫禁城，深度解析紫禁城中的建筑与藏品。通过全新视角，为公众提供鉴赏故宫文化遗产之美的独特方式，让参观者身历其境地感受到故宫的壮观。目前 V 故宫开放了养心殿、灵沼轩和倦勤斋 3 个展厅，如图 3-23 所示。

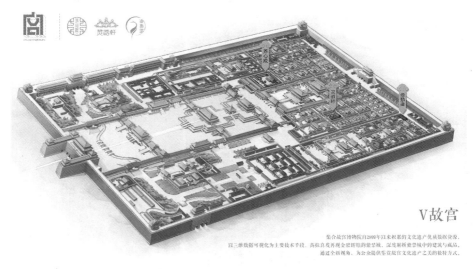

图 3-23　V 故宫

　　养心殿始建于明代嘉靖年间，位于内廷乾清宫西侧。清代有八位皇帝先后居住在养心殿。灵沼轩为中国北京故宫内几座西洋风格建筑之一，位于延禧宫内，是中国现存的古代钢结构建筑。V 故宫中养心殿与灵沼轩包含 VR 模式和全景模式。VR 模式下，使用手机扫描 VR 眼镜所赠送的二维码或者打开养心殿（https://www.dpm.org.cn/vr/yangxindian/tour.html）和灵沼轩（https://www.dpm.org.cn/vr/lingzhaoxuan/south.html）的网址，按照提示将手机置于眼镜内即可进行 VR 参观。全景模式下，参观者可以通过鼠标点击相关指示按钮，游览不同的展厅和展品，图 3-24 显示了全景模式下养心殿正殿。

　　倦勤斋是第四重院落里最为奢华的建筑，在花园的最北端。这是乾隆当太

图 3-24 养心殿的全景模式

上皇以后的住所。V 故宫中的倦勤斋拥有更加丰富的交互设计,参观者根据非玩家角色(non-player character,NPC)——故宫古建筑保护团队成员的介绍进行参观学习,如图 3-25 所示。游览开始后,NPC 向参观者进行了欢迎、自我介绍以及倦勤斋的介绍。接着 NPC 将会带着参观者游览整个展厅,学习展厅中的贴雕竹簧等展品知识。学习过程中,参观者可以控制鼠标实现上下左右观看,使用键盘空格与指定展品交互,使用键盘 WASD 键实现前后左右行走。另外,NPC 为学习者设置了移动竹簧碎片、清理缝制绣品等对应展品的交互任务以及一些问题,如图 3-26 所示。

图 3-25 倦勤斋的卡通导游

图 3-26　倦勤斋的问题设置

（4）台湾自然科学博物馆——720度环景虚拟导览

台湾自然科学博物馆是我国台湾地区第一所自然科学主题的现代化大型博物馆，包括科学中心、生命科学厅、地球环境厅等7所展厅。台湾自然科学博物馆推出的"线上博物馆"，整理各式多元学习项目，打破时间与空间的限制，在家就能饱览各种科学知识。该线上博物馆由 Matterport 公司采用环景技术建设，目前包含29所720度环景虚拟导览馆，包括人类文化厅、生命科学厅等常设展。这里将介绍"早期的地球"和"微美幻境"2所展厅。

① "早期的地球"——寒武纪时期

寒武纪时期（Precambrian）是地球演化史上古老且漫长的地质时期，约占地球全部演化历史的88％。目前科学家大都相信地球已经有46亿年的历史，其间，寒武纪（始自5.4亿年前）是一个重要的分水岭。由挖掘出的大量化石证明，地球在这段时间内演化出大量的生物，科学史上称为"寒武纪大爆发"。"早期的地球"便是关于前寒武时期的展览（https：//my. matterportvr. cn/show/？m＝vVhriXffLa4）。

"早期的地球"展览介绍了寒武纪时期的重要性，指出地球上的大部分矿产资源都是在前寒武时期形成的。该展览以时间线为线索依次展示了冥古宙、太古宙、元古宙和显生宙4个时期的演化特征：冥古宙时期地球的诞生、太古宙时期生命的起源、元古宙接近现代世界的曙光以及开始花花世界的显生宙时期。此外，展厅还设计了一个专属的"岩石的多样性"学习空间，以文字与图片的形式介绍构成地球岩石圈的三大岩类：火成岩、沉积岩与变质岩。一些岩石样本也被展示在这一区域。

参观设置：进入线上博物馆后的显示界面如图 3-27 所示。界面的下排是展厅各个位置的定位，帮助参观者选择自己将要去的展厅位置，左下角 ![v] 按钮用来显示或隐藏定位，![播放] 按钮用来自动顺序播放展厅各个位置的参观场景。![] 和 ![] 两个按钮分别代表"观看场景屋"和"观看楼层平面图"，用来实现现场馆全景立体漫游与平面图的切换。重复点击右侧第二个按钮可以转换模式为 ![人]，用来探索和漫游 3D 展厅。

图 3-27 "早期的地球"主页

展区全景：图 3-28 显示了"早期的地球"展厅的三维外部全貌。参观者在展牌前阅读展览的相关信息，然后穿过走廊到达展区入口。参观人员通过控制鼠标和键盘进行场馆中的行动，其中"W、S、A、D"分别代表前进、后退、左转与右转。地面上的白色圆环（见图 3-29）是参观的"路引"，带领参观者进入可参观的区域。

展区内部：图 3-30 显示了展厅的内部全貌。展区内部展品包括文字与图片介绍、交互式多媒体游戏、实体展品（如 3D 模型、化石）以及智能标签（见图 3-31）。鼠标点击展品附近的智能标签（圆环）即会呈现该展品的详细信息。

② "微美幻境"——海洋微化石特展

"微美幻境"海洋微化石特展由台湾自然科学博物馆与台北市立大学地球环境暨生物资源学系李孟阳助理教授共同策划，合作单位包括台湾博物馆、台北市立大学地球环境暨生物资源学系、中山大学海洋科学系等。"微美幻境"海洋微化石特展延续了艺术与科学的跨领域结合，具体深化呈现出兼具唯美知性

图 3-28 "早期的地球"展厅外部全貌

图 3-29 "早期的地球"漫游标志

图 3-30 "早期的地球"展厅内部全貌

图 3-31　"早期的地球"展区展品

的新面貌。

　　"微美幻境"海洋微化石特展包括"微化石美术馆""微化石的艺术与科学"
"台湾的微化石""见微知著探未来"4 个单元。720 度环景虚拟导览一比一再现
了真实的展厅现场,弥补了参观者未能参观实体特展的遗憾。数字展厅如图 3-
32 和图 3-33 所示(https：//my. matterportvr. cn/show/? m ＝ fzLUNEtqi
BB&.lang＝se)。另外,学习者可以根据所提供的学习单(见图 3-34)进行展览
的参观与学习。

图 3-32　"微美幻境"海洋微化石特展入口

图 3-33 "微美幻境"海洋微化石特展内部

3.2.4 设计策略与建议

(1)分区设计,强调分场馆的独立性与完整性

虚拟场馆建设往往使用虚拟仿真技术构建一个与原有场馆类似的数字化场馆,包含多个分馆、展区和展品。这种庞大的数字化场馆体系为学习者带来真实体验的同时也带来了一些挑战,如无法第一时间到达目标展区或展品前。因此,数字化虚拟场馆在设计时可以进行分区模块化设计。一个场馆体系由若干个分场馆构成,分场馆可以由若干个展区或展品构成。学习者可以通过点击目标展区或展品的按钮进入场馆参观。这种模块化的分区设计需要设计者统筹场馆体系的各种资源,对不同主题的展品资源进行归类设计,保持各分场馆的独立性与完整性。

(2)注重媒体运用,增强虚拟环境沉浸感

三维立体与多种媒体的应用成就了虚拟场馆的沉浸感,为学习者带来了真实的参观体验。所以除了场馆的 3D 设计,还需要对场馆中的展品资源进行多媒体设计。文本与图片是最常用的媒介,虚拟场馆还可以添加音频、视频等来丰富学习者的参观感受。场馆中的交互设计也是增强学习者参观沉浸感的重要因素。具有丰富交互特征的场馆多媒体资源能够吸引学习者的注意力,将学习者带入所构建的虚拟环境中。

(3)优化教学设计,构建学习任务情境

随时随地漫游虚拟场馆为场馆公共教育带来了新的机遇。为了增强虚拟场馆的教育功能,需要对场馆的教学设计进行优化。虚拟场馆展品所传递的知

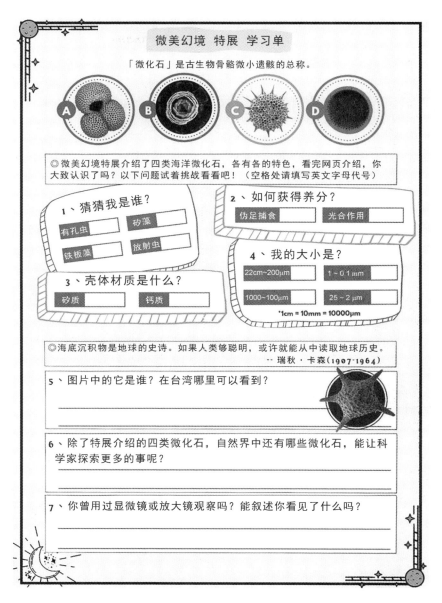

图 3-34 "微美幻境"海洋微化石特展学习单

识是学习内容,掌握这些知识便是场馆教育的重要目标。但是,不加优化的教学设计可能会导致学习者一直沉浸在场馆的空间漫游中而忽略了展览所要表达的信息。为了避免这种情况,有趣的任务情境构建十分重要。设计者可以在传统的任务情境中添加一些游戏化元素,如角色扮演等,来增强学习者参与任务的动机。学习者在完成任务过程中阅读展品、内化展品所传递的信息,从而提升其学习效果。

3.3 增强现实技术及其案例

3.3.1 增强现实技术概述

(1)增强现实技术内涵

在所有沉浸式技术中,混合现实(mixed reality,MR)因其能够使人们构建新的理解的巨大潜力而备受关注。MR 将真实世界和虚拟世界混合在一起,产生一个可以实时变化的环境。增强现实(augmented reality,AR)是混合现实的一个子类,具有在不排除用户的情况下同时表现真实世界和虚拟世界的特点。通过在真实世界的环境下进行数字显示(称为数字增强),这种现象的混合显示为用户提供了一个平台,让用户体验和感知虚拟元素,并将它们当成世界的一部分。AR 技术可广泛应用于军事、医疗、建筑和娱乐等领域。

AR 技术的教育潜力最适用于展示 3D 空间中元素的空间关系,因此可以作为各种研究领域的交互式学习工具。在使用移动和无线通信技术的在线学习资源的支持下,引导学生观察真实世界。

(2)增强现实技术特征

增强现实技术具有虚实融合、实时交互和三维注册的特点。增强现实技术融合了虚拟世界与真实世界的信息。虚拟世界对真实世界的信息进行了补充,给用户构建了一个全新的世界,为用户带来丰富的感官体验。虚拟信息能够根据真实世界的变化而实时更新,这支持了用户通过手势、语音和按钮等与虚拟世界的实时交互。三维注册即指使用基于计算机视觉或硬件传感器等技术,对现实场景中的图像或物体进行跟踪与定位,按照用户的当前视角建立空间坐标系,并将虚拟场景渲染到真实环境中准确位置。

(3)场馆中的增强现实技术

增强现实技术这种增强用户交互、参与和体验的潜力,揭示了增强现实技术对场馆学习的众多启示。增强现实技术可以帮助博物馆实现提升游客体验和弥合游客与场馆展品之间的差距的目的。增强现实技术允许学习者在三维世界中操作展品。虚拟世界的信息用来鼓励学习者观察和探究展品、提出问题和与他人合作。另外,通过可视化一些抽象概念或事件来增强学习者的概念理解能力。

3.3.2 技术实现

(1)增强现实技术(AR)

增强现实技术(AR)是在现实环境上叠加补充信息,使虚拟物体在现实世界中显示的技术。Azuma(1997)定义了增强现实技术不可或缺的三个特征:首先,它结合了现实和虚拟;其次,它具有实时交互性;最后,它是三维的。

为了顺利生成 AR 环境,虚拟与现实环境中时空信息的集成至关重要。空间信息集成有两种方法:基于传感器的方法和基于图像标记的方法。基于传感器的方法是利用全球定位系统(GPS)或加速度传感器等传感器,在真实环境中高精度地识别位置。使用手持 GPS 设备的增强现实应用程序曾用于野外工作人员。最近另一个基于 GPS 的 AR 例子是手机游戏 Pokémon Go,玩家在游戏中使用移动设备在真实环境中定位和捕捉虚拟生物 Pokémon。AR 技术利用玩家移动设备上的摄像机和陀螺仪,将这些生物叠加在玩家摄像机捕捉到的真实背景上。

在图像标记方法中,每个标记通常都有一个由粗体、正方形框架创建的可识别模式(见图 3-35a),以便用户设备的摄像头识别。将 AR 标记点的中心与虚拟环境中的坐标中心对齐,从而检测标记点的方向,将虚拟物体以合成图像的形式呈现在其上,从而实现真实环境与虚拟环境的集成(见图 3-35b)。图 3-35 显示了 ARToolKit(版本 2)中使用的增强现实(AR)标记和显示虚拟对象的

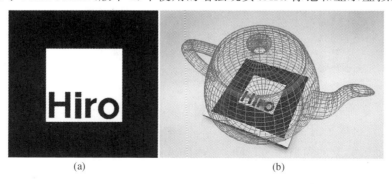

(a)   (b)

图 3-35 ARToolKit(版本 2)中使用的增强现实标记和显示虚拟对象的示例

示例。(a)有一个正方形粗体框架和一个在中心图案用来区分；在系统中对 AR 标记器的图案信息进行预注册。用户使用设备摄像头捕捉 AR 标记。(b)当系统成功检测到捕获的图像时在 AR 标记上显示虚拟对象。

(2)混合现实技术(MR)

混合现实技术是指将虚拟计算机图形对象整合到真实的三维场景中，或者将真实世界的元素整合到虚拟环境中。前者通常被称为增强现实，后者被称为增强虚拟。这些技术通常涉及现实世界的物体，例如我们的身体或手持魔杖，它们在不同程度上与某种类型的数字显示器进行流体交互。例如，允许学生使用可追踪的魔杖操纵虚拟分子，可以促进 MR 化学滴定体验(Johnson-Glenberg et al.，2014)。混合现实技术可以让所有类型的学习者参与到这种增强的沉浸式学习中。

一种新兴的教育研究范式是将具身学习理论与混合现实的沉浸式技术相结合。MR 环境将数字与物理融合在一起，例如，学生可以使用他们的身体来模拟围绕行星的轨道。最近的研究支持这样一种观点，即身体活动可以成为产生学习的重要催化剂，并且正在开发使用自然人体和手势作为输入的新技术。

(3)扩展现实技术(XR)

扩展现实技术(extended reality，XR)是由计算机技术和可穿戴设备生成的真实和虚拟组合环境，以及人机交互的混合体。此类别包括但不限于增强现实(AR)、增强虚拟(AV)和虚拟现实(VR)等技术。扩展现实技术在营造沉浸式学习环境方面超过了虚拟现实(VR)、增强现实(AR)与混合现实(MR)技术，使学习者忘却怀疑、完全沉浸在所构建的虚实结合的环境中，并且通过 XR 技术将虚拟数字信息叠加到相应的真实环境中。

当前阶段的扩展现实技术已经实现利用高精度传感器，从物理世界捕捉人体数据与环境数据，选择为用户提供真实的感官体验。

3.3.3　案例分析

(1)百度百科数字博物馆虚拟体验

百度百科数字博物馆虚拟体验(AR)是利用计算机生成一种逼真的视、听、力、触和动等感觉的虚拟环境，通过各种传感设备使体验者"沉浸"在一个逼真的博物馆环境中，实现体验者和展品直接进行自然交互，如图 3-36 所示。它是一种全新的人机交互技术，它是以交互性和构想为基本特征的计算机高级人机界面。体验者不仅能够通过虚拟现实系统感受到在客观物理世界中所经历的"身临其境"的逼真性,而且能够突破空间、时间以及其他客观限制,感受到在真实世界中无法亲身经历的体验,如图 3-37 所示。

图 3-36 百度百科数字博物馆虚拟体验(AR)界面

图 3-37 百度百科数字博物馆虚拟体验(AR)操作演示

百度百科数字博物馆的虚拟体验（AR）提供明确的操作说明：体验前先准备好一台具有摄像头正常工作的电脑；使用 A4 纸张打印提供的识别图形，以获得最佳的体验效果；如无打印机，可使用大屏幕手机或带有 LED 屏幕的数码相机进行拍摄，再将拍摄后图形对准摄像头即可体验（注：屏幕反光会一定程度影响体验效果）。虚拟体验现仅提供两种可供识别的图形，如图 3-38 所示。

打印虚拟体验1识别图形　　　　打印虚拟体验2识别图形

图 3-38　百度百科数字博物馆虚拟体验（AR）可识别图形

（2）磁力地图

①背景

科学博物馆是支持科学学习的重要空间，旨在影响公众对自然和物理世界的理解、态度和行为。但由于科学知识的抽象特征，其隐含的科学原理不能被学习者很好地发现。数字模拟和动态可视化工具能够较好地解决这一问题。静态可视化只能描述现象或过程的瞬时快照，而动态可视化（如动画）则描述了随时间不断变化的现象，如一个运动流。数字模拟和动态可视化可以显示随时间的空间变化现象，使得科学知识更加丰富，科学现象更加真实。作为教学工具的数字模拟和动态可视化，可以通过提供在现实世界中通常无法获得的信息来改善现实世界的体验。磁力地图即是建立在此基础上的一种增强现实技术。磁力地图不仅将肉眼不可见的磁场线表现出来，还可视化了磁场线随磁铁运动的实时变化现象。

②展品与技术

磁力地图（magnetic maps）是一种应用于科学场馆中的增强现实技术，该设备被应用于美国东北部的一所科学场馆中。如图 3-39 所示，学习者实时操作实体条形磁铁的交互过程被一个架空的摄像机捕捉到，并实时显示到计算机屏幕上。屏幕上的磁铁周围出现了数字增强的磁场线。当磁铁移动时,磁场线也会移动。这种增强设备的互动性使学习者能够看到磁场对他们各种动作的反应,这让学习者能够根据自己的兴趣调整设备。学习者不仅能看到磁场,还能看到磁场的其他细节。

图 3-39   磁力地图

③实验与结果

根据当地学区的课程,学生将会在四年级时学习磁力的相关知识。为了确保学生在与设备交互之前已经对科学内容有一定的先验知识,Yoon 和 Wang (2014)招募了已经完成四年级或即将进入五年级的学生。学生被分为 2 组,分别有 36 名和 34 名学生。向第一组学生展示如图 3-39 下半部分所示的条形磁铁,并引导他们进行思考。第二组的学生则被提供与第一组学生相同的信息,同时还在电脑上展示了磁铁和磁场的数字增强图像。研究结果表明,在增强现实图像条件下,学生与磁铁的互动时间明显更长,表现出更多的团队合作。

(3)伯努利鼓风机

①背景

伯努利原理指出:"当不可压缩的、平滑流动的流体获得速度时,流体内部的压力会减小,反之亦然。"换句话说,流体速度与压力成反比关系。当流体的速度增加时,压力下降。对于学习者来说,理解这一概念是违反他们直觉的。他们通常认为,当速度增加时,压力也随之增加。孩子们从经验中了解到,当他们吹泡泡或蒲公英羽毛之类的东西时,它就会消失。这些经历让人很难理解这种情况:当吹向一个物体表面时,它会向你飞来;或者当吹向两个物体之间时,它们会聚集在一起。这些经验使人们难以接受伯努利原理的概念。这些普遍存在的误解和挑战,阻碍了学习者准确理解物质世界中与压力相关的知识。伯努利鼓风机则是通过放大实验细节和可视化隐藏信息来帮助学习者理解这一概念。

②展品与技术

伯努利鼓风机(bernoulli blower)是一种应用于科学场馆中的增强现实技术,该设备被应用于美国东北部的一所科学场馆中。如图 3-40 所示,伯努利鼓风机可以帮助用户理解伯努利原理,即流动空气的速度和压力是成反比的。该设备包含一个塑料球和一个附在展品上的吹风机。当塑料球被夹在来自吹风机的快速移动的空气和房间里缓慢移动的空气之间时,它会飘浮在半空中。将快速移动的(低压)空气和缓慢移动的(高压)空气描绘成与物理塑料球实时图像相关的箭头,形成屏幕上数字增强的图像。快速移动的空气是用箭头表示的,指向对角线上,并围绕球弯曲;房间里缓慢移动的空气则用指向球的较短的箭头来描绘。虽然正常的室内空气的运动速度比吹出的空气慢,但室内空气对球施加更大的压力,因此球能够保持在快速流动的空气流中,而不是被吹走。因此,流动空气的速度和压力是成反比的。

图 3-40 伯努利鼓风机

③实验与结果

依据美国国家标准,气压的概念在五年级首次引入。为了确保学生在与设备交互之前已经对科学内容有一定的先验知识,Yoon 等(2017)招募了六、七、八这 3 个年级的学生进行了准实验研究。这项研究嵌入了学校参观博物馆的实地考察,参与的学生可以免费参观展品,参与研究的总时间约为 1 小时。当学生到达场馆时被随机分配到非 AR 条件(没有数字增强的设备,29 人)或 AR 条件(有数字增强的设备,29 人)两组,学生被分成 3 人一组参观展览。结果表明,虽然参观学习时间较为短暂,但在 AR 条件下的学生依旧比在非 AR 条件下的学生在知识上拥有更大的收获。访谈结果进一步补充说明了，AR 可视化通过为学习者提供了更多细节和隐藏信息，来帮助学习者理解科学知识概念。

（4）基于形成性评价机制的 AR 系统

①背景

为学习者提供清晰的反馈可以帮助发展学生的元认知能力，提高他们的学习成就感、创造力和自我实现。在学习过程中，形成性评价对于显著提高学习者的学习成绩至关重要，在学习过程中反馈有助于有意义的学习。因此，学者们将学习反馈定义为形成性评价中不可缺少的一部分。为了提高西方建筑史课程学习者的学习成绩，Chu 等（2019）提出了一个基于 AR 的形成性评价 u-learning 系统。这种评估方法是类似于辅助学习者学习的路线图，为学习者的学习提供反馈，然后促使他们进行自我反思和更有效的学习。

②展品与技术

图 3-41 展示了学习者使用基于 AR 的 u-learning 系统的学习场景。学生们通过带有无线网络的平板电脑与学习系统进行互动。在实地学习过程中，学生采用形成性评价机制进行学习。形成性评价机制根据学习系统提供的指导引导，学生观察与回答针对每个学习目标的一系列问题。例如，当学生被引导去观察一座建筑时，建筑上可能有几个学习目标，比如窗户、入口雕像、屋顶、墙壁和柱子（见图 3-42）。在观察每个学习目标时，学习者需要回答一系列问题，引导学习者进行详细观察。例如，他们可能会被问到"以下关于沙特尔大教堂南耳堂玫瑰窗的陈述，哪一个是错误的"，有如下选项可供选择："窗户上有 24 块细致的画面""玛丽被称为神秘的玫瑰或没有刺的玫瑰，是玫瑰窗口中隐含的形象"等。在学习过程中，平板电脑屏幕下方会以总成绩的形式显示学习者个人的学习状态。

③基于 AR 的形成性评价机制的流程

首先，学生被要求通过移动设备使用 AR 程序来确定一个具体的现实世界学习目标，然后通过访问相关的数字学习材料来观察该目标。他们还会根据学习系统提出的一系列相关问题，引导他们观察目标的细节。形成性评价机制有三个主要特征，即重复回答、无答案和即时反馈。重复回答意味着学生被要求回答从网上题库中随机选择的问题，一个问题可能会被重复地问，除非学生正确地、连续地回答同一个问题 3 次。无答案意味着学生提交答案时，学习系统没有提供正确答案。即时反馈被用来鼓励学习者去寻找答案或确认他们自己

图 3-41   一名学生在真实环境中使用基于 AR 的 u-learning 系统

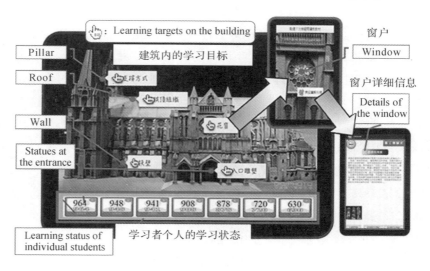

图 3-42   基于 AR 的形成性评价 u-learning 系统的用户界面

的答案。

④实验与结果

为了评估该方法的有效性，Chu 等(2019)在世界宗教博物馆的一门大学建筑课程中进行了实验。39 名学生被随机分配到实验组学习和对照组学习，实验组学习采用基于 AR 的形成性评价 u-learning 系统(见图 3-43)，对照组学习采用传统的基于 AR 的学习系统。实验结果表明,采用形成性评价机制的 AR 系统显著提高了学生的学习成绩和学习动机,同时降低了学生的认知负荷。

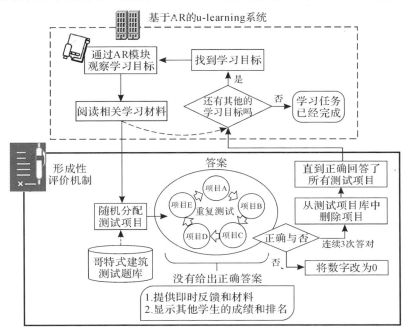

图 3-43　基于 AR 的形成性评价 u-learning 系统流程

（5）基于谷歌 AR-Core 库的 AR 博物馆系统

①背景

Khan(2021)试图通过相关的多媒体信息来丰富用户的博物馆体验,并与博物馆的文物建立更好的联系。提出的解决方案是一个基于 AR 的智能手机应用程序(augmented reality museum, ARM),使用深度学习实时识别文物,并为游客检索支持性多媒体信息,该应用的用户交互界面如图 3-44 所示。为了给用户提供准确的内容,将采用卷积神经网络(convolutional neural networks, CNN)来正确识别工件。

②技术

该系统使用谷歌 AR-Core 库使 AR 体验成为可能,并使用卷积神经网络(CNN)来辅助工件识别。所提出的 AR 博物馆系统的框架如图 3-45 所示。ARM 是在线大英博物馆的基于 Web 的个性化应用程序。将网站上博物馆文物的 3D 模型和 2D 画像作为输入,将 3D 模型渲染到文物的 2D 图像上。另外,

图 3-44　AR 博物馆应用的 UI 设计

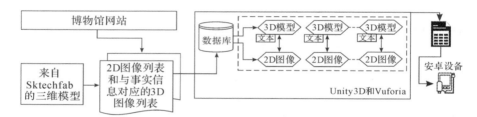

图 3-45　ARM 采用的开发框架

还在用户的屏幕上显示了有关这些文物的真实信息,用户可以通过放大、缩小和旋转它们与 3D 模型进行交互。

用户发起会话时,应用程序检查用户的身份验证,如果当前用户是真实用户(已注册用户),将会被指引到应用程序界面,如果当前用户未被授权访问,则会被提示注册。AR 博物馆应用的架构由两个主要模块进一步组成,即模型训练模块和工件信息检测模块(如图 3-46 所示)。

模型训练模块:该模块包含了图像识别和处理的方法,博物馆文物的数据集,以及处理几个类的不同操作,包括负空间类。为了识别类,将数据转换为灰度值并填充成卷积神经网络的输入向量。在 CNN 中,对数据进行分类以获得优化的输出。通过反向传播算法进一步调整 CNN 输出的权值,以消除输出中的误差,得到有效的结果。应用反向传播算法后,模型以 TFLITE 格式存储。如果训练模块识别出负空间类,就会在用户的屏幕上显示"没有信息"的错误信息。

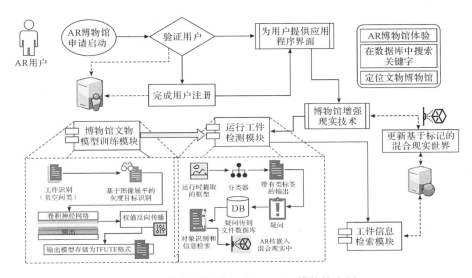

图 3-46　拟议框架的架构——AR 博物馆应用

工件信息检测模块:该模块处理将多媒体内容(文本或视频)扩展到现实世界。当用户被引导到应用程序界面时,它会激活智能手机摄像头,使用户能够捕捉现实世界。当用户在捕获时点击按钮以增强有关某些工件的信息时,会生成一个输入帧,并将数据引导至分类器。从分类器产生带有类标签的输出,并生成对数据库的查询以扩充多媒体内容。在查询的基础上,通过 ARCore 检索文本或视频形式的增强信息,并将其显示在真实工件上。

③应用

AR 博物馆应用通过在现实世界中展示 AR 多媒体内容,增强了用户体验。只有注册用户才能访问内容。在用户的智能手机上发起应用程序后,将对用户进行授权或非授权访问验证。如果用户没有注册,则先完成注册过程,然后才允许用户访问应用的主活动。如果用户通过了认证,则将应用的主界面带到用户的移动屏幕上,用户可以捕捉周围的环境。用户此时可以捕捉真实的世界,并可以与目标对象(或工件)进行交互。当用户在捕获工件时按下按钮,请求关于工件的增强信息时,不同种类的多媒体内容以及背景历史会被叠加到工件上,而不会打断或消除用户的真实世界。用户可以在捕获它们的同时浏览有关文物的图片、视频和历史信息。

④实验与结果

位于巴基斯坦塔西拉的塔西拉博物馆保存了大量的犍陀罗文明的文物,是本实验所选择的学习环境。Khan 随机选择 30 名参观该博物馆的本科学生作为实验对象,然后将其随机分为两组,每组 15 人。实验组使用 ARM 系统进行参观学习,对照组可以自主选择自由参观或随导游参观。结果显示,用 ARM 系统参观的学习者比传统学习者有着更好的用户体验,这体现在更好的参与度、有意义的体验和情感连接上。但是,两者在促进学习者知识获得方面没有明显的差异。

(6)医学标本馆中的 AR 支持系统

①背景

人体解剖标本博物馆通常为医学、护理学等学生所使用。相比于教科书,这些博物馆里的标本更能够使学生详细地观察器官和结构之间的复杂关系。然而,如果没有讲解员或补充插图的解释,学生可能很难识别这些解剖结构。Sugiura 等(2019)开发了三个基于增强现实技术的医学标本博物馆参观支持系统,以探究 AR 技术在医学博物馆中的潜力。三个系统分别为 AR 标记系统、图像标记系统和头戴式 AR 系统。

②AR 标记系统

第一个系统是使用 AR 标记构建的。该系统可以通过使用平板摄像机捕捉 AR 标记来显示样品的虚拟标签信息。所有标本都需要单独的 AR 标记,但它们在被检标本中和标本上的存在也可能是突兀的。AR 标记系统是在台式计算机和平板设备上使用 AR Tool Kit2 和 Visual Studio 2013 专业版开发的。AR Tool Kit 软件是一个开源库,用于使用 AR 标记构建简单、低成本的 AR 环境。它使开发者能够轻松地实现处理步骤,即设置 AR 标记图像,检测捕获的图像,并在 AR 环境中显示信息。如图 3-47a 所示,用户使用平板电脑的摄像头捕捉到 AR 标记,当系统检测到 AR 标记时,试件上将会显示虚拟零件标签,如图 3-47b 所示。

③ 图像标记系统

第二个系统是将样本横断面上的图像作为标记。不用在显示器或解剖标本上插入任何标记,参观者就可以获得 AR 呈现的标签信息。图像标记系统使用与 AR 标记系统相同的配置构建。但图像标记系统使用的 ARToolKit 为最新版本(版本 5),因为该版本软件允许将物体图像设置为 AR 标记。在本系统中,从整个截面图像中截取具有特征的矩形部分作为图像标记(见图 3-47c),当系统检测到捕获的图像作为标记时,则在试件上显示虚拟零件标签(见图 3-47d)。

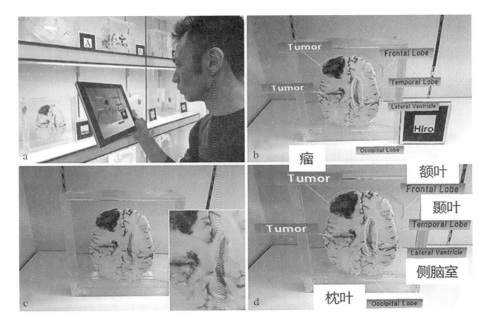

图 3-47　AR 标记系统(a 和 b)与图像标记系统(c 和 d)

为了防止标本图像被遮挡,需要对 AR 信息与标本图像显示进行匹配。匹配时需要选择和排列所需的最小虚拟标签和浅色点线数量,并以 0.5 的不透明度显示信息标签(其中 0 为完全透明,0.5 为半透明,1 为完全不透明)。

④ 头戴式 AR 系统

第三个系统由一个头戴式显示器和一个自然的点击界面组成。该系统可以为参观者提供一个自然操作虚拟对象的可扩展环境。使用视频透视头戴式显示器(HMD)构建系统。这款 HMD 在观看者的眼睛面前展示了一个显示屏,水平视角为 31 度,并与一台笔记本电脑相连。虽然 HMD 设备不要求用户拿着平板电脑对着每个展品,但它不能执行触摸屏操作。它需要一个额外的计算机键盘连接到 HMD 的操作。为了避免这种不便,HMD 系统采用了自然点击界面技术。该技术可以识别用户的手部动作,即所谓的点击手势,并对虚拟物体进行操作。点击手势是指在现实世界中用手指按下按钮,在虚拟世界中手指就会指向虚拟物体。通过这种技术,用户可以通过简单的点击手势直观地操作虚拟对象(按钮)来显示虚拟标签或信息(见图 3-48)。如果用户不需要这样的 AR 解释标签,则不会显示虚拟标签。

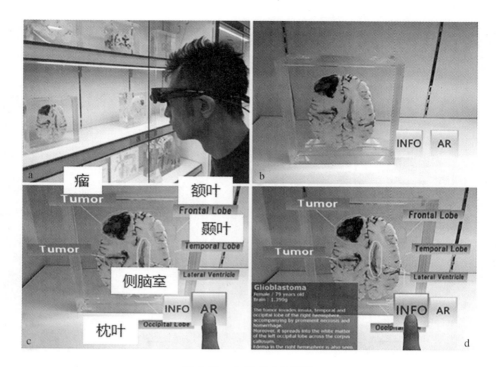

图 3-48　头戴式 AR 系统

⑤ 实验与结果

研究人员共招募了 84 名大一、大二年级的解剖学学生。参与者被分为 3 个样本组：对照组（没有 AR 支持的传统展览）、平板电脑 AR 组和 HMD AR 组。前两组各有 32 人，第三组有 20 人。每位参加者可自由参观位于 3 个相邻展览摊位内的 8 个病理标本。实验结果显示，基于 AR 的系统不仅可以成为解释展览的有效工具，而且还有助于提高学生的学习动机。AR 技术在解剖博物馆内应用的同时，甚至可以提供一种范式转变，这种转变可以扩展到世界各地。具有自然点击界面的头戴式 AR 系统在按钮排列方面和其他显示内容方面都具有高度的可扩展性。

3.3.4　设计策略与建议

（1）可视化不可观察的现象，注重物理世界与虚拟世界的链接

许多 MR 和 AR 应用程序都非常努力地用令人印象深刻的数字图像和高度沉浸的环境来复制真实世界的交互。但如果最终结果本质上是真实的再现，

这些努力和开发成本便失去了最重要的价值所在。为了解决数字技术与物理交互相结合带来的这种挑战,可以尽可能多地利用数字化虚拟图像去描述那些学习者不易观察的现象,如可视化磁场线。通过链接可观察和不可观察的现象,可视化一些原理与知识,为学习者提供认知支架,帮助学习者建立抽象与具象的链接。

(2)增强重点信息,提供在线指导

增强现实的优势可以体现在重要信息的增强方面,通过强调重要信息来吸引学生学习的注意力。这些附加在物理展品上的数字化信息不仅能够补充物理展品所不能表达的信息,还能够起到提示与引导的作用。引导学习者去进一步观察展品的细节部分,以及思考展品所传达的信息与含义。在这种系统的指导下,学习者结合数字信息与实体展品进行自适应学习与意义建构。

(3)多人联机操作,加强协作互动

多人协作的增强环境中,学习者会不断产生肢体冲突或话语冲突。为了缓解这种冲突,学习者们往往会进行头脑风暴,分享彼此的想法,进而进行想法的共同构建。这种共同构建往往会比单个学习者创建的构建更好。在解决问题的过程中,同伴通常有义务进行辩解和谈判,促进有意义的和可映射到内容的具身参与。

3.4　智能导览技术及其案例

3.4.1　智能导览技术概述

(1)智能导览技术内涵

场馆环境的空间设计与丰富的展品陈列为学习者提供了真实学习情境,但这对学习者来说也是一个挑战。在单纯的展品浏览过程中,不仅学习者无法在最短的时间里选择和找到感兴趣的展品,而且这种走马观花式的浏览对学习者的意义建构作用甚微。随着移动技术的进步,场馆学习从单纯的参观开始转向基于情境感知系统的个性化学习,这成为场馆学习技术革命的新契机。这些系统能够感知学生的位置、学习时间和休闲时间,并在真实环境中为他们提供适当的学习材料。此外,系统中的交互设计为学习者创造了引人入胜的个人体验，在不偏离参观物理展品的情况下满足了学习者对互动的期望。这种情境感知系统即本章所介绍的智能导览技术。

（2）智能导览技术特征

资源整合与个性化服务是智能导览技术最明显的特征。场馆环境中的物理展品排列方式虽然有一定的空间规律，但是学习者在初次进入场馆中学习时，可能还是无法在最快的时间内找到自己所感兴趣的展品。另外场馆学习者的先前经验等各有差异，这导致不是所有的学习者都能够参透物理展品所传递的信息。智能导览技术的出现缓解了传统场馆参观的这些问题。智能导览技术通过全球定位系统、近场通信与 iBeacon 等位基技术，确定学习者与物理展品位置，为学习者推荐展品相关信息。同时，智能导览技术可以采用 5E 教学设计、ADDIE 教学流程、游戏化学习等教学方法或模式进行系统设计，使简单的场馆参观转化为结构完整的场馆个性化学习，学习者的学习时间、参与度与学习体验也随之有所提升。

3.4.2　技术实现

（1）位基服务

位基服务（location-based services，LBS）通过无线蜂窝网络以及最近的蓝牙信标（bluetooth beacons）和 ByteLight 技术，实现对物品或个人物理位置的数字定位，并提供动态定制内容。对于场馆学习者来说，位基服务能方便地提供学习者周围的展品信息。LBS 支持的移动应用程序可以丰富博物馆参观者的体验，因为可以根据参观者以前的参观情况了解到他们或许会感兴趣的特定实物、馆藏品或展品，并据此提供相关的建议。如果加上对参观者习惯和活动的分析，位基服务就能发布针对不同学习者的个性化定制内容。

配备有内置定位系统和传感器的智能手机与平板电脑的普及加速了位基服务的使用。目前应用较为广泛的定位技术，包括全球定位系统（global position system，GPS）、射频识别（radio frequency identification，RFID）、近场通信（near field communication，NFC）和 iBeacon 技术等。

（2）移动技术

移动技术与日常生活联系越来越紧密，教育教学中也逐渐出现它的身影。新的应用程序不断出现，使我们的生活更轻松，也给场馆教育工作者和研究人员带来了机遇与挑战。

基于移动技术的研究包括移动学习游戏、移动技术支持的协作学习和移动应用程序等。Zydney 和 Wamer(2016)认为移动技术能够拓展学习者获取展品内容的途径,学习者可通过互联网和传感技术等获得学习材料和信息。在场馆学习领域中使用移动学习有很大的潜力,这是因为它在许多方面都是独特的,并且非常适合移动技术的支持。对于那些无法仔细观察的展品,可以进行图形的可视化,以便学习者能够完全理解。场馆学习的特征与移动技术的显示交互、三维图形和模拟的能力很好地结合在一起。

3.4.3 案例分析

(1)基于移动情境的词汇学习系统

词义学习中常用的两种策略是词典学习和语境学习。课堂外的情境性词汇学习环境,使学习者积极地沉浸在真实的语境中,对学习者的词汇学习有着重要意义。为了探讨移动支持的情境性学习环境如何促进外语学习者的语境性词汇探索,Bilgin 和 Tokel(2018)选择了一个充满互动科学实验的科技博物馆作为学习环境,设计了一个移动应用程序,支持学习者完成真实的任务,促进学习者的语境词汇学习。

①情境学习环境

情境学习环境(situated learning environment,SLE)的设计基于情境学习理论(situated learning theory,SLT)的主要原则:真实的环境、真实的任务、适当的指导和真实的评估。采用参与的方法来保持真实性,学生们直接参与到真实的环境(科技馆)中。科技馆提供了涉及目标词汇的互动科学实验(任务),包括自由落体实验、深度斯金纳实验、轮轴实验、杠杆实验和勾股定理实验。实验的指导是学习者应该完成的真实任务,如"转动轮轴,抬起重物"。通过移动系统提供相应的指导,为每个目标词汇提供实验指导和定义支持。使用多通道注释(可视化和字典定义)来维护定义支持,以便为学习者提供灵活和可选的支持。学习者通过理解目标语言中的指令完成真实的任务。开放式问题嵌入移动系统中,只有在完成所有真实任务后才能回答。

②目标词汇

目标词汇是在每个实验步骤中使用的词汇。该词汇有三种类型:一般话语(general discourse,GD)、中间话语(intermediate discourse,ID)和特定话语(specific discourse,SD)。GD 是指个体在日常生活中可能经常遇到的高频词。

SD 包括具有较高学术效用的低频率词汇（科学术语等）。ID 包括 SD 类型和 GD 类型的单词。

③移动词汇学习系统

移动词汇学习系统是作为一种支持技术来开发的，以保持适当的引导，这是 SLEs 的关键特征之一。系统采用 Flash Professional 程序进行设计。从保持矢量图形和插图的 Shutter Stock 中收集了一些静态图像。一般情况下，选择矢量图形，因为它很容易被改变，并能把它们变成动画。每个目标词汇表中都嵌入了多模态定义支持。该系统有一个数据库系统，它保存了用户的每一个动作的日志、事件的时间，并给出了开放式问题的答案。首先，系统给出了按钮功能说明，实验包含了多少步，需要完成什么实验。在实验页面，实验是一步一步显示的。当用户按下任何一个单词时都会遇到一个字典定义图标和一个可视化定义图标（见图 3-49）。

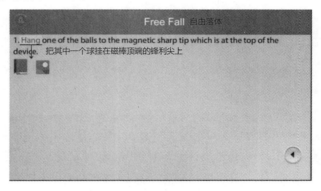

图 3-49　字典定义图标和可视化定义图标

其次，如果用户按下视觉定义图标，就会看到一个静态图像或动画，将单词及其情境句子可视化（见图 3-50）。实验步骤也显示在顶部，单词被高亮显示。在学生查找定义后，如果学生需要链接到实验的步骤，这个功能很容易支持对整句的理解；如果用户不理解可视化定义，可以切换到字典定义；如果视觉表示是动画，则有一个重复按钮来实现重复观看动画。最后，用户会遇到一些开放式的问题作为真实的评估。用户需要在真实环境中完成所有实验步骤才能回答这些问题（见图 3-51）。

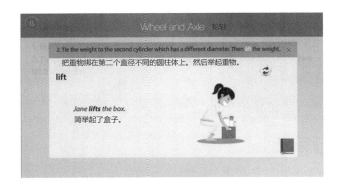

图 3-50 动画的可视化定义

图 3-51 移动系统中的开放式问题

④实验实施与结果

实验参与者是从未去过科技博物馆的大学生。其中对目标词汇有高预知的学生被删除,以保证有目的的学生样本。在 5 周的时间里,25 名大学生在特定的学习环境中完成了真实任务。实验结果表明,通过考虑语境线索、词汇频率、任务真实性、学习者领域知识、兴趣和关注点等因素,移动技术可以支持和促进语境词汇学习。

(2)基于移动视觉识别技术的移动导览系统

为了探索移动视觉识别技术(Artcodes)改善游客中心用户体验的潜力,Ng 等(2018)开发了一种寻宝形式的移动导览系统,并通过实地研究将该技术与现有的个人导览进行了比较。

①背景

移动学习体验的背景是马来西亚的雪兰莪皇家游客中心,在这里,游客不仅可以了解公司的起源,还可以通过个人导游了解马来西亚锡镴的重要历史和科学,以及锡镴矿开采的故事。研究人员在最初几个月进行了人种学研究,与中心工作人员进行访谈和讨论,以确定移动体验的需求。然后进行了一项演示移动参观中视觉识别技术的试点研究,博物馆工作人员进行扫描标记,以触发与选定文物相关的信息视频。

与中心工作人员的访谈和讨论结果显示,在互动方面,目前相对很少使用锡镴展览的科学。此外,工作人员承认,他们的导游科学知识相对较少,与科学相关的展品相比,他们对中心的文化和历史展品更有信心。因此,初步研究旨在证明,使用移动设备提供更多有关展品的科学相关信息来增强游客体验的可行性。然而,这项试点研究强调了在初始体验中缺乏交互性,这促使研究人员通过关注如下所述的主动方法,去支持游客在构建知识和学习方面的协作。由于参观中心的游客大部分是儿童,所以设计目标是有儿童的家庭和学校团体。另外,研究选择集中在中心内的科学相关的展览。于是,研究人员以"锡镴的科学"为主题,探讨视觉识别技术和移动体验设计如何提升参观者的知识水平和体验。

②技术实现

在设计体验平台时,研究人员使用了一种视觉识别技术(Artcodes)。Artcodes 是基于 Costanza 和 Huang(2009)等提出的识别图像拓扑结构的 D-touch 方法。选择这种特殊方法是因为它使锡镴设计师和工匠能够使用现有的工艺技能,将美学图案中的视觉代码压印和雕刻到锡镴制物品上。这为交互设计提供了一个机会,利用参观者在中心公共空间的锡镴的物理体验将数字媒体嵌入其中。

研究团队与雪兰莪皇家游客中心的锡镴设计师和工匠合作,该中心也是一个工作工厂,为 AR 设计和制造可扫描的锡镴图案,包括相对简单的图像和视觉复杂的场景。与我们一起工作的设计师探索了各种锡镴表面和工艺技术。早期的测试揭示了一些挑战,包括可变环境照明的影响,以及闪亮材料的镜面反射。技术可行性测试让研究人员进一步了解了不同制作技术产生的可用性约束。最终采用现有的锡镴制品和设计作为灵感,设计出符合参观者体验的每一个宝藏代码(见表 3-2),以适应物理展品的环境。图 3-52 显示了其中一个展品的更详细的过程示例。

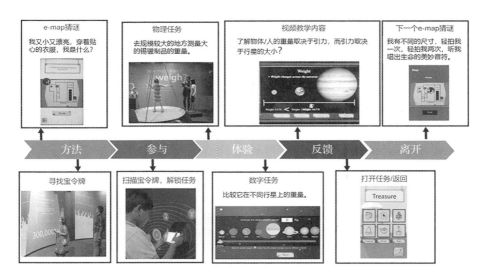

图 3-52 一个展览的局部轨迹案例

表 3-2 全过程体验设计，每个展品的宝藏代码、任务和学习目标

展览	宝藏代码	物理任务	数字化任务	学习目标
权重展览		请注意三个平衡的秤，它们的体积重量不同，但质量相同。	将相同体积的金属砝码拖放到虚拟天平上，选择最重的。	密度等于单位体积的质量。
元素周期表		用元素周期表找出包含原子序数为 50、51 和 29 元素的锡镴。	在时间用完之前，点击 3 个元素制作锡镴。	学习构成锡镴的金属以及为什么它是合金。
星球展览		站在巨大的天平上，看看这个巨大的锡镴有多重。	输入并滑动重量，看它是如何在行星上变化的，以及哪里是最重的。	了解质量和重量的区别。
音乐厅		敲钟来比较它们的音调。	选择音调较高或较低的编钟。	了解材料的不同特性如何影响音调。
名人堂		根据描述找到墙上的图片。	扫描图片最近的宝藏代码，阅读学习内容，找到下一张图片线索。	了解白镴材料的独特特性。

续表

展览	宝藏代码	物理任务	数字化任务	学习目标
手印		根据图片线索在墙上找到手印和名字。	输入工匠的名字,观看他们的工匠技能视频。	学习不同的锡镴制作工艺。

③基于初始移动试验的设计迭代

研究团队与 12 名雪兰莪皇家大学的工作人员进行了初步的试验,以研究参与者如何使用系统。最初的可用性研究揭示了识别宝藏代码的问题,以及在一些展览中物理和数字方面的相对不平衡。接着重新设计了一些任务,以结合更多由现有展品提供的物理启示,以解决这种不平衡。例如,将"数字记忆比赛游戏"重新设计成在墙上画上现有手印的"实体数字比赛游戏"。在重新进行人物设计的过程中,为了在物理和数字交互之间取得平衡,研究人员仔细考虑了物理任务的设计,将其与相关的数字化任务结合起来,以增加每个物理展览的复杂生态中的用户参与度。

④实验实施与结果

主要的用户实验是在吉隆坡的雪兰莪皇家游客中心进行的,参与者主要是有孩子的家庭和有学生的教师。实验结果显示出参与者对移动导游的偏好以及与个人导游相比学习者的显著学习收获。观察分析表明,移动向导可以通过支持主动发现以及平衡物理和数字交互来改善游客的学习体验。

(3)基于 iBeacon 技术的移动展品标签系统

①背景

标签是一种重要的解释性材料,可以帮助一般参观者理解展品,是场馆展品的重要组成部分。好的展览标签将增加参观者对标签的使用,鼓励阅读,促进参与、理解和意义创造。数字标签也可以作为互联网上丰富的数字资源和人工制品之间的桥梁。数字标签中呈现的相关内容是理解工件背后的故事或知识的关键。大量的情境感知技术和产品可用于数字标签系统,如全球定位系统、射频识别、近场通信等(Shen et al., 2014)。然而,GPS、RFID、NFC 在室内设置有局限性,GPS 信号在穿过建筑物时会减弱或失真,RFID 和 NFC 只能在几厘米的距离内工作。iBeacon 是苹果公司于 2013 年推出的基于蓝牙低能耗(bluetooth low energy,BLE)技术的新型室内定位系统。与其他室内定位系统相比,它具有低功耗和低成本的优势(Ng,2015)。iBeacon 技术专门用于探测距离,可部署在博物馆、商店和体育场进行信息广播。另外,已有研究证明环境感知技术具有培养学习兴趣和提供实时反馈的优点,以及测试 5E 教学模式在科学学习中的有效性(Chen and Huang,2012;Liu et al.,2009)。Chen 等(2017)在此基础上采用基于 iBeacon 技术的 5E Learning Cycle 方法开发了一个移动标签辅助系统,让参观者在参观展品的过程中更好地参与,促进非正式的科学学习。

②教学设计

移动标签辅助系统基于 5E Learning Cycle 进行设计,学习周期每个阶段教师或学生要做的主要任务如下。

参与(E1):教师接触学生的先验知识。教师设计一些简短的活动来激发学生的好奇心,帮助他们将过去和现在的学习经验联系起来。

探究(E2):教师向学生提供一系列具有概念、过程和技能的活动。学生利用已有的知识完成活动,产生新的想法,探索可能性,并进行初步调查。

解释(E3):解释阶段为学生提供机会来展示他们的概念理解、过程技能或行为。在这个阶段,教师可以直接介绍或解释一个概念、过程或技能,以促进学生更深层次的理解。

细化(E4):通过教师提供的挑战经验,学生发展更深入和更广泛的理解,以及更多的信息和足够的技能。学生运用所学到的新概念和新技能进行额外的活动。

评价(E5):教师根据教学目标评价学生的进步或学生对自己的理解和能力的自我评价。

③系统开发

所开发的系统具有以下系统功能(见图 3-53)。

推送通知:当参观者在 5 米内接近展品时,通过安装在展品上的 iBeacon 基站,向支持蓝牙功能的移动设备推送通知。当访客点击通知消息时,iOS 应用中的学习活动页面会打开。

世界菜单:所有与特定展览标签相关的学习活动都列在世界菜单下。

附近菜单:所有的学习活动都可以在便签附近参加,这些展览标签列在附近菜单下。

评论区:在评论区,访客可以根据他们的参与情况和学习活动留下评论。

收藏区:游客可以保存一些学习活动资料作为自己的最爱,以供进一步参考。

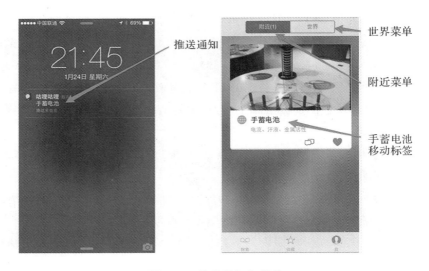

图 3-53　推送通知与菜单

④"手蓄电池"案例

根据 5E 学习周期，以多媒体形式（文本、动画、音频、视频）设计学习活动。以"手电池"展览为例，说明这个移动标签系统是如何工作的，引导参观者探索这个展览，如图 3-54 所示。手蓄电池是中国科技馆的经典展品之一，具有很强的互动性。该展品由一个理论解释标签、一个操作标签、一个电流表和一组可触摸金属棒组成。

情景导入（E1）：以文本和音频的形式呈现了一个关于一位女士戴着由黄金和不锈钢制成的假牙的故事。从那时起，这位女士就开始头疼，并去看医生。原来，这位女士所说的头痛是由电流流过引起的，金牙和钢牙充当电池的两个终端。这个介绍性的故事吸引游客去寻找关于她头痛原因的科学解释（见图 3-54a）。

操作说明（E2）：通过动画引导游客。他们可以试着拿着两根不同的金属棒，观察电表指针的运动（见图 3-54b）。

原理解释（E3）：详细解释了本次展览背后的生物、化学和物理原理。参观者可以听音频，也可以阅读文本（见图 3-54c）。

生活应用（E4）：一篇简短的说明性文章，说明电池是如何制造的，以及回收旧电池的必要性（见图 3-54d）。

思考延伸（E5）：在这部分，可以通过回答关于哪种金属产生最高/最低电流读数的问题来进行评价。参观者还可以通过制作苹果电池的任务，了解自己的理解和能力情况(见图 3-54e)。

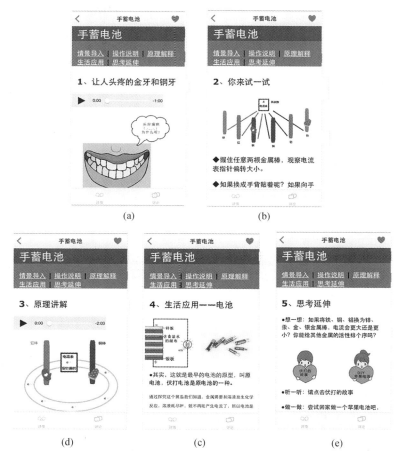

图 3-54 "手蓄电池"移动标签

⑤实验实施与结果

研究人员在中国科技馆进行了实验研究,研究的参与者是 43 名大学生。从学习表现、停留时间、行为模式分析和访谈结果发现,移动标签辅助系统能够有效引导学习者与展品互动,进行深思熟虑的学习,延长参观停留时间。参与者们愿意使用系统参观科技馆。这是为数不多的将 iBeacon 应用于科学博物馆移动标签系统设计的研究之一。事实证明,iBeacon 技术在未来场馆中有着巨大的潜在应用价值。

（4）基于移动概念图的交替现实游戏

①背景

积极探究在科学教育中起着关键作用。为了促进儿童的动机，交替现实游戏被应用于促使儿童在真实的学习环境中积极探索。然而，现实环境的复杂性和游戏谜题的模糊性增加了儿童进行有效探究的难度。为了实现成功的研究性学习，概念图是一种有效的学习策略，引导儿童组织相关信息，并头脑风暴可能的解决方案。基于此，Liang 等（2021）设计了一种基于移动概念图的交替现实游戏（alternate reality games，ARG）。

②系统框架

如图 3-55 所示，一个名为 CoboFun 的移动系统被设计用于支持儿童在真实环境中的研究性学习。该系统包括 ARG 子系统、学习内容管理子系统（LCMS）和学习者管理子系统（LMS）。

ARG 子系统由单人游戏模块和多人游戏模块组成。单人游戏模块为单人玩家提供单人游戏。每个孩子可以选择自己喜欢的游戏独立完成任务，也可以和其他人一起完成任务。多人游戏模块提供多人游戏，让孩子们组成团队，一起完成任务。

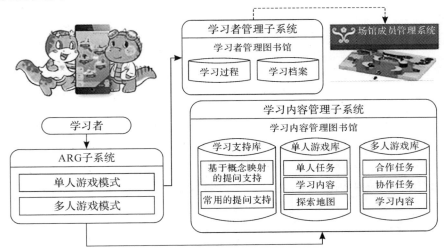

图 3-55　CoboFun 的系统框架

LCMS 子系统管理学习内容库，其中包括单人游戏库、多人游戏库和学习支持库。单人游戏库为孩子们提供了一个互动模式来执行任务。每个单人游戏任务包括一个谜题，以促进儿童的询问行动。另外该子系统会提供地图，标记任务位置,引导孩子的查询路径,以解决所有任务。提供的学习内容支持孩子在游戏过程中的学习,包括文本、图像和视频构建解决谜题所需的知识。

多人游戏库提供了进行合作任务的交互模式。合作任务包括不同的子任务,团队中的每个成员都需要解决一个子任务。合作任务提供一个有多个答案的谜题,团队中的每个孩子都必须提交至少一个答案才能一起解决这个问题。提供文字、图片等学习内容,支持孩子在游戏过程中的知识建构。此外,还提供增强现实(AR)互动的学习内容,让孩子与真实环境进行互动。

学习支持库提供学习支援,协助儿童在 ARG 中的学习。基于概念图的提问和传统的提问支持,旨在支持儿童组织相关信息和头脑风暴可能的解决谜题的方法。

LMS 子系统管理游戏进程状态和行为记录。游戏过程会记录孩子们在每个任务中的结果和状态。学习组合记录了孩子们的学习行为,包括他们的游戏日志、时间和每个任务的答案。LMS 还与国家自然科学博物馆(NMNS)的博物馆会员管理系统相连,以便更新孩子们的学习档案,促进回访。

③系统交互界面

儿童登录 CoboFun 后,可体验单人游戏或多人游戏。在单人游戏中,每个孩子可以选择一个游戏任务,并在地图上确定任务的位置。在每个任务的开始,通过恐龙的对话来解释任务目标,并让孩子们参与学习来呈现游戏故事情境。每个任务都包含一个谜题,孩子需要整合系统提供的信息(线索)和他们对真实环境的观察结果(见图 3-56)。

基于概念图的提问支持提供不完整的概念图和问题,以指导儿童组织相关信息和头脑风暴可能的解决谜题的方法,而传统的提问支持只提供问题作为指导(见图 3-57)。这些图像可以使用手势来调整大小。

为了避免孩子遇到疑难问题被卡住,在两次提交错误答案后提供详细的解决方案。最后,提供图解学习内容,总结探索的学习概念。

在多人游戏中,指定一个孩子作为队长,其他孩子可以通过扫描二维码加入队伍。每个任务前都会显示一个游戏故事,团队负责人可以从任务菜单中选择一个任务。对于合作任务,要求每个孩子选择一个子任务,完成子任务后可以查看任务结果(见图 3-58)。

图 3-56　单人游戏任务界面(左)和线索界面(右)

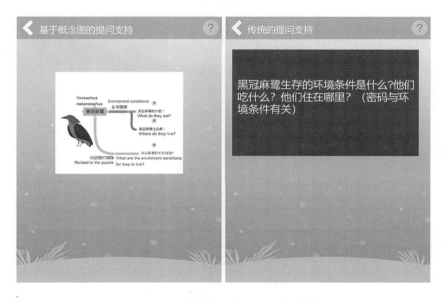

图 3-57　基于概念图的提问支持(左)和传统提问支持(右)

　　对于协作式任务,要求每个孩子提交至少一个谜题答案,提交答案后可以查看任务结果(见图 3-59)。

图 3-58　合作任务界面(左:任务菜单;中间:任务界面;右图:任务结果)

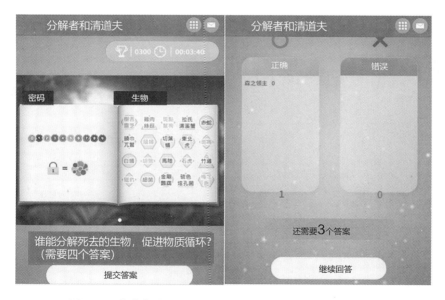

图 3-59　协作任务的界面(左图:任务界面;右图:任务结果)

　　为了支持孩子解决谜题,每个任务都提供了基于概念图的提问支持和提示(见图 3-60)。

　　此外,AR 学习内容旨在让孩子参与对真实环境的观察和探索。如图 3-61所示,孩子们可以扫描 AR 卡,找到展览中的生物生活在哪里,然后,通过介绍生物支持孩子们对生态系统角色的批判性思考。最后,在完成任务后提供图解学习内容。

图 3-60　基于概念图的多人游戏提问支持

图 3-61　小朋友扫描 AR 卡（左），在展览现场学习（右）

④实验实施与结果

在基于游戏的探究性学习中，Liang 以准实验研究的方式来评价该方法与传统提问方法的有效性。44 名小学生是研究对象，所有的孩子都学习了关于学校生态环境的基本知识，如植物和动物。他们也有一年在学校计算机课程中使用移动设备的经验。而且，在学习活动中要学习的内容对他们来说都是新的。实验结果表明，与传统提问方式相比，基于概念图的提问方式对学生的学习成绩、批判性思维和学习态度有更显著的影响。然而，认知超载对儿童的学习产生了负面影响。此外，不恰当使用概念图会限制学生的创造性问题解决能力。

（5）基于情境学习模型的 CoboChild 移动探究系统

①背景

场馆学习是一种互动的非正式学习过程,由学习者在自由选择的学习环境中通过物理探索和社交互动激发探究的乐趣。为了促进有意义的场馆学习体验,就必须考虑影响学习者有效学习的相关因素。在场馆学习理论中,情境学习模型(contextual model of learning,CML)被公认为场馆服务的最重要指南并被广泛应用。基于游戏的混合移动学习(blended mobile game-based learning,BMGBL)涉及虚拟学习空间和实体场馆环境之间的相互作用,帮助学习者在场馆中进行泛在学习。基于 CML 理论并充分考虑 BMGBL 在场馆环境中的影响,Hsu 等(2018)开发了一项名为 CoboChild 移动探索系统(简称 CoboChild)的 BMGBL 服务。

②实现 CML 的 BMGBL 方法

为了充分考虑影响儿童场馆体验的相关影响因素,完善 BMGBL 设计,需要提供以儿童为中心的、高度融合的互动功能和社会互动的服务。因此,CoboChild 从整体上考虑了场馆情境对儿童体验的影响。该服务主要面向国家自然科学博物馆(National Museum of Natural Science,NMNS)内非正式家庭团体的儿童,向他们提供 BMGBL 环境,促使他们积极参与和与他人进行社交互动。考虑到 BMGBL 涉及虚拟和物理环境之间的相互作用,CML 的实现需要对个人情境、社会文化情境、虚实融合情境以及本研究中的时间因素进行修改。图 3-62 显示了 CoboChild 的 CML 实现设计。

个人情境:目标用户被定义为具有独立移动设备操作能力的 9～12 岁儿童。考虑到每个孩子的喜好不同,CoboChild 提供了各种主题的基于游戏的学习(game-based learning,GBL)和社交网络服务,支持孩子选择自己喜欢的主题,探索展览的不同部分。以展示区为基础设计的观光活动,不仅具有好玩的导游功能,而且还能促进孩子们与他人的互动。每次游览包括各种类型的 GBL 任务,儿童可以自由选择、自由探索和与展品互动,如拼图、绘画和 AR 应用程序。教育专家对儿童的学习内容和仼务设计进行了检测,以确保它们与儿童的能力相匹配。

社会文化情境:社交网络服务包括促进儿童社交互动的 GBL 探索。考虑到 BMGBL 涉及虚拟环境和物理环境之间的相互作用,CoboChild 通过解决问题和在线分享活动改善了在线和现场的社会互动。孩子们通过与他人交流和

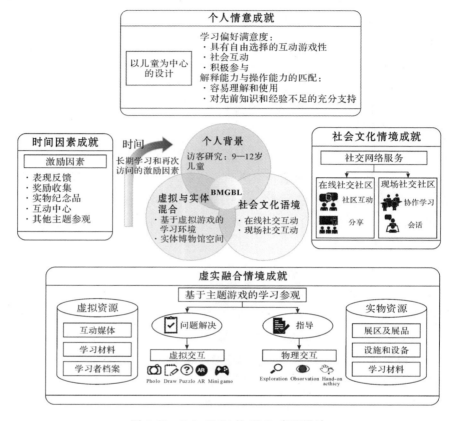

图 3-62 CoboChild 的 CML 实现设计

合作来完成任务。社交网络服务为孩子们提供了与他人分享个人经历的不同方式。孩子们可以自由地分享和讨论他们在任务中的学习成果,比如在Facebook 上分享绘画或照片。此外,该服务还提供了一个在线社交社区,让孩子们分享、查看和回应他人分享的成果。

　　虚实融合情境:场馆的物理和虚拟资源被整合到 GBL 主题游戏中,包括展览区域和展品、学习设备和设施、互动媒体以及数字和真实的学习材料。研究人员设计了各种各样的 GBL 任务来促进孩子们的参与。比如照片和绘画游戏可以让孩子们对展品进行深入的观察,而拼图小游戏则可以让孩子们在动手活动中进行探索、阅读展品说明和体验。此外,AR 任务还设计了互动功能,让孩子们可以与 AR 对象互动,如近距离观察展品,了解更多相关信息。孩子们可以通过 AR 任务的屏幕抓取功能与 AR 对象拍照,还可以在游戏过程中修改自己的答案,并根据他们在任务中的学习表现获得不同的虚拟奖励。

时间因素:CoboChild 提供了富有成效的游戏和积极的反馈,以激发孩子们的持续学习和再次游览。解决游戏探索问题的可感知性满足了他们的内在乐趣需求,并增强了他们持续学习的动机。此外,CoboChild 还提供了积极的反馈,包括对他们的任务表现、虚拟奖励和实物纪念品收集的明确反馈,以加强他们长期学习和再次访问的动机。CoboChild 还提供了一个交互式游乐场,让孩子们可以用他们收集的虚拟展品和照片创建个人内容。他们可以通过电子邮件或 Facebook 的分享功能与朋友分享自己的作品。为了持续激励孩子们学习和再次参观,他们会在参观博物馆期间偶尔提供基于主题游戏的学习游览,以增强孩子们的重温意愿。通过这种方式,实现了一个以儿童为中心、高度整合 BMGBL 资源和社会互动的可持续场馆学习环境,以激发儿童的学习和参观兴趣。

③ CoboChild 的系统设计

提出的 CoboChild 的系统框架是一个实现了 CML 的三层系统框架,如图 3-63 所示。

顶层提供了 CoboChild 的用户界面,使儿童能够与情境学习服务进行交互。目前,系统提供了 4 个 GBL 主题游戏供孩子们探索,分别是生命科学馆、人文馆、微观世界展和地球上的生命展。

中间层为情境学习服务,包含 4 个学习服务模块,有效地融入了 CML 的各个影响因素。个人情境模块为每个子模块提供一个以学习者为中心的 BMGBL 环境。每个孩子的学习行为都记录在学习者管理库中。孩子们可以使用这些服务查看他们的学习档案和个人内容。社会文化情境模块包括社交网络服务和纪念图片服务,让孩子们可以通过移动设备或互动游乐场分享自己的绘画和照片。虚实融合情境模块包括主题 GBL 服务和物理展览探索服务。前者为孩子们提供了一系列的 GBL 主题探索,而后者为学习者提供了展示区、展品、设施、设备和相关的学习材料,以支持他们在场馆中的观察和探索。时间因素模块包括任务表现服务、虚拟奖励服务和纪念品交换服务。任务表现服务记录并展示孩子们在每个任务中的表现,虚拟奖励服务让小朋友收集虚拟展品及纪念品积分。小朋友可通过纪念品交换服务,交换自己喜爱的纪念品。此外,他们还可以用自己收集的虚拟展品创建个人内容,与他人分享纪念照片。

底层是统一的学习资源管理库,包括学习内容管理库和学习者管理库,分别对整个学习过程中的学习资源和每个学习者的个人学习信息进行管理。学

图 3-63　CoboChild 的系统框架

习内容管理库是对每一个主题 GBL 游戏中高度集成的虚拟资源和物理资源的管理。图书馆由展览单元、教育单元、虚拟奖励单元和纪念品单元组成。学习者管理库包括学习者概要文件、学习档案和他们的个人内容。

④实验实施与结果

为了检验 CoboChild 是否有效地完成 CML,研究人员采用实验法对儿童的 CoboChild 认知进行了评估。他们随机挑选了 3 个班共 66 名学生(男生 35 名,女生 31 名)在参观博物馆的过程中体验 CoboChild 服务。为了提高参观质量,每个班级被安排在不同的时间参观博物馆。学习活动是在国家自然科学博物馆的微观世界展览中进行的。微观世界展览包括 18 种不同类型的 GBL 任务,每个任务都与 AR 代码相关联。在探索前的介绍之后,孩子们可以开始他们的探索,并通过 AR 代码识别并了解博物馆的展品。此外,他们还可以重复自己喜欢的任务,以提高自己的表现并收集虚拟奖励。

参观开始前的 AR 任务是为了吸引孩子们进入微生物的世界。然后,孩子们被引导观察各种各样的生物,并通过解决问题和动手活动学习相关知识,如谜题和小游戏。图 3-64 显示了 GBL 任务的接口。孩子们被要求观察并找到匹配的展品来解决谜题。为了找到匹配的展品,他们必须探索和阅读展品描述,寻找相关线索。他们在回答了所有的谜题后能够收集虚拟奖励。

图 3-64　微观世界展览第四个任务的界面设计

　　每个孩子的绘画和照片都被记录在学习者管理库中。孩子们可以通过社交网络服务查看和选择自己的个人内容,并将自己喜欢的作品分享给包括 Facebook 在内的在线社区。完成所有的任务后,他们可以将自己收集的纪念品与积分兑换成实物纪念品,还可以与自己收集的虚拟展品进行互动,并在互动游乐场与他人合影或留影并分享(见图 3-65)。

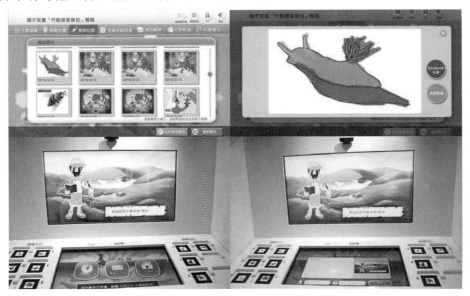

图 3-65　CoboChild 社交网络服务的界面设计

CoboChild 考虑了相关情境因素对儿童在场馆中有效支持学习的影响，为儿童构建了一个以儿童为中心、高度整合混合学习资源的场馆学习环境。实验结果显示，CoboChild 有效地完成了 CML，促进了儿童在基于移动游戏的混合学习环境中的交互体验和再访问动机。对大多数孩子来说，这个系统提供了富有成效的玩要，提高了他们对展览和学习的理解。

3.4.4　设计策略及建议

（1）明晰系统框架逻辑，突出教学设计

智能导览技术多依靠搭载在移动设备上的各种系统实现。这些系统是智能导览技术应用的核心。根据学习目标进行教学设计然后构建相应的智能导览系统，接着在系统的基础上进行界面的 UI 设计。可以说系统是连接教学设计与用户操作界面的桥梁，所以在设计系统框架时应当明晰其逻辑，突出教学设计。如 Chen 等（2017）在设计基于 iBeacon 技术的移动展品标签系统时便使用了 5E 教学周期的设计。

（2）简化用户界面，注重展品交互

智能导览技术应用的目标是提高学习者的参观体验与学习效果，因此在用户界面的设计上应当尽量简单化，避免大量与导览目标无关的元素出现。尤其是以游戏化学习为设计理念的移动导览系统，这类系统在设计时加入了部分游戏元素可能会导致重娱乐、轻参观的现象出现。此外，移动设备的使用可能会将学习者的注意力转移到移动设备而不是展品中，所以在进行设计时可以加入"观察展品""扫描展品标签"等类似的按钮设计，促进学习者与展品的交互。

（3）丰富信息呈现方式，注重信息质与量的统一

移动导览系统不仅可以为学习者推荐参观路线，还可以为学习者呈现与展品相关的学习资源。为了提高这些资源的可阅读性，应当避免大量的文字描述。最优的解决办法是使用丰富的多媒体信息呈现方式，如表格、图片、语音、动画与视频等。多种类型的资源能够多角度较为全面地解释展品所要传达的信息。对于必须使用文字描述的内容，可以使用问答、对话、说故事等形式呈现。

第4章　馆校协同教育的效果评价方法
及其案例

　　关于场馆的研究属于社会科学范畴中的重要一环,其研究过程中常见的方法有两类,一类是哲学方法,另一类是一般研究方法。前者指的是宏观的、具有指导性的方法,例如辩证唯物主义法;后者指的是具体研究过程中针对某类问题而使用的方法,是为了发现新现象、新事物,或提出新理论、新观点,揭示事物内在规律而使用的工具和手段(张屹、周平红,2013)。本章将从一般研究方法的三种类型入手,介绍有助于进行场馆研究的研究方法及其案例。

　　一般研究方法主要包括三类:量化方法、质性方法和混合方法。基于具有一定标准的量表,对于研究对象的各项指标进行数据收集、计数、比较等统计分析行为,通过数学模型或者计算公式,能够得到精确、直观的结果,这类方法为量化方法,研究人员可以利用这类方法开展对于场馆中的资源或学习者的研究。研究人员凭借直觉、经验或者以往研究的结论,结合最新的信息资料,对研究对象随时间发展的状况进行性质、特征、发展规律方面的判断,这类方法为质性方法,强调文字语言的描述,因此研究人员可以利用这类方法对学习者的对话或者场馆资源的知识传递等进行研究。量化方法偏向数据统计,质性方法偏向文字说明。可以说,两者难以分割,量化是质性的依据,质性是量化的具体化。因此将这两者结合起来灵活运用,也会有不一样的发现,这类方法为混合方法,例如研究人员可以在采用量化方法分析学习者场馆学习绩效的同时,采用质性方法分析学习者在学习过程中的对话,结合分析两部分的结果,探索其中的潜在联系,得出更加全面的研究结论。因此,本章将对量化方法、质性方法和混合方法的定义、特征、具体方法和相关案例进行阐述,旨在为场馆的研究人员提供研究灵感。

4.1 量化方法

4.1.1 量化方法的定义与特征

(1)定义

Langhout(2003)认为,量化方法是当研究人员需要预测有关的信息、产生可概括的结果、确定因果关系并基于数据形成范式时使用的方法,它需要发展或借鉴具有尺度标准的测量技术。付瑛和周谊(2004)认为量化方法是对事物的量的方面的分析和研究,研究者事先建立假设并确定具有因果关系的各种变量,然后使用某些经过检测的工具对这些变量进行测量和分析,从而验证研究者预定的假设。张丽华(2008)认为量化方法是基于理性和逻辑分析,借助数学工具,通过测量、统计分析等手段来对事物的量的方面进行的分析和研究,结果以数字呈现。本书认为,量化方法是通过对研究对象的整个样本或子集的调查,做出比较、归纳或推断,通过数据收集和统计分析的方法对结果进行解释,以确定在样本中发现的结论可以应用于更大范围的概率。

Zellner 等(2021)概括了量化方法的细化分类,包括单变量的、解释性的和总括性的量化方法。其中,单变量的量化方法包括时域法和频域法,前者强调研究对象时间序列上的变化,包括移动平均法、指数平滑法等等;后者强调研究对象的频次变化,例如傅里叶级数分析。解释性的量化方法主要包括回归方法和支持向量机,前者强调研究变量之间的因果关系和影响程度,后者关注研究对象的行为模式的识别区分。总括性的量化方法包括神经网络和贝叶斯网络等等,前者通过分析大量数据之间的连接关系处理信息,后者分析不确定性和概率性的事件,应用于有条件地依赖多种控制因素的决策,从不完全、不精确或不确定的知识或信息中做出推理。

(2)特征

对于研究来说,研究方法的选择同样需要具体问题具体分析。研究中涉及研究方法选择的方面包括研究问题、研究设计、有效性、抽样、数据收集、数据分析和结论解释。下面将从这几个方面描述量化方法的特征。

①研究问题

量化方法一般用于解释具有普遍性的一般规律。这些规律由客观事实的建立、收集和同化组成,研究中的量化方法即用于承认和形成在任何情况下始终不变且普遍适用的规律,这就是自然科学的特点(Lamiell,1998)。量化方法倾向于解释,即验证观察到的现象及其系统的关系是否证实了理论的预测,通过观察到的规律在事实之间建立联系(Gelo et al.,2008)。因此,量化方法通常是演绎的和理论驱动的,即在特定的参考理论的基础上观察特定的现象,其中的假设是从理论推导出来的,然后通过实证调查,也就是验证性研究来证伪。

②研究设计

研究设计关系到研究人员在研究过程中的研究方法的选择,同时在研究结束时指导对于结论解释的逻辑,因此研究设计必须是严谨的。量化方法中的研究设计包括实验设计和非实验设计。实验设计用于对一个自变量和一个或多个因变量之间的关系进行因果推理,强调对自变量的直接操控和对无关变量的严格控制。非实验设计用于自变量不能被操纵的情况,用来描述两个或多个相关变量之间的关系。

③有效性

有效性通常指的是通过数据收集、分析和解释而达到的合法性水平,在一般水平上区分内部效度和外部效度(Maxwell and Loomis,2003)。Cook 和 Campbell(1979)确定了统计结论效度(即从样本到总体推断的效度)、结构效度(即所使用的理论构念的效度)和因果效度(即观察变量之间因果关系的效度)作为量化方法的内部效度,将研究结果在人群、环境和时间上的泛化程度作为其外部效度。

④抽样

在量化方法中,抽样的目的是选择能代表总体的个体,以便研究结果能够反馈推广到总体,即提高外部效度。因此,量化研究人员会在确保每个样本都具有相同概率的同时,利用一些不同的标准进行随机抽样。在量化研究设计中常用的一些抽样方法包括:简单随机抽样,即确定的总体中的每个个体都有均等的机会被纳入样本;系统随机抽样,即从随机排序的总体列表中按照固定的间隔数抽取目标总体中的连续单位;分层随机抽样,将总体按一定标准分成多个组,从每个组中抽取一定数量的随机样本;整体抽样,从总体中选择自然存在的随机样本组;便利抽样,根据可及性和研究兴趣从总体中抽取样本。

⑤数据收集

数据可以直接或间接从构成样本的主体收集，作为主要数据，也可以利用已有研究或开放的网络档案等进行次要数据的收集。量化方法中对于主要数据的收集方法包括：测试或使用标准化问卷，评估研究对象的表现、态度、个性、自我认知等；结构化访谈，研究人员向研究对象提问预先设置的问题，并记录与研究主题相关的一个或多个问题或现象的答案；封闭式观察，研究人员使用预先定义的类别对研究对象的相关行为进行分类和记录。次要数据的收集方式包括：参考官方文件，如开放的访问记录和人口普查数据，再通过赋值对结果数据进行编码，用于统计分析。

⑥数据分析

数据分析旨在通过统计学的方法解决研究问题和验证假设。除了一般的验证性分析，在量化方法中，研究人员还会进行探索性数据分析，目的是找出在一个或多个组中观察到的变量之间的因果关系或相关关系是否具有统计学意义。量化方法的统计检验选择基于研究问题的类型，包括描述趋势、比较组或相关变量等，也包括用于衡量变量的尺度类型，如名义和顺序，以及判断总体是正态分布还是非正态分布。此外，置信区间和效应大小也可用于提供进一步的证据。量化方法包含从描述性分析到假设检验的推理分析的过程，最后将结果以表格或数字的形式汇总呈现。

⑦结论解释

结论解释旨在厘清研究结果的意义。在量化方法中，结论解释旨在参照假设的理论对所获得的结果赋予意义，这个过程也可以被称为演绎推理。根据研究设计是实验性的还是非实验性的，可以得出关于变量之间的因果关系或相关性的结论。这些结论可反过来证实、扩展或挑战所参考的理论基础。

4.1.2 案例一：学习风格对于学习成就的影响

该案例选自 Chen 和 Chen(2018)的研究，他们探索学习者的学习风格对其在泛在博物馆中的学习成就的影响。

(1)案例背景

近年来，移动设备的普及率大幅提高，人们能够在任何地方搜索和共享信息。由于获取和应用知识的过程不再受时间和空间的限制，信息技术在教育环境中的应用越来越普遍，逐渐从数字化向移动化、泛在化推进。学习者可以通过移动设备随时随地访问学习资源,并与他人进行实时交互,其便捷性和即时性为学习者提供了更多的学习机会。同时,移动学习还能结合各种传感器技术,实现上下文感知,这种情境学习风格加强了学习者自身与知识之间的联系。

　　台湾位于板块交界处,地震频发,其中包括闻名的"921 地震"。因此,地震的起因和相关的灾害预防知识得到了更多的关注。近年来,许多中小学教师积极寻找教学资源,致力于教学多样化,加深学习者的学习印象。除了视频教学和实验教学,博物馆也成为教师设计教学活动时进行实地考察的场所。博物馆展示了丰富的资料,这些资料往往与学校学科的学习内容有关,能让学习者进行实际观察。学习者可以与学校学到的知识结合起来,在真实的学习环境中构建个人的知识和经验,满足每个阶段的学习需求,提高学习效果。

　　然而,学校教师和博物馆工作人员发现实地考察中存在以下问题:①学习者在博物馆内仅仅将答案抄写在自己的学习单上,很难掌握学习的关键,没有足够的学习和讨论。②在学习过程中,教师很难监控学习者的实际学习状况,导致无法提供及时的帮助。

　　因此,本案例基于 Keller(1987)的 ARCS 动机模型构建了情境感知的地震与防灾课程泛在学习系统,并将该系统应用于台湾"921 地震"博物馆,探讨该方法是否能提高博物馆学习者的学习动机和学习效果。此外,本案例根据 Felder(1988)的学习风格理论,以及 Felder 和 Solomon(2021)设计的学习风格指数量表,了解学习者的学习风格,并根据不同的学习风格进行探索,探讨不同学习方式的学习者在使用泛在学习系统进行学习时是否存在差异。

　　(2)研究工具

　　①ARCS 学习动机量表

　　就学习而言,动机是学习过程中的一个重要因素,是学习者主动学习的内驱力。学习动机越强、学习态度越积极的学习者越容易取得成功。Keller(1987)认为传统的教学设计对学习者的学习动机重视不够,任何一种教学模式所设计的教材如果不能引起学习者的兴趣和关注,都会大大降低学习效果。因此,Keller(1987)提出了 ARCS 动机模型,通过改进教学设计,采用合适的教学策略,吸引学习者对学习活动的注意,引导学习者参与活动,促进学习者达到目标、坚持学习的内在动机。ARCS 动机模型将学习动机分为注意(A)、关联(R)、自信(C)和满意(S)四个要素,并强调提高学习者的动机必须与这四个要素相对应,从而刺激学习者的学习。本案例中使用的 ARCS 学习动机量表如表

4-1 所示,采用李克特五点量表作为测量指标,从非常同意到非常不同意。

表 4-1　ARCS 学习动机量表

维度	问题
注意	A1 本课程的每个部分都有一些有趣的点,吸引了我的注意力。 A2 本课程的许多部分都非常吸引人。 A3 本课程的呈现方式有助于我集中注意力。 A4 本课程的内容太抽象了,所以我很难集中注意力。 A5 本课程的材料使我感到厌烦。 A6 本课程的教材呈现方式有助于我集中注意力。 A7 本课程的许多部分引起了我的好奇心。 A8 本课程有很多重复的内容,使我感到厌烦。 A9 我从本课程中学到了一些我不期望学到的东西。 A10 本课程中使用的对话、练习和图片可以帮助我集中注意力。 A11 本课程的内容呈现方式让我感到厌烦。 A12 教材中的文字太多,它们让我感到不舒服。
关联	R1 我理解本课程的内容,而且它与我以前所学的知识是一致的。 R2 有图片或例子来说明本课程的重要性。 R3 本课程的内容对我非常重要。 R4 本课程与我的兴趣有关。 R5 在本课程中,有关于如何应用课程中所包含的知识的说明。 R6 本课程的内容及其呈现方式使我感到值得学习。 R7 我不需要本课程,因为我已经知道这些内容。 R8 我能够将本课程的内容与我所学、所做或所想的联系起来。 R9 本课程的内容对我来说是有用的。
自信	C1 本课程对我来说恰到好处,不难也不太简单。 C2 本课程比我想象的要难。 C3 在我读完介绍后,我知道我在本课程中会学到什么。 C4 课程中的信息太多,我无法抓住关键点。 C5 当我再次使用本课程时,我有信心能够很好地学习如何使用它。 C6 本课程中的练习对我来说太难了。 C7 我有信心在学习本课程后在一定程度上通过与本课程内容相关的考试。 C8 关于本课程的内容,我仍有许多地方不明白。 C9 本课程的内容组织得很好,我有信心学好。

维度	问题
满意	S1 在完成本课程后,我感到充实和满意。 S2 我很高兴参加这个课程,而且我想学习更多的相关知识。 S3 我喜欢以本课程提供的这种方式学习。 S4 本课程练习中提供的建议给我一种鼓励的感觉。 S5 如果我完成本课程的任务,我会有一种成就感。 S6 我很高兴能够参加这个课程。

②学习风格指数量表

学习风格是指学习者在学习上的特殊偏好,这种偏好是独特的、稳定的、不受短期内学习情境变化的影响。因此,教师应尊重学习者的个体差异,接受和了解学习者的学习风格,并针对不同的学习风格设计相应的教学活动,使学习者的潜能得到充分发挥。

学习风格量表(LSQ)是一种常用的评估个人属性与学习成果之间关系的工具。Kolb(1983)的量表将学习周期分为四个阶段:具体经验、反思观察、抽象概念化和主动实验。Felder(1988)基于 Kolb(1983)的学习风格量表提出了Felder-Silverman 学习风格模型(FSLSM),发展出了开放的学习风格指数量表(Felder and Solomon,2021),如表 4-2 所示。学习风格指数量表对学习者偏爱的学习方法进行评估,从主动与反思、感觉与直觉、顺序与整体、视觉与语言 4个维度对学习者的信息加工方式进行分类,并通过 1～11 的指数呈现学习者对各类学习方式的偏向程度。

由于该量表需要评估学习者在不同情况下 4 个维度上的学习偏好,因此每个维度的题目被打乱,使得评估的指数更具有概括性。如果学习者在某一维度的得分指数是 1～3,那么该学习者在该维度的 2 个类别上是相当平衡的,只对其中一个有轻微的偏好。如果指数是 5～7,那么学习者对该维度的 1 个类别有适度的偏好,在一个有时不能满足这种偏好的环境中学习可能会有一些不适感。如果指数是 9～11,说明学习者对该维度的某一类别有强烈的偏好,在不能满足该偏好的环境中学习会十分困难。

表 4-2　学习风格指数量表

问题	选项
1.在我尝试_____之后，我对某件事情有了更好的理解。	试着去做。 考虑清楚。
2.我宁愿被认为是_____。	现实的。 创新的。
3.当我想到我昨天做的事情时，我脑海里最有可能出现的是_____。	一幅画。 一段话。
4.我倾向于_____。	理解一个主题的细节，但对其整体结构可能比较模糊。 理解整体结构，但对细节可能比较模糊。
5.当我学习新的东西时，我的方式是_____。	谈论。 思考。
6.如果我是一名教师，我宁愿教一门课程_____。	涉及事实和实际生活的课程。 涉及思想和理论的课程。
7.我更喜欢通过_____方式获得新信息。	图片、表格或地图。 书面指示或口头信息。
8.一旦我理解了_____。	所有的细节，我就能理解整个事情。 整个事情，我就知道细节是如何配合的。
9.在一个学习小组中学习困难的材料时，我更愿意_____。	跃跃欲试，献计献策。 坐在后面听。
10.我发现_____更容易。	学习事实。 学习概念。
11.在一本有大量图片和图表的书中，我可能会_____。	仔细查看图片和表格。 注意力集中在书面文字上。
12.当我解决数学问题时_____。	我通常会一步一步地找到答案。 我经常只得出了解决方案，但要费尽心思去弄清楚解决方案的步骤。
13.在我上过的课中_____。	我通常会结识许多学习者。 我很少能认识很多学习者。
14.在阅读非虚构作品时，我更喜欢_____。	教会我新的事实或告诉我如何去做的东西。 能给我带来新想法、让我思考的东西。
15.我喜欢_____的老师。	在黑板上画图画的老师。 花很多时间解释的老师。

问题	选项
16. 当我分析一个故事或一部小说时____。	我想到了一些事件,并试图从它们中间总结出主题。 当我读完后,我才知道主题是什么,然后我会回去找证明主题的那些事件。
17. 当我开始做家庭作业时,我更有可能____。	立即开始解决方案。 试着先充分了解问题。
18. 我更喜欢有____的想法。	确定性。 理论性。
19. 我更能记得____。	我看到的东西。 我听到的东西。
20. 对我来说,更重要的是老师要____。	用清晰的顺序步骤来阐述材料。 能给我一个整体的印象,并将材料与其他学科联系起来。
21. 我更喜欢____。	小组学习。 独自学习。
22. 他人认为我是____。	对我的工作的细节很仔细。 对我的工作有创造性。
23. 当我要去一个新地方时,我更喜欢____。	地图。 书面指示。
24. 我的学习____。	以相当规律的速度学习。如果我努力学习,我就会最终明白。 在适合的时候开始。我会在十分困惑的时候突然顿悟。
25. 我倾向于____。	试着做一些事情。 思考我将如何去做。
26. 当我阅读时,我喜欢作家____。	清楚地说出他们的意思。 用创造性的、有趣的方式说事情。
27. 当我在课堂上看到一个图表或草图时,我最有可能记住的是____。	这幅图本身。 教师对它的评价描述。
28. 在考虑一组信息的时候,我更有可能____。	专注于细节而忽略大局。 试图在了解细节之前了解大局。
29. 我更容易记住____。	我做过的事情。 我所想过的事情。

续表

问题	选项
30.当我必须执行一项任务时，我更喜欢_____。	掌握一种工作方法。 想出新的方法来做这件事。
31.当有人向我展示数据时，我更喜欢_____。	表格或图形。 归纳结果的文字。
32.写论文时，我更倾向于_____。	从头开始，步步推进。 分别写不同的部分，然后排序。
33.当我要做一个小组项目时，我首先要做的是_____。	小组集思广益，让每个人都贡献自己的想法。 个人进行头脑风暴，然后小组讨论比较想法。
34.当某人具有_____的品质时，我会认为他是明智的。	理智。 富有想象力。
35.当我在聚会上遇到别人时，我更有可能记住_____。	他们的模样。 他们对自己说了什么。
36.当我学习一个新学科时，我更愿意_____。	专注于该学科，尽可能多地了解它。 尝试在该学科和相关学科之间建立联系。
37.我更可能被认为是_____。	外向的。 内向的。
38.我更喜欢强调_____的课程。	具体材料（事实、数据）。 抽象材料（概念、理论）。
39.对于娱乐，我宁愿_____。	看电视。 阅读书籍。
40.有些教师在开始讲课时，会列出他们要讲的内容的大纲。这样的提纲对我_____。	有一些帮助。 很有帮助。
41.以小组为单位做家庭作业，整个小组只有一个成绩，这个想法_____。	对我很有吸引力。 对我没有吸引力。
42.当我在做长时间的计算时_____。	我倾向于重复所有的步骤并仔细检查我的工作。 我觉得检查自己的工作很累，得强迫自己去做。
43.我认为描绘我曾去过的地方_____。	很容易而且相当准确。 很难想象，而且不记得细节。
44.在小组中解决问题时，我更倾向于_____。	想到解决问题过程中的各个步骤。 思考解决方案在广泛领域内可能产生的后果或应用。

（3）研究设计

①研究对象

本案例的研究对象是一所小学六年级的 86 名学习者。所有学习者随机分为实验组（43 人）和对照组（43 人）在台湾"921 地震"博物馆中进行参观学习。在实验前，所有学习者在小学自然科学教师的指导下完成了相关的基础课程。在实验过程中，实验组学习者使用案例中的系统进行学习，而对照组学习者使用传统的方法，即使用学习单，并在博物馆讲解员的指导下进行学习。

本案例使用的实验工具包括基于地震成因和防灾知识的前测和后测试卷、ARCS 学习动机量表和学习风格指数量表。在学习成果方面，前测和后测试卷主要用于考察学习者参观"921 地震"博物馆后是否有显著效果。这两份试卷由自然科学领域的六年级教师编写，内容以相关科目为主。前测试题是根据各小学使用的教材设计的，难度水平经过严格审核，确保能有效地检验学习者在实验前的先验知识水平。在后测试卷中，除了关于地震成因和防灾知识的问题，还加入了一些问题来测试学习者是否理解了博物馆展览的意义，从而检验学习效果。

②实验程序

本案例中的学习系统，旨在帮助学习者在台湾"921 地震"博物馆有效地自学。学习者可以通过系统的讲解，抓住学习的重点，了解每个展品的意义，改善以往博物馆的无效学习。如图 4-1 所示，本案例的实验设计一共分为三个阶段。

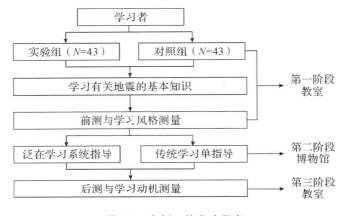

图 4-1　案例一的实验程序

第一阶段，教师将在课堂上进行地震基本成因和防灾知识的基础教学。教学结束后，对学习者进行知识前测，检验知识掌握情况。学习者也被要求填写学习风格指数量表,以确定他们的学习风格,以供后续分析。

第二阶段,所有学习者参观台湾"921 地震"博物馆,完成其中所有的学习主题。实验组学习者使用泛在学习系统,按照说明参观博物馆。对照组则采用传统的学习方法,在博物馆讲解员的指导下使用学习单。两组的博物馆学习时间均为 2 个小时。学习者在完成每个主题的学习后,需要做 1 个小测验,并在给定的时间内完成所有主题。

第三阶段,所有学习者回到教室进行后测,并填写 ARCS 学习动机量表,以检验他们在参观博物馆后是否真正理解了地震的成因和防灾知识,同时了解他们的学习动机。

(4)数据分析

在本案例中,首先对实验组和对照组的学生进行每种学习风格的识别,然后对实验组和对照组学习风格相同的学生进行对比分析。

①独立样本 t 检验

独立样本 t 检验用于检验呈正态分布且方差齐性的两组数据之间的差异。在本案例中,实验组和对照组作为自变量,将后测成绩和学习动机作为因变量,可以通过独立样本 t 检验验证两组之间的差异,从而探究使用泛在学习系统与传统学习单是否会对学习者的成绩与学习动机产生影响。

②配对样本 t 检验

配对样本 t 检验主要用于检验相同样本量的两组数据之间的差异,一般用于检测同一组别的前后测的差异。因此在本案例中,配对样本 t 检验可以用于检验实验组和对照组的前后测成绩之间是否存在差异,从而探究使用泛在学习系统与传统学习单的博物馆学习是否分别对于学习者的学习有促进作用。

③协方差分析(ANCOVA)

协方差分析主要用于检验协变量影响下自变量对于因变量的影响。本案例有多种协变量、自变量与因变量的组合形式,以探究不同的研究结果。以前测成绩为协变量,后测得分为因变量,实验组和对照组为自变量进行协方差分析,可以在排除先验知识水平带来的影响的情况下,检验实验组和对照组的学习效果差异。协变量和因变量不变,以学习风格作为自变量进行协方差分析,可以探究不同学习风格是否对学习结果有不同的影响。

4.1.3 案例二:互动技术对场馆学习的影响

该案例选自 Pallud(2017)的研究,他提出一个模型以评估学习者的学习和互动技术的参与程度,探究信息技术如何影响学习者的自主学习。

(1)案例背景

信息技术有助于改变和提高人类的学习模式。在支持以学习者为中心的主动学习环境时,信息技术还可以鼓励批判性思维,并促进学习者对教育材料的理解。基于信息技术的数字化学习已经成为教育的重要工具,除传统的学校教育,其他非正式学习环境也为学习经验提供了途径。如今,人们一生中的大部分时间都在教室之外学习,包括图书馆、博物馆、实习公司等场所。博物馆在学习和技能发展方面具有重要作用,考虑到技术能积极促进学习者的体验,许多博物馆同样依靠信息技术与公众沟通。

考虑到博物馆的技术与给学习者带来的学习体验,本案例的研究问题是技术介导的学习环境如何影响博物馆游客的心理过程和学习结果。更准确地说,是信息技术的技术特征,即易用性和互动性,以及心理情感,即学习者的认知投入和真实性对学习效果的影响。

本案例在位于巴黎的法国移民历史博物馆(NMHI)展开,选择这个博物馆的原因如下:第一,学习和情感体验是这座博物馆的首要目标,它旨在教育公众,并提供关于移民历史的情感体验。第二,博物馆在呈现人们的传统、记忆和历史的方法中也阐述了真实性的各种理论特征。第三,博物馆中包含了技术设备,包括交互式信息亭、数字链接的音频导览、互动游戏等等,是评估学习者对信息技术的反应的基础。

在研究开始前,本案例首先做出了模型并陈述了假设,依据假设进行研究与数据分析。模型图如图 4-2 所示,假设如下。

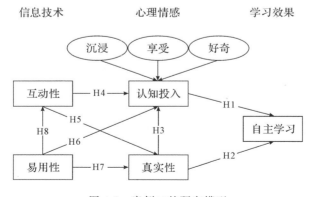

图 4-2　案例二的研究模型

假设1：认知投入对自主学习有积极影响。

假设2：真实性对自主学习有积极影响。

假设3：真实性对认知投入有积极影响。

假设4：互动性对认知投入有积极影响。

假设5：互动性对真实性有积极影响。

假设6：易用性对认知投入有积极影响。

假设7：易用性对真实性有积极影响。

假设8：易用性对互动性有积极影响。

（2）研究工具

本案例的问卷由已有研究的量表组成。本案例主要测试有关学习者的五方面数据，分别是关于学习者学习效果的自主学习维度；关于学习者心理情感的认知投入和真实性维度，其中认知投入包含了沉浸、好奇和享受三方面的感知；关于信息技术的技术特征的互动性和易用性维度。其中，自主学习维度使用 Alavi（1994）的自主学习量表进行测量，认知投入维度使用 Agarwal 和 Karahanna（2000）的量表，真实性维度使用 Featherman 等（2010）的量表，互动性维度参考 Skadberg 和 Kimmel（2004）的量表，易用性使用 Davis（1989）的量表。最终整合形成的研究问卷如表4-3所示。问卷采用李克特五点式方法填写，每个学习者的问题都是一样的。

表4-3 案例二的研究问卷

维度	编码	问题
真实性	PA1	我通过科技发现移民的历史是人为的。
	PA2	通过科技发现移民的历史给了我一种真实的感觉。
	PA3	对我来说，用科技探索移民的历史是一个很自然的过程。
自主学习	SRL1	信息技术的使用帮助我找到了移民的核心问题。
	SRL2	信息技术让我更好地了解了移民的历史。
	SRL3	这些技术让我加深了对移民历史的了解。
易用性	EOU1	博物馆里的技术对我来说很容易使用。
	EOU2	我认为我与博物馆中的技术的互动是清晰易懂的。
	EOU3	我发现在博物馆里很容易找到可用的技术来完成我想做的事情。

维度		编码	问题
认知投入	好奇	CUR1	科技的运用激起了我对移民历史的好奇。
		CUR2	科技参与到我的参观学习过程中,激起了我对移民史的兴趣。
	沉浸	FI1	在使用这些技术的同时,我全身心地投入到我所做的事情中。
		FI2	在使用这些科技产品的时候,我无法排除其他的干扰。
		FI3	在使用这些技术的时候,我的注意力不容易被转移。
	享受	HE1	我发现使用博物馆里的技术是一件很有趣的事情。
		HE2	使用博物馆技术的实际过程是令人不快的。
		HE3	我很喜欢使用博物馆的技术。
互动性		INT1	使用博物馆的技术给我提供了一种互动的体验。
		INT2	我觉得我可以控制与博物馆技术的互动。

（3）研究设计

①研究对象

本案例的研究对象是随机的场馆参观人员,没有年龄、性别、职业等因素的限制。除了问卷内容,本案例调查了参观者与两种不同类型的技术的互动情况,分别是数字链接的音频导览和交互式信息亭,参观者对于技术的选择也是随机的。

②实验程序

在调查 NMHI 的参观者时,本案例采取了以下方法。为了得到尽可能多的调查人数,一名研究人员被安排在博物馆入口,参观者可以在那里借阅数字链接的音频导览。场馆与研究人员负责为参观者提供指导,分发参观展览所需的免费语音导览。参观者在参观结束时必须归还数字链接的音频导览,研究人员利用这个时间,让参观者就他们与博物馆技术的互动给予反馈。采用相同的方法收集参观者对于交互式信息亭的反馈数据,汇总后得到 113 份关于数字链接的音频导览的问卷和 70 份关于交互式信息亭的问卷,一共收集 183 份调查问卷。

（4）数据分析

本案例涉及两种不同的技术,因此需要先对两种技术的影响进行检验,如果两者不存在差异，即可合并进行后续的模型假设验证；如果两者存在显著差异，则需要分别进行模型假设验证。

①独立样本 t 检验

本案例可以根据不同的技术类型对随机获得的研究对象进行分类，分为使用数字链接的音频导览的参观者和使用交互式信息亭的参观者，对两组数据进行独立样本 t 检验。如果分析结果显示两种技术之间对于信息技术的技术特征、参观者的心理情感和学习效果的影响存在显著差异，那么后续的分析需要将两种技术分开进行。如果不存在显著差异，那么说明不同技术对于参观者的学习效果等影响是相近的，可以进行数据合并，开展下一步分析。

②回归分析

回归分析是确定两种及以上变量间相互依赖的量化关系的一种统计分析方法，包括线性和非线性的。在本案例中，回归分析可以分别用于八个假设中两变量之间的量化关系的检验，判断自变量与因变量之间的影响关系，包括正向影响和负向影响。从而验证假设中的自变量和因变量是否正确，它们两者之间的关系是否正确。

③路径分析

路径分析是一种多重线性回归，主要用于自变量与因变量之间的关系错综复杂、互相影响的时候。路径分析需要研究人员首先做出假设模型，厘清各个变量之间的因果关系假设。模型中指出箭头的是自变量，被箭头指向的是因变量，如果一个变量既指出箭头又被箭头指向，说明它在这个路径关系中起到中介的作用。本案例使用路径分析验证提出的模型，从而验证信息技术的技术特征、学习者的心理情感和学习效果之间的相互影响关系。

4.2　质性方法

4.2.1　质性方法的定义与特征

(1)定义

董奇(2004)认为，质性方法是通过深入的体验、调查和分析以及对结果的文字叙述来发展、表述理解的研究方法，它强调使用实地体验、开放式访谈、参与式和非参与式观察、文件分析、案例研究等方法,对自然环境中的研究对象的心理现象进行深入、透彻和长期的研究。张丽华(2008)认为,质性方法以现象学为理论基础,收集和分析使用文字、故事、图像等对世界的非数字表述,被认为是一种假设生成研究。质性方法中构建的假设常常作为定量研究的基础,运用逻辑的、以描述为基础的分析方法,如分析与综合、比较与分类、归纳与演绎等,对研究中收集的信息进行处理,对研究结果进行"质"的归纳分析。质性方法的目的是了解研究对象的心理和行为本质,找出教育科学的发展规律,为解释研究成果和构建理论提供依据。在质性方法中获得的访谈数据可以使用可靠的编码和定量的统计分析来处理,比如记录编码主题的频率和关键词的数量等。

Guevara 等(2018)认为质性方法即对内容、技能和学习过程本身的全面评价。质性方法具有个性化的特点,它认识到教育背景和环境是独特的,因此在特定的背景下进行研究结果的评估。质性方法帮助教师衡量学习者的进步,并将他们的认知发展与情感态度价值观联系起来,探究学习者的小组合作过程,摈除了总结性评价的单个分数评估带来的弊端。

本书认为,质性方法的研究对象往往无法受到研究人员的控制,需要收集的数据具有多元性和复杂性,涉及学习者的兴趣情感等无法仅仅使用数字和量表来衡量的影响因素,同时对于研究样本数量的要求不似量化研究那样严格,其与量化方法的差异主要在于数据的来源和获取途径。

(2)特征

研究方法是指涉及数据收集、分析和解释的程序和技术,不同的研究设计可以通过不同的研究方法来实现。与量化方法类似,下面同样从研究问题、研究设计、有效性、抽样、数据收集、数据分析和数据解释这几个方面描述质性方法的特征。

①研究问题

质性方法一般用于解释和描述独特的具体事件。具体事件包括对单一的、有时间限制的现实的单个事件的再现,需要尽可能完全地记录,并在真实情境中加以理解,具有个体化的特征。质性方法倾向于理解,即通过再现或模拟个体学习者的自我视角、经验和理解,重建他人如何通过观察到的规律建立事实之间的联系(Gelo et al.,2008)。因此,质性方法是归纳的和数据驱动的,即从观察到的现象开始建立关于这些现象的理论。在质性方法中,假设的发展是研究过程本身的一部分,其目的是根据观察,也就是通过探索性研究发展一个充分的理论。

②研究设计

质性方法重点研究自然环境中的行为，即研究的现象是自然发生的，较少提供结构化的研究背景。这种设计的一个基本假设是，行为发生在自然环境中，没有外部约束或控制。研究人员使用质性方法进行研究时观察的是自然环境，而不是一个具有可变性的控制源，因此对于所调查的现象要进行更深层次的理解。常见的质性方法包括：案例研究，涉及对单个实例或事件的深入纵向检查，从而加深对它的理解，一个组织、一个人或者一个特定的事件都可以被称为案例；话语和对话分析，重点是将语言作为互动媒介，进行对话内容的分析；焦点小组，即聚焦某一特定议题下的小组讨论内容，可以是书面的也可以是口头的信息传递，分析突发性问题和主题；扎根理论，运用从实践中获得的经验和数据来寻找合适的指导理论；人种学研究，即深入描述和解释一个文化或社会群体中的共同的信仰、期望和行为模式（Wright，2006）。

③有效性

针对质性方法，Maxwell（1992）确定了四个类别的效度，分别是描述性效度、解释性效度、说明性效度和普遍性效度。描述性效度是指对背景和事件的描述的效度；解释性效度即研究对象持有的观点的陈述的效度；说明性效度即关于过程和关系的效度；普遍性效度即研究人员能够将某一特定情况或群体的描述概括到其他个人、时间或背景上的程度。

④抽样

质性方法主要使用有目的的抽样策略，便于研究人员选择信息丰富的案例进行深入研究。常见的目的性抽样策略包括便利抽样、同质案例抽样、滚雪球抽样、极端/偏差和典型案例抽样。其中，便利抽样与量化方法中的一致。同质案例抽样是指从小组中挑选具有同一特性的样本进行深入研究。滚雪球抽样利用研究对象中的"线人"来确定哪些案例对研究有帮助。极端/偏差和典型案例抽样是指从总体中分别找出最突出和最普遍的样本，以便尽可能多地了解离群者与大众之间的区别。

⑤数据收集

在质性方法中，为了深入了解研究对象的观点，必须收集数据。因此，质性数据收集程序的标准化程度要比量化数据收集低得多。质性数据收集通常以使用开放式访谈、焦点小组讨论和观察为主。开放式访谈通常记录的是音频数据。观察的数据主要以对观察事件和过程的准确描述笔记为主,但是由于笔记的内容描述会受到研究人员的先前经验和描述能力的影响,因此增设了摄像设备用于录制视频,还原研究对象的动作行为,便于反复观察和记录。质性方法中也不乏二手数据,例如个人文件-即任何为私人目的记录、拍摄的个人资料;官方文件,例如演讲、电视节目和广告的录像;存档的研究数据,例如以前进行的质性方法的结果等等。通过这些方式获得的全部数据必须进行转录和处理,以便进行分析。

⑥数据分析

质性的数据分析主要是对收集的文本、音频或视频数据进行内容或主题上的分析。内容或主题分析基于对某些重复出现的实例的数据的检查,再通过系统的数据集识别这些实例,并通过编码系统将其分组。编码是对标准进行分组,并基于这些标准对文本、音频或视频的某些部分进行标记,以便它们反映潜在的观点的过程。研究人员首先将要分析的文本、音频或视频分成等距的单元,如一个句子、短语或段落,或是以音视频的 10 秒为一个单元,并使用来自研究对象的确切词汇的术语进行标记。研究人员根据观察到的标记单元之间的相似性和差异性,再将编码根据其内容分组为不同的类别。随后,这些显而易见的类别就会被反复利用,来标记收集到的数据的内容,便于研究人员的后续识别与分析工作。编码工作全部完成后,研究人员会发现各个类别之间的关联,继而将这些类别升华抽象为研究结果,对其进行新的定义和解释。质性方法中的结果呈现可以通过图表的形式来完成。

⑦数据解释

在质性方法中,数据解释是归纳推理的过程,利用对现象的系统观察创造有意义和一致的解释、概念框架或理论。质性的数据解释是根据研究的具体和特定的背景,如研究环境、研究对象等,对获得的研究结果赋予意义。这种情境化过程对于解决质性内部效度(即描述性、解释性效度和说明性效度)的问题是必不可少的。如何通过研究对象对某一特定问题的意义或观点进行陈述,增加对研究问题的系统理解,是质性方法需要解决的问题。通过研究设计,研究人员可以通过分析数据相关的类别,基于扎根理论概括一个模型,或基于人种学研究得出不同群体之间的差异比较等等。量化方法的数据解释是理论驱动的,结果可能是对现有理论的验证、扩展或质疑。与量化方法不同,质性数据解释的目的是发展数据驱动的假设,同时基于研究现象产生新的理论视角和理解。

4.2.2 案例一：故事、角色扮演与可能性思维特征

本案例选自 Gregoriou（2019）对于创造性思维特征和博物馆互动性之间的研究，利用与博物馆相关的学习资源，考察小学课堂中学习者的叙事思维和可能性思维特征。

（1）案例背景

创造力被认为是一项基本的生活技能，需要教育系统来培养，其核心是可能性思维（Craft，2001）。本案例认为，在教育中培养可能性思维和创造力的方法是让学习者与同伴一同参与校外的创造性活动，博物馆就是一个很好的连接校内外的非正式学习场所。当学习者参观博物馆时，需要动手操作的展览，例如游戏和教育冒险等，都会给学习者带来新奇的体验，从而刷新他们头脑中的认知。相比展品本身，具有互动性的活动项目能吸引学习者花更多的时间进行实践。

本案例通过博物馆中的互动项目，探讨真实作品背后的故事以及如何培养和启发学习者的肢体语言能力。博物馆互动能为学习者提供沉浸式教育体验的关键工具，帮助他们探索教师通过想象的角色设定的任务，从而改善参观体验。博物馆可以基于它所拥有的藏品，采用两种基本的互动方式，分别是故事和角色扮演。故事是日常课程的核心，是一种富有想象力的资源，能给人带来快乐，拓展想象力，而角色扮演提供了一个不同寻常的学习机会，让学习者在面对故事中相同的问题或情况时，以不同的方式展开想象。

博物馆中的互动故事可以涉及社会问题、历史事件等主题，可以是由教师发起的半命题故事发展，也可以是在教师的提示和指导下展开的完全虚构的故事。无论是哪种形式，教师都需要在其中设置能抓人眼球的亮点和完整连续的情境，引发学习者的好奇心，引导他们结合自身的日常生活经验参与开放性问题的解决，从而产生新旧知识的连接。

角色扮演支持学习者在戏剧中实施各种实践，如戏剧游戏、即兴表演等，同时有助于实现戏剧背后隐藏的学习目标。通过这种方式，学习者不仅能够尝试不同的角色，了解他们背后的故事，还能通过学习者自己的先前知识学会提出问题，发现更多的可能性，并乐于产生新想法，从而锻炼他们的可能性思维。

如果说故事是激发好奇心、引导学习者主动进入学习情境的手段，那么角色扮演就是学习者探索或发展情境的载体。通过这两种形式的互动，学习者实

际上是在实践中学习,体验紧张刺激的情绪,学会自己面对问题,而不仅仅是从文字阅读或教师讲授中接受知识。孩子们不仅通过扮演不同的角色,了解他们的知识生活,而且还学会提出问题,发现更多的可能性,并在发明新想法的过程中变得更有趣。因此,本案例基于博物馆中的故事互动与角色扮演互动,探究不同的叙事思维对于学习者可能性思维的影响。

(2)研究设计

①研究对象

本案例的样本由来自 4 所小学的 8 组 9～10 岁的学习者和他们的教师组成,他们的学习目标是基于学校学习,使用校外资源培养和激发他们的创造力和创造性思维。这 8 个组中 4 个组参观了博物馆 A,另外 4 个组参观了博物馆B。整体的课程与小组分布如图 4-3 所示。

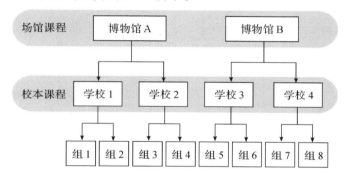

图 4-3 案例一的课程与小组分布

选择 9～10 岁的学习者的原因在于这一年龄段的学习者喜欢学习新事物,好动且活跃,对新鲜事物充满好奇心。他们喜欢玩耍和接受团体挑战,能够自由表达自己的想法,能够充分体现可能性思维的学习效果。本案例涉及 2 个博物馆,主要是考虑到其中包含的互动性活动以及开展场馆课程的经验能否满足培养学习者的创造性思维的需求。

②研究程序

本案例的流程和数据收集包括几个阶段。第一阶段是与教师的一对一访谈,访谈的时间不局限于研究的开始和结束,可能包括研究的各个时期。第二阶段是对校本课程和博物馆课堂的观察,并以文字、录像和拍照的方式进行记录。在这个过程后,教师和研究人员观看具体的校本课程视频和博物馆课程视频,并通过日志的方式记录他们对于教学活动的反思。第三阶段是对研究数据的编码和分析。由于本案例涉及不同的博物馆,还要探讨故事与角色扮演的不同叙事思维对于学习者可能性思维的影响,因此每个学习小组的课程情境都不相同,本案例中给出 6 个情境示例,如表 4-4 所示。

表 4-4　案例一的 6 个学习情境示例

组别	学习情境与焦点	互动形式	博物馆
组 1	根据教师的提示,学习者在博物馆中寻找他们需要的工具和材料,包括橄榄、无花果、杏仁、钓鱼用的沉降器和油容器等等。该课程的情境背景是有一群神秘人创造了一种传统的食谱,但他们拒绝透露其中一种神奇的成分,需要学习者共同探索来发现它。	角色扮演	A
组 2	根据教师的提示,学习者需要从展品中寻找与海洋有关的画,并根据自己所找到的画,编写有关它的故事。	故事	A
组 3	在字母拼读课上,教师鼓励学习者用符号、字母或非常规的单词编写一个故事。故事背景是学习者需要发明一种独特的密码,以便用于水手与同伴进行互相交流,逃脱海盗的追捕。	故事	A
组 4	在讲述完阿里翁和海豚的神话后,学习者必须将神话延伸下去,并通过角色扮演的方式来展示他们所想象的情节。	角色扮演	A
组 5	博物馆为学习者提供了一系列物品,如束腰外套、盘子、花瓶、椅子、沙发和水果等,学习者基于这些物品来编一个故事。	故事	B
组 6	教师给学习者提供了一张地图,上面显示了塞浦路斯所有的古代王国与地理位置。小组中的每个人都需要成为一个王国的国王,然后利用校本课程中的学习资料和博物馆中的所学知识与资源探索他们自己的王国。课程最后,他们要参加一个角色扮演活动——国王会议。在这个会议上,各个国王要制订一项出口商品的战略计划。	角色扮演	B

(3)数据分析

本案例采用个案分析的方法,主要通过描述性和多案例结合的形式,解释研究现象和结果,寻求对学习者经验的深入理解。因此,本案例的数据涉及多种形态,包括教师的一对一访谈记录、校本课程和博物馆课程的观察录像、教师的反思日志、研究人员的反思日志,以及所有研究过程中的照片。

本案例用于编码的参考标准是描述性编码的代表,遵循基本的从开放编码到轴向编码再到选择性编码的序列,迭代原始数据和理论框架(Warburton,2005)。在数据分析中,首先对学习者的可能性思维进行开放性编码和轴向编码。开放性编码旨在识别文字中出现的态度、类别和概念,涉及研究数据中与研究主题相关的详细思想的表述。轴向编码与开放性编码相联系,把开放性编码中相似的想法归为一类,形成数据的迭代、简化与升级。选择性编码则是为了挑选出与研究主题关联性较大的维度和数据,进行进一步的数据简化,便于研究人员的进一步分析与解释。表 4-5 给出了 8 组学习者可能性思维特征的总体分析过程,以及数据分析过程中涉及的数据类型。

表 4-5　可能性思维特征的总体分析过程

开放性编码	轴向编码	选择性编码	数据类型
角色	具有历史性和奇幻性的叙事特征	叙事特征	访谈、录像、教师反思、研究人员反思、照片
情节			访谈、录像、教师反思、研究人员反思
对话			访谈、录像、教师反思、研究人员反思
对学习者的意义			访谈、录像、教师反思、研究人员反思
情感或审美投入			录像、教师反思、研究人员反思
有关"好像"的思考	富有想象力的	可能性思维特性	访谈、录像、教师反思、照片
有关"如果"的思考			访谈、录像、教师反思、照片
超出了现实中可能的范围			访谈、录像、教师反思、照片
虚构的			访谈、录像、教师反思、照片
对其他孩子来说,这是意料之外的答案	创新的想法		访谈、录像、教师反思、研究人员反思
对教师来说出乎意料的答案			访谈、录像、教师反思、研究人员反思
超出预期的思考			访谈、录像、教师反思、研究人员反思
出乎意料的行为			访谈、录像、教师反思、研究人员反思、照片
引导性问题	学习者的问题提出		录像、研究人员反思
服务性问题			录像、研究人员反思
跟随性问题			录像、研究人员反思

续表

开放性编码	轴向编码	选择性编码	数据类型
预测	学习者的问题回应	可能性思维特性	访谈、录像、教师反思、研究人员反思
完成			访谈、录像、教师反思、研究人员反思
否定			访谈、录像、教师反思、研究人员反思
否定与完成			访谈、录像、教师反思、研究人员反思
接受与增加			访谈、录像、教师反思、研究人员反思
明确的目标	意向性		访谈、录像、教师反思、研究人员反思
进一步发展活动			访谈、录像、教师反思、研究人员反思
与任务的交互			访谈、录像、教师反思、研究人员反思
独立决策	自我决定		录像、教师反思、研究人员反思
自我选择的行为			录像、教师反思、研究人员反思
有信心的参与			录像、教师反思、研究人员反思
专注			录像、教师反思、研究人员反思
探索各种想法	承担风险		访谈、录像、教师反思、研究人员反思
冒险参与其中			访谈、录像、教师反思、研究人员反思
自信地表达想法			访谈、录像、教师反思、研究人员反思
进入探索的空间			访谈、录像、教师反思、研究人员反思

续表

开放性编码	轴向编码	选择性编码	数据类型
知识参与	沉浸性	可能性思维的情境特征	录像、教师反思、研究人员反思、照片
情感参与			录像、教师反思、研究人员反思、照片
行为参与			录像、教师反思、研究人员反思、照片
环境参与			录像、教师反思、研究人员反思、照片
探讨想法	与概念互动		访谈、录像、教师反思、研究人员反思、照片
探讨概念			访谈、录像、教师反思、研究人员反思、照片
探讨体现想法和概念的事物			访谈、录像、教师反思、研究人员反思、照片

本案例总体采用质性方法,遵循 Lincoln 和 Guba(1985)提出的有关质性研究严密性的标准,包括四个方面,分别是可信度、可转移性、可靠性和可确定性。

可信度:本案例通过观察、访谈、反思日志等方式收集了不同角度的多种数据资源。通过对研究结果的比较和对比,研究人员使用了同伴检查的方式,与正在进行的可能性思维研究和一般教育研究进行理论三角测量,选择出适合本案例的理论框架。

可转移性:本案例的可转移性体现在,通过对样本的不同观点进行精确和广泛的描述,清楚地识别并编码研究数据的细节,并详细描述研究对象的经历。

可靠性:本案例收集、分析和解释所提供数据的程序,并充分体现过程中的细节。

可确定性:本案例编码的同伴检查分几个阶段进行;对教师进行不止一次的访谈,从而让研究对象确认他们的想法,提高研究人员对他们的经验和观点的解释确定性。

4.2.3　案例二:视频分析亲子互动的行为

本案例选自 Willard 等(2019)的研究,通过分析视频探究博物馆中影响亲子互动过程的因素。

(1)案例背景

学习者在儿童时期通常在日常社会环境下,与家长的互动中发展他们的认知。而在这个过程中,解释和探索这两个行为过程会影响学习者的学习结果。教师或家长对于知识的直接解释带来的影响有好有坏,好在能帮助学习者形成更科学的判断,坏在减少了学习者的自主探究行为,使得解释的知识内化较为浅显,对知识的理解不够深入。因此学习过程中不能只有解释,还要有探究活动。探究能够帮助学习者在已知或未知的环境中,发现新知识,或者基于原有知识发展新想法,形成知识连接。学习者在探索的过程中也能生成疑问,从而促进教师和家长的解释,帮助学习者将知识应用到新的情况或环境中,并学会做出新颖的推论。

探索和解释还具有相互作用,能够驱动学习者的学习。当学习者意识到自己的理解是不确定的,或者当他们表现出自己的疑问,需要综合他们从先前经验中获得的数据进行自我解释时,他们就会进行探索。学习者从解释传递的信息中获取知识,并决定是否通过探究实践来验证这些解释。本案例考察了在儿童博物馆展览中亲子互动中探索和解释的相互作用。通过给家长的指令,让学习者专注于探索或解释。同时,本案例还调查了家长的行为改变程度以及其是否会影响学习者的认知能力和学习类型。

(2)研究工具

为了促进家长与学习者之间高质量的对话与互动,本案例设计了对话卡,促进精细化谈话,提高学习者对展览中展示的信息的后续记忆转移(Jant et al.,2014)。对话卡干预特别用于指导家长与学习者围绕展览进行的互动,已有研究证明其在改变解释性行为方面是有效的(Benjamin et al.,2010)。因此,本案例使用对话卡,探究被对话卡干预的家长行为对于亲子互动和学习者的学习有怎样的影响。对话卡的内容设置如表4-6所示。

对话卡上面有给家长的亲子互动说明。公共文本是很普通的欢迎词。基线类似于一般的对照组,不做过多的控制,家长就像往常一样在展览中与学习者互动。在鼓励解释条件下,家长要提问学习者以鼓励他们解释齿轮的结构和工作机制等等。在鼓励探索条件下,家长要鼓励孩子尝试新事物,探索齿轮是如何工作的。

表 4-6　对话卡

公共文本	欢迎来到齿轮展！齿轮有许多不同的尺寸和颜色。它们可以用来制造许多不同种类的机器。
基线	我们感兴趣的是父母和孩子在展览会上是如何相处的。我们希望更多地了解参观博物馆展品的家庭。请像往常一样和你的孩子互动。
鼓励解释	当你的孩子与齿轮互动时,试着让他们解释齿轮是如何工作的。让他们告诉你齿轮的情况,或者描述当它们以不同的方式与其他齿轮相互作用时会发生什么。提问他们齿轮是如何工作的,或者当齿轮移动时会发生什么。鼓励你的孩子出声思考。
鼓励探索	当你的孩子与齿轮互动时,试着鼓励他们探索齿轮是如何工作的。让他们尝试组合不同的齿轮,以不同的方式与齿轮互动。建议他们通过动手操作,弄清楚齿轮是如何工作的,或者当齿轮移动时会发生什么。鼓励他们亲身实践。

（3）研究设计

①研究对象

本案例一共有 65 个家庭参与,其中学习者的年龄范围为 4～6 岁,家长的平均年龄为 36 岁。选择这个年龄范围的学习者是因为博物馆展览内容的限制,同时这个年龄范围的学习者与齿轮展览互动的效果较好。在展览中,家长和学习者在自由游戏过程中互动。15 个齿轮被放置在不连接的桌子上,如果学习者在互动过程中需要额外的齿轮,可以从附近的桌子上取。

为了测试学习者自身对于齿轮的知识水平,在对学习者的单独任务中,有一套齿轮玩具,如图 4-4 所示。这套齿轮玩具,根据不同齿轮的选择和摆放方式,考验学习者不同的知识水平,一共五种组合,分别包括:(a)用于任务的整套新型齿轮机;(b)记忆学习任务;(c)机制学习任务;(d)重构任务;(e)泛化任务。

②研究程序

本案例的研究程序一共分为两大步骤。

第一个步骤是亲子互动环节,每个家庭需要在齿轮展览中互动 3 分钟。在这一过程中,对话卡会被随机分发给家长,对话卡中的内容包括公共文本和基线、鼓励解释、鼓励探索三个中的一个,即有的家庭是正常互动,有的家庭偏向解释行为,有的家庭偏向探究行为。这个步骤的互动过程会通过录像的形式被记录下来,后续根据其中家长和学习者的行为进行编码分析。

第二个步骤是学习者单独完成的后续学习任务。在这个步骤中,学习者一共需要完成四项任务,旨在帮助研究人员评估学习者独立于家长后的记忆力、

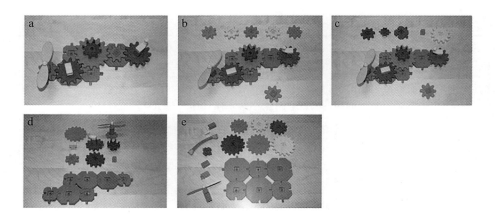

图 4-4　齿轮玩具

理解、时间行为等水平。后续任务开始时，研究人员向学习者展示一台新型齿轮机，由一套齿轮组装而成，并演示它是如何工作的，见图 4-4(a)。

第一个学习任务旨在评估学习者的记忆水平。研究人员拆除齿轮机中的单个齿轮，放在一边，并在另一边摆出一排颜色不同但形状相同的齿轮，并提问学习者应该选择哪一个齿轮，见图 4-4(b)。第二个学习任务旨在评估学习者对于齿轮机衔接和运行机制的理解。研究人员拆除与第一个任务中相同的齿轮，但在另一边摆出一排颜色不同、形状也不同的零件，并提问学习者应该选择哪一个，见图 4-4(c)。在记忆学习任务和机制学习任务中，如果学习者第一次没有回答正确，他们有第二次回答的机会。

第三个学习任务是重构任务，齿轮机被完全拆解，只留一个基底，学习者需要把它重新组装起来，让它像之前一样工作，一共给他们 4 分钟的时间，见图 4-4(d)。这个任务相较前两个要困难一些，用来评估学习者对更复杂机制的理解。最后一个学习任务是泛化任务，学习者要用一套全新的齿轮零件，在 4 分钟内建造一台新机器，见图 4-4(e)。最后一个任务的目的是评估学习者的创新思维和实操能力，以及他们如何独立于家长而参与自由游戏行为。

(4)数据分析

①亲子互动中的行为

本案例的亲子互动环节数据以视频的形成记录，每个家庭的亲子互动环节大约 3 分钟，从家长或学习者对互动展品的第一个动作开始，到停止与展品互动时结束。亲子互动视频中的家长和学习者的行为被分别编码，编码表如表

4-7所示。对于学习者,行为编码表主要侧重于学习者与齿轮之间的互动;对于家长,行为编码表主要侧重于家长与学习者之间的互动。对于学习者的行为编码中,有一些编码冗余,可以进一步简化,例如有关旋转和连接的行为可以进行合并。

表 4-7　亲子互动行为编码

对象	编码	含义
学习者	不与桌子互动	不接触或以其他方式玩桌子或齿轮。
	探索材料	玩齿轮或桌子,但不进行连接或旋转的操作。
	旋转单个齿轮	旋转一个不连接任何其他齿轮的齿轮。
	旋转两个相连接的齿轮	旋转只有两个齿轮组成的组合。
	旋转两个以上相连接的齿轮	旋转一个由两个以上齿轮组成的组合。
	连接两个齿轮	将一个齿轮连接到另一个齿轮上,仅两个齿轮。
	将一个齿轮连接到两个或多个已连接的齿轮上	将齿轮添加到包含至少两个已连接的齿轮组合上。
	尝试但不成功的旋转连接的齿轮	试图旋转静止的齿轮,这种情况通常是因为齿轮被锁定了或与连接的其他齿轮分散开了。
	故障排除	固定被锁定且不能通过移动其他齿轮旋转的齿轮,把分散的齿轮重新组合到一起。
家长	家长纠正行为	通过演示帮助学习者连接齿轮,当一个齿轮不合适时递出不同尺寸的齿轮。
	家长指导注意	指桌子或齿轮的任何部分。

②亲子互动中的对话

本案例亲子互动中的口头数据从视频中转录出来,再进行编码。由家长和学习者的每个话语总结出的编码类别,如表 4-8 所示,编码方案集中在解释、机制、鼓励、命令、外观和其他这几个方面。研究人员可以探究家长和学习者是如何通过提问和其他对话方式来讨论展品与互动活动的,家长是如何鼓励或指导学习者的,这些对话的频数和占比如何,等等。

表 4-8　亲子互动对话编码

编码	含义	示例
解释	解释或引出解释的问题	"它为什么在旋转？""好的，那么这个在动的和这个在动的有什么区别呢？"
机制	谈论齿轮、手柄、及其连接或旋转	"把它们连接在一起，看到了吗？一个动，另一个也会动。""这里放把手对吗？"你可以旋转它，因为它们都是相连的。"
鼓励	（仅限家长）激励，赞扬	"哇，非常棒。""好！"
命令	（仅限家长）告诉学习者做某事	"现在把它放到你想放的地方。""把它们放在一起。"
外观	关于颜色或形状	"这是粉红色的。""看这个有多小。"
其他	任何其他对话	—

③后续学习任务的得分

本案例按照每个后续学习任务的特点，规定了学习者的得分点。对于记忆和机制学习任务，主要关注学习者选择的齿轮是否正确，如果正确即得 1 分；对于重构任务，学习者有 5 个零件需要摆放，摆放正确即得 1 分，如果错误或者没有完成，即不得分；泛化任务的最高分是 8 分，学习者每连接 1 个齿轮就得 1 分，使用手柄和风扇则得 1 分，最后使得齿轮零件和底座相连才能得 2 分。

4.2.4　案例三：科学家绘画测试

本案例选自 Christidou 等（2016）的研究。研究人员使用科学家绘画测试（draw-a-scientist test，DAST），即绘画任务和一个图片选择任务进行数据收集，探索美国和希腊小学生对科学家的视觉图像，旨在调查他们对科学家的印象是否因所使用的数据收集工具和性别而不同。

（1）案例背景

科学家的形象是在学生和教师的思维中普遍存在的，在大众媒体、电影、漫画等各种公共文化资料中，甚至在儿童读物和儿童教育节目中都有。这反映了科学家作为具有特殊性的个体的普遍社会形象。以往针对文化媒体（如电影、漫画、书籍）和学生绘画中的科学家形象的不同研究方向都集中在视觉图像上。视觉意象普遍存在于大众文化中，很容易被年轻人的想象力所接受。因此，可视化被认为是关于科学和科学家的公共话语的一个组成部分。

最初在西方国家儿童中发现的科学家刻板形象的存在和持续,这也在其他国家和文明中发现。然而,学生的文化背景被认为影响了他们对科学家的看法。与东方社会的孩子相比,西方社会的孩子普遍对科学家和科学有更多的正面印象。在韩国,学生们普遍对科学家的活动持肯定态度,并比西方国家的学生更倾向于代表更年轻的人,这可能是由于最近产业发展,大量招募年轻科学家的缘故;在以色列,讲阿拉伯语的学生表现出对伊斯兰科学家的偏爱,而讲希伯来语的学生则选择典型的西方男性;非裔美国女学生认为科学家的行为更符合他们的文化,比如关心社区和周日去教堂;希腊学生也被发现在他们的背景中涉及与科学家活动有关的元素,而不是科学家的外观。

在世界范围内学生对科学家和他们的工作的看法有刻板的共性,不同的文化对其成员对科学家的看法有不同的影响。鉴于一般的教育系统和科学教学与每个国家相关的特定文化条件相呼应,对参加具有不同教育系统的两组儿童进行比较,能揭示有趣的趋势。此外,通过对不同工具获得的数据进行比较,可以为科学家的儿童图像提供更详细、更可靠的信息。

(2)研究设计

① 研究对象

本研究样本共包括 91 名学生,45 名希腊学生(27 名男生和 18 名女生)和46 名美国学生(26 名男生和 20 名女生)。美国学生的子样本包括 15 名非洲裔美国人,12 名西班牙裔美国人和 19 名欧洲裔美国人。之所以采用非概率抽样,是因为在教育研究中,研究者不打算概括他们的发现,而是倾向于选择当时有机会并且愿意参与研究的学生。

两国的参与者都是从公立学校招募的,都是在获得校长和家长同意后招募的。美国学生就读于位于美国德克萨斯州韦科市半城区的一所学校,他们大多来自社会经济地位中等或较低的家庭。希腊学生是从希腊特里卡拉市区的两所学校招募来的,他们都来自中等社会经济地位的家庭。

② 研究程序

为了达到研究目的,我们采用了 2×2×2 混合设计,国籍(美国和希腊)和性别(男和女)作为自变量。数据收集通过两种工具进行:基于 Chambers(1983)的科学家绘画测试(draw-a-scientist-test)绘图任务和图片选择任务,它是 Boylan 等(1992)使用的程序的改进版本。为了激发学生对科学家的自发印象,所有参与者都先完成绘画任务。否则,他们对选择任务中使用的图片的熟悉程度会影响他们的图片制作。

绘画任务:孩子们得到的指示是请画一个男科学家或女科学家,这幅图应该告诉我你对科学家和他们的工作了解多少。本指示的拟订考虑到对Chambers研究的方法上的考虑和建议,因为指示的类型和措辞通常被认为是决定将要收集的数据类型的关键,它们可以指导学生绘制具有特定特征的图画。因此,Chambers研究中给出的"画一幅科学家的图片"的指示被认为可能只引出了部分学生对科学家的看法,因为它没有具体说明他们是否应该描绘科学家的主流公众的还是他们个人的印象。因此,为本研究选择的指示措辞考虑到了这一缺点,以及为克服这一缺点而设计的相关后续公式,旨在避免性别偏见和探究学生个人观点。

图片选择任务:这项任务包括 14 对插图。每对插图每次都因一个刻板的指标而不同,并专门设计来支持其目标。因此,每对插图都是根据科学家刻板形象的单一特征来区分的。这些指标包括:关于科学家外貌的指标,即衣着、性别、胡须、年龄、眼镜、种族和所描绘的个体面部表情所反映的情绪;关于研究环境的指标,例如科学家的工作场所(实验室、办公室或室外环境)和科学工作的社会层面,这是单独工作和合作工作之间的区别。这些指标和相关的差异形成了需要选择的 14 对插图。每对科学家的刻板和非刻板描述在页面的左右维度上都有所不同(见表 4-9)。

表 4-9　刻板印象的指标及相应描述

刻板印象	指标	成对的插图
科学家的外观	穿着	1a 穿休闲装的男子(左)
		1b 穿实验服的男人(右)
		2a 穿休闲装的女子(左)
		2b 穿实验服的女人(右)
	头发与胡须	3a 长着普通的头发、没有胡子的男人(左)
		3b 留着胡子、头发凌乱的男人(右)
	年龄	4a 中年妇女(左)
		4b 年轻女子(右)
	眼镜	5a 不戴眼镜的女人(左)
		5b 戴眼镜的女人(右)

刻板印象	指标	成对的插图
科学家的外观	种族	6a 亚洲男人（左）
		6b 欧洲男人（右）
		7a 非洲女人（左）
		7b 欧洲女人（右）
		8a 非洲男人（左）
		8b 亚洲女人（右）
	性别	9a 穿实验服的女人（左）
		9b 穿实验服的男人（右）
	表情	10a 微笑的女人（左）
		10b 严肃/面无表情的女人（右）
研究环境	工作地方	11a 传统实验室中的女人（左）
		11b 办公室中的女人（右）
		12a 办公室中的男人（左）
		12b 户外工作的男人（右）
	社会维度	13a 实验室里一群科学家（左）
		13b 实验室里孤独的科学家（右）
		14a 办公室里一群科学家（左）
		14b 实验室里孤独的科学家（右）

一开始，孩子们被要求识别每对插图中两幅的区别，随后他们被要求选择代表一位科学家的插图。具体来说，孩子们得到了以下指示："请仔细看下面的图片，你认为下面哪位更可能是一位科学家？"当向孩子们展示关于科学家工作场所的插图时，孩子们被问道"下面哪一个更可能是科学家的工作环境？"。每对插图提供 4 种可能的答案，即指出"左""右""都是"或"都不是"。

（3）数据分析

①数据分析过程

数据分析集中于相关研究提出的小学生绘画中科学家刻板形象指标的发生率。更具体地说，每幅画都是根据科学家的外貌和研究背景等指标进行分析的。就前者而言，考虑到下列指标：

科学家的穿着，分析插图科学家是随意穿着，还是穿着实验室大褂。

眼镜的存在。

有奇怪的头发或胡子。

科学家的年龄，是年轻还是中年。

科学家的性别，是男性还是女性。

科学家的心情，是否代表个人出现微笑，或严肃和无表情。

科学家的起源，是否涉及欧洲人、非洲人、亚洲人或其他祖先的人。

科学家的研究环境分析主要集中在以下指标的发生率：

研究符号，包括电脑、试管、显微镜、望远镜等。

知识符号，如书本、文具和黑板。

科学家的工作场所，探索科学家是否出现在典型的、传统的实验室或其他地方，如办公室、室外环境。

科学研究的社会维度，检查插图是代表独立的科学家还是代表合作的科学家。

每个指标只被计算 1 次，不管它在绘图中出现了多少次（例如，不止 1 个科学家穿着实验室大褂，或存在不同的研究符号，如试管和显微镜）。一幅图中指标的总和表明了一个学生对科学家刻板印象的程度。因此，一幅画最少为 0 个指标，最多为 11 个指标。两名作者独立分析了插图，并在每个指标上达成了至少 93％ 的评分者之间的一致，而差异则由第三名作者讨论和解决。

同样，在插图选择任务中，表 4-9 所示的指标用于确定儿童根据与科学家外貌和研究背景相关的或多或少的刻板特征做出选择的程度。因此计算每个参与者在选择每组插图时所依赖的刻板印象指标的总和，再次考虑每个刻板印象指标的单个计数，以便与小学生绘画的分析进行比较。这个总和越高，学生根据科学家的刻板模式做出的选择就越多。

②数据分析结果

结果表明，尽管两组学生的整体刻板印象没有因他们的种族而不同，但他们在探索刻板印象的任务中表现出了显著不同。此外，男生比女生使用更多的刻板印象指标，而选择插图任务比绘画任务引发更多的刻板印象反应。总的来说，这两种工具收集的数据显示了所偏好的定型指标的趋同和分歧。民族群体之间的相似性和差异一方面表明全球化的流行文化的影响，另一方面表明科学课程及其实施背后的不同社会文化背景的影响。

4.3 混合方法

4.3.1 混合方法的定义与特征

（1）定义

在乜勇和魏久利（2009）看来,混合方法是指采用了一种以上或整合了不同研究策略的研究方法,研究人员在同一研究中综合调配或混合量化和质性的技术、方法、手段、概念或语言。张绘（2012）提出混合方法包括三种类型,第一种是同时搜集和分析量化研究和质性的数据,第二种是在搜集数据的过程中以量化或质性方法中的一种为基础搜集另一种数据,第三种是将量化和质性方法的数据进行转换。朱迪（2012）概括了在研究中使用混合方法的两个原则,一是区分数据收集和分析方法,二是研究人员可以根据具体的研究问题、理论和目标选择不同的搭配来深入理解他们的数据。姚计海（2017）认为,混合方法为了实现同一个研究目的,对量化和质性资料进行收集、分析和解释,同步进行一个或多个研究。在混合方法中,量化与质性方法共同实现研究目的,在运用量化方法进行数据收集和统计分析的同时,运用质性方法收集资料来探索问题的深度和广度。

要采用混合方法进行研究,首先要确定研究问题是否适用混合方法,在确定研究目标的同时也要衡量能否使用混合方法进行研究设计,接着是选择合适的混合研究策略,包括顺序性、并行性策略等等,再进行数据的收集、分析和解释（尤莉,2010）。

总的来说,本研究认为混合方法在一项研究中收集或分析质性和量化的数据,收集过程可能具有优先级,也可能同时进行,研究过程也可能包括一个或多个阶段的数据整合,具有多样性。在混合方法中,量化和质性的数据可以相互补充,相互弥补两种方法的不足,更好地概括研究结论,深入理解和洞察研究现象,使得研究结果更加具有科学性、普遍性和概括性。

（2）特征

混合方法不是量化方法和质性方法的简单相加,而是根据研究主题和分析需求进行的有机结合,从而达到 1 加 1 大于 2 的效果,同时也包含了量化和质性,甚至超越这两者的特征。下面依旧从研究问题、研究设计、有效性、抽样、数据收集、数据分析和结论解释这几个方面,描述混合方法的特征。

①研究问题

混合方法能够体现量化和质性方法的相互作用,因此便于研究人员在同一研究中,用来回答不同或互补的问题。Newman 等(2003)认为,混合方法的研究目的是动态混合的,因此他提出了与量化和质性方法相关的研究目标,分别是通过量化方法进行预测,补充已有研究的知识体系,测量变化,检验新想法;通过质性方法产生对于个人、社会、机构或组织的影响,理解复杂现象,产生新想法,检验旧想法等等。混合方法就是将这些研究目的通过组合、叠加等手段相互融合,结合量化和质性的特点,通过概括和语境、解释和理解之间的动态方式,演绎和归纳,检验和生成假设。

②研究设计

混合方法的研究设计包括多种策略。其中,顺序性策略包括顺序性解释策略、顺序性探究策略和顺序性转换策略。顺序性解释策略偏向先收集量化数据,再通过收集质性数据对于量化分析的结果进行辅助性的解释说明。顺序性探究策略则恰好反之,先收集质性数据,再利用量化数据进行验证。顺序性转换策略是根据研究需要进行数据的调整,量化和质性的数据收集是单独分开进行的,没有先后之分。

并行性策略包括并行性三角互证策略、并行性嵌套策略和并行性转换策略。并行性三角互证策略是指量化和质性数据收集同时进行,同时采用这两种方法分别验证和对比数据,从而得出更全面的研究结果。并行性嵌套策略是在规定采用量化或质性方法的基础上,适时插入另一种方法作为辅助。并行性转换策略同时具备并行性三角互证和嵌套策略的特点,主要在分析阶段进行数据的整合。

③有效性

混合方法同样力求研究结果的可靠性和合法性,它结合了量化和质性方法的有效性特征,以推理质量和推理可转移性来定义其有效性(Gelo et al.,2008)。推理质量包括解释的量化内部效度和质性可信度,它是指根据结果作出的解释和结论符合严谨、可信和可接受的专业标准的程度,以及对所得结果可排除其他似是而非的解释的程度。推理可转移性包括量化的外部效度即概括性,以及质性的可转移性,它是指在研究中得出的推论对其他个人、实体、环境、情况、时期、观察方法或工具的概括性或适用性。

④抽样

当两种研究方法结合使用时,混合方法可以延续量化和质性方法的抽样策略,但是样本的数量要视情况而定。例如在采用并行性三角互证、并行性嵌套和顺序性解释策略的情况下,研究人员应该选择相同的个体进行量化和质性的数据收集。在采用顺序性探究策略时,质性数据收集选择的个体通常与量化阶段选择的个体不一样,因为使用这种策略的研究目的是将研究结果普及,因此量化阶段的样本量会更大。

⑤数据收集

混合方法中的数据收集会有好几个阶段,可以是并行的或顺序的。在并行数据收集的情况下,即使数据彼此独立,也是在相同的时间段内收集的,但收集的数据可能具有相同或不相同的权重。顺序数据收集则涉及不同的阶段,首先以量化或质性的形式收集数据并分析,然后决定如何使用结果来影响后续的数据收集。混合方法中数据收集的补充阶段建立在第一个阶段的基础上,根据研究设计的不同也有所不同。例如量化数据收集在顺序性解释策略中第一阶段的比重更大,在顺序性探究策略的补充阶段比重更大;质性数据收集在顺序性解释策略中第二阶段的比重更大,在顺序性探究策略的第一阶段比重更大,等等。

⑥数据分析

与数据收集的情况相类似,混合方法中的数据分析也可以是并行的或顺序的。并行的混合方法数据分析的目的是探究合并或嵌入不同数据所产生的结果。研究人员首先对每个量化和质性数据进行单独的初始分析,然后合并或嵌入两个数据集,形成混合数据,从而分析得出一个综合的结果,或是利用补充的数据加强或反驳前一个阶段数据的结果。

混合方法通过数据转换和比较来合并量化和质性数据。数据转换是指将一种形式的数据转换为另一种形式,通常是将质性数据转化为量化数据。这个过程一般在内容分析的研究中较多,主要包括将质性代码、主题或内容的类别维度简化为数字信息,计算这些数字信息出现的次数,或者建立一个矩阵,将不同的质性类别及其发生情况结合分析。

混合方法的数据分析也可以通过矩阵或讨论的方法来比较量化和质性数据的结果。例如,通过文本识别数据引用,综合概括出质性的主题或维度,然后与量化分析的结果一起引入矩阵中,对两个数据集的结果进行比较。讨论则是偏向将量化结果参照获得的质性结果进行讨论。

⑦结论解释

混合方法对于研究结果的解释包括量化的演绎推理和质性的归纳推理,其中量化的演绎推理偏向理论驱动的假设检验,是验证导向的;而质性的归纳推理则偏向数据驱动的假设和理论发展,是探索导向的。这两者的重点有所不同,演绎推理注重三角数据验证和解释,即从质性结果中找出支持量化结果的证据,以及如何支持。归纳推理则是强调量化结果如何概括质性结果。两者也存在相同点,即需要找出量化结果与质性结果在多大程度上相互解释和确认。在混合方法中,量化的演绎推理和质性的归纳推理有多种不同组合方式,从而能够有效解决其有效性的问题。

4.3.2 案例一:移动标签与非正式学习

本案例选自 Chen 等(2017)的研究,应用技术开发和评价移动展品标签系统,研究学习者在场馆中的非正式学习。

(1)案例背景

标签是一种重要的解释性材料,可以帮助学习者理解展品,是科学博物馆展品的重要组成部分。标签可以包含多种类型的媒体,如文字、音频和图形等,有效的标签能增加学习者对标签的使用,鼓励阅读,促进参与、理解和意义创造。Screven(1992)提出标签的设计应关注以下组成部分:内容(文本和信息)、结构(易读性、大小、字体和颜色)、展示格式(互动、声音、图形和视频)和情境(物理环境、噪音、灯光等)。然而有研究发现,学习者在展览中并没有有效地使用标签,即使是最积极的学习者也不会阅读所有标签内容(Serrell,2015),大多数人没有花足够的时间阅读或消化展览标签上的信息内容。展览品标签缺乏有效性可能有两个原因,一是学习者不认为标签传递的信息具有教育性从而缺乏学习动机;二是标签的信息内容多为一成不变,缺乏新颖性和多感官体验。

因此,要解决上述问题,应使用合理的理论教学模型,并结合先进的技术,将展品标签数字化,在正确的时间和地点向正确的人提供正确的学习内容,同时确保标签内容会随着时间或对特定环境的响应而改变。环境感知技术具有培养学习兴趣和提供实时反馈的优点,互动展品可以增强非正式学习,同时 5E 学习周期在科学学习中具有一定的有效性(Balci et al.,2006)。为了探究如何在参观展览的同时更好地支持学习者的参与和提高非正式科学学习成绩,本案例基于 5E 学习周期开发一个移动标签辅助系统,界面如图 4-5 所示。

图 4-5　关于"手蓄电池"的标签界面

5E 学习周期的每个阶段,教师和学习者有各自需要完成的任务。

参与(E1):教师获取学习者的先验知识。教师设计一些简短的活动来引起学习者的好奇心,帮助他们将过去和现在的学习经验联系起来。

探究(E2):教师向学习者提供一系列具有概念、过程和技能的活动。学习者利用已有的知识完成活动,产生新的想法,探索可能性,并进行初步调查。

解释(E3):解释阶段为学习者提供机会来展示他们的概念理解、过程技能或行为。在这个阶段,教师可以直接介绍或详细解释一个概念、过程或技能,以促进学习者更深层次的理解。

细化(E4):通过教师提供的挑战经验,学习者发展更深和更广泛的理解、更多的信息和足够的技能。学习者运用所学到的新概念和新技能进行额外的活动。

评价(E5):教师根据教学目标评价学习者的进步,或学习者对自己的理解和能力进行自我评价。

　　该移动标签辅助系统会根据学习者在场馆中的位置推送附近的展品标签信息，帮助学习者与展品互动，学习科学知识。同时，根据 5E 学习周期，展品界面以多媒体形式（文本、动画、音频、视频等）呈现学习活动，丰富标签的展示形式。

　　（2）研究工具

　　本案例采用混合方法，因此包含多种数据测量与收集形式。

　　①评估学习表现

　　所有学习者在参观完"手蓄电池"的相关展览后都需要完成学习表现测试。该测试有五个与展览相关的多项选择题，并由一位学校教育领域的专家进行了验证，确保测试的知识与展品和学校知识相互关联，并且符合学习者的认知发展。同时，设计的测试题目需要进行信效度检验，从而确保测试题目的有效性和区别度。场馆工作人员可以与学校教师进行合作，根据场馆的具体展品信息，设计合理的学习表现测试题目，检验学习者的学习成果。

　　学习表现测试的五个问题如下：

　　Q1 关于电表指针的运动，哪一种说法是正确的？

　　(A)表明电流表坏了。

　　(B)表明金属的活性不同。

　　(C)表明有电流通过电流表。

　　(D)表明电流是不同的。

　　Q2 如果你用湿手触摸金属棒，电流强度会发生什么变化？

　　(A)电流强度会降低。

　　(B)电流强度会增加。

　　(C)电流强度不会改变。

　　(D)以上都不是。

　　Q3 下面哪个金属活性排序是正确的？

　　(A) $Al > Fe > Cu$

　　(B) $Fe > Al > Cu$

　　(C) $Cu > Fe > Al$

　　(D) $Al > Cu > Fe$

　　Q4 电流是由金属棒和_____之间的化学反应产生的。

（A）拇指

（B）手指

（C）手掌

（D）汗水

Q5 谁发明了"原电池"?

（A）Thomas Edison

（B）Alessandro Volta

（C）James Maxwell

（D）Luigi Galvani

②访谈问题

访谈的目的是收集学习者对场馆不同的参观方式的看法和态度,对照组的学习者采用传统参观方式,实验组的学习者采用移动标签辅助系统进行参观。访谈问题采用了 Sung 等(2010)关于移动导游员在博物馆应用的研究,如表 4-10 所示。在访谈环节中,实验组回答所有 7 个问题,控制组回答了 7 个问题中的 6 个,排除其中 1 个与技术有关的问题。注意,访谈问题中的"某某博物馆"可以按照具体的场馆名称进行替换,有关技术的问题也可以更改技术名词进行访谈提问。

表 4-10　访谈问题

序号	问题
1	你以前来过某某博物馆吗? 如果有,你是和谁在一起的? 与你之前在某某博物馆的参观经历相比,你对今天使用移动标签辅助系统的参观有何感受? 如果没有,你喜欢这个展览吗? 你有动力去了解这些展品吗?
2	在今天的参观中,你最喜欢哪些展品? 如果没有任何你喜欢的展品,请说明原因。
3	你喜欢你今天使用的移动标签辅助系统吗? 你对这个系统的感觉怎么样?
4	移动标签辅助系统是否有助于改善你的参观体验? 如果是,是通过什么样的方式? 如果没有,为什么不做呢?
5	在今天的参观之后,当你听到某某展品的名字时,你会怎么样? 你为什么要建立这样的联系?
6	你愿意以后再来参观这个博物馆吗? 如果是,你是否会再次使用你今天使用的移动标签辅助系统? 如果不是,原因是什么?
7	你对今天的参观还有什么其他的评论或反思吗?

　　③学习风格指数问卷

　　学习风格指数问卷测量的是学习者的学习方式和行为偏好。在本案例中,填写这个问卷的目的还包括避免学习者对展览知识的提前学习与排练,尽量排除干扰。本案例采用的学习风格指数问卷即 Felder 和 Solomon(2021)的学习风格指数量表,与量化方法中案例一的学习风格指数量表一致,即 4.1.2 中的内容,此处不作赘述。

　　(3)研究设计

　　①研究对象

　　参与本案例的学习者是 43 名大学生,其中包括女性 29 名,男性 14 名。他们的专业包括教育、文学、艺术、金融、哲学、新闻、计算机科学、地理和工程。每个专业的参与者被分配到 2 个不同的小组,以使这 2 个小组在学生专业方面相对等同,排除学习者的专业可能带来的干扰。43 名学习者被分为 2 组,一组为实验组的 21 人,使用移动标签辅助进行参观;另一组为对照组的 22 人,采用传统的方式进行参观。

　　②研究程序

　　本案例采用准实验设计。自变量为两种参观方式,即传统参观方式和移动标签辅助系统参观方式。因变量为学习者的学习表现、在展览上的停留时间、学习行为模式和学习者对使用和接受移动标签辅助系统的态度。实验组可以通过辅助系统接收推送通知,查看数字化学习材料。对照组以传统方式参观展览,所有信息都通过展览旁边的静态展览标签显示。

　　本案例的实验在有关"手蓄电池"展览中进行。实验组在装有移动标签辅助系统的移动设备的帮助下探索展品,当他们走近展品时,会出现相关的学习活动的推送通知。他们要遵循辅助系统中的指示,完成所有的学习活动。对照组采用传统调查方法,通过查看静态标签获取展品信息。两组的行为由摄像机记录与展览,视频数据用于得到学习者的停留时间和进行行为模式分析。学习者需要被关注的行为包括与移动标签和静态标签的交互、学习者之间的互动行为等等。所有学习者在参观展览后要完成学习风格指数问卷(Felder and Solomon,2021),最后完成有 5 道多项选择题的学习表现测验,并回答访谈问题。

　　(4)数据分析

　　①量化数据

　　本案例中的量化数据包括学习者的学习表现和停留时间。学习表现采用独立样本 t 检验,通过测试分数来判断两组之间是否存在差异。每道测试题,正确答案得 1 分,学习表现测试的最高分是 5 分。为了检验两组在参观展览上花费的时间的差异,停留时间是通过从参观开始到结束的视频记录的长度来衡量的,此数据以秒为单位,也采用独立样本 t 检验进行分析。

　　②质性数据

　　本案例中的质性数据包括学习者的行为模式,以及其对移动标签辅助系统的认知和态度,采用质性内容分析和滞后序列分析对行为模式数据进行分析。质性内容分析是一种以案例为基础的理论研究方法,强调通过实证与相关理论的对比分析,从小样本数据中建构出研究变量之间的因果性关系。本案例对访谈记录进行质性内容分析,通过学习者对移动标签辅助系统的感知和态度反映学习者对技术的接受程度。滞后序列分析通常用于检验每个学习者的行为之间的顺序关系是否达到统计显著性,可以证明两组之间行为模式的特殊特征。

　　本案例采用了 Sung 等(2010)和 Chang 等(2014)提出的交互行为框架中的编码方案。所有行为被分为 4 个维度:人物交互(观察、操作展品或标签)、人机交互(探索移动标签的不同部分)、人人交互(与学习者进行交流)和其他行为(行走等)。视频每 5 秒编码为一个行为,编码方案如表 4-11 所示。

表 4-11　交互行为编码方案

编码	行为	维度
A1	观察或操作展品	人物交互
A2	观察操作展示标签(静态标签 1)	
A3	观察理论解释标签(静态标签 2)	
B1	探索移动标签的参与部分	人机交互
B2	探索移动标签的探索部分	
B3	探索移动标签的解释部分	
B4	探索移动标签的细化部分	
B5	探索移动标签的评价部分	
C1	与其他学习者交流	人人交互
D1	行走或移动	其他行为
D2	调整设备(调整耳机,调整音量,无意义点击)	

4.3.3　案例二:实地学习活动与学习成绩

本案例选自 Lee 等(2020)的研究,探究实地学习学习前的准备和之后的跟踪活动是否能提高学习者的学习成绩。

(1)案例背景

非正式环境的学习活动如校外实地学习等,可以提高学习者的学习成果,包括环境素养、积极的青年发展、21 世纪技能和学习动机成就等等。环境素养是指学习者解决实际问题的意识、知识、态度、技能和倾向。积极的青年发展包括学习者的身体、智力、社会和心理健康。21 世纪的技能包括批判性思维、解决问题、协作和沟通能力,以解决现实世界的问题。实地学习不仅受到体验这一行为活动的影响(Behrendt and Franklin,2014),还受到学习活动前后发生的事件的影响(Storksdieck,2006)。活动前的准备和之后的随访对提高学习者的情感表达和其他科学实地学习成果具有重要影响(Stern et al.,2008)。

Storksdieck(2006)将实地学习描述为学习者学习的三个不同阶段,分别是学习前(准备)、学习中和学习后(后续)。Kolb(2015)经验学习周期为这三个阶段提供了一个框架,将经验学习过程描述为一个四阶段的循环,包括具体经验、反思观察、抽象概念化和积极实验。将学习者的实地学习过程概念化的一种方法,是将实地学习视为具体经验,这一过程通常发生在学习者积极参与学习活动时。反思观察通常发生在实地学习之后,学习者反思他们的经验,并将这些经验与他们的已有认知进行对比,思考其中的不同之处。在抽象概念化阶段,学习者修改之前的概念认知,吸收新知识,形成新的理解。在这个过程中,研究人员或者教师可以对学习者进行测试,引导学习者进入积极实验的阶段。在积极实验的过程中,学习者开始应用新构建的知识来理解新的情况,包括从以往经验或课堂学习中转化而来的知识,并计划在现实问题中加以应用。

综上,本案例考察了由不同教育组织提供的学习者的大量情感表达样本,以更广泛地分析准备和跟踪活动对学习者成绩的影响,并根据 Kolb(2015)的经验学习周期,揭示可以增强经验学习的课程。

(2)研究工具

①学习成果量表

Powell 等(2019)的学习成果量表用于检验学习者的学习成果,测量实地学习活动是否提高了学习者的地理连接、学习知识、学习兴趣、21 世纪技能、意义定位、自我效能、环境态度、环境管理、合作和学校动机。该量表的各个问题采用三点式进行评估测量,每个维度具有同等权重。学习成果维度的定义与问题如表 4-12 所示。

表 4-12　学习成果量表

学习成果	定义	问题
地理连接	欣赏和发展与地理位置及其故事相关的关系。	你在多大程度上同意以下说法?(选项:完全不是、部分是、完全是) • 知道这个地方的存在让我感觉很好。 • 我想再去看看这个地方。 • 我关心这个地方。
学习知识	关于人类和环境系统之间的相互联系和相互依赖的知识。	你对以下每一件事情了解多少?(选项:不了解、一般了解、十分了解) • 环境的不同部分是如何相互作用的。 • 人类如何改变环境。 • 环境的变化如何影响我的生活。 • 我的行为如何影响环境。
学习兴趣	好奇心增强,学习科学和环境的兴趣增强。	以下哪件事情让你觉得感兴趣?(选项:一点也不、有点感兴趣、十分感兴趣) • 科学。 • 如何研究我好奇的东西。 • 在学校学习新的科目。
21 世纪技能	批判性思维、解决问题、协作和沟通能力。	你认为下面哪件事情能帮助你提高技能?(选项:一点也不、比较同意、非常同意) • 解决问题。 • 用科学来回答问题。 • 倾听别人的观点。 • 知道如何做研究。
意义定位	一种高度的自我意识、批判性反思和目标意识。	你认为哪件事是你要做的事情?(选项:一点也不、比较同意、非常同意) • 教会了我一些将来会对我有用的东西。 • 让我思考的事。 • 让我意识到一件我从未想过的事。 • 让我对我人生中的选择有了不同的思考。 • 让我对一些事情感到好奇。

续表

学习成果	定义	问题
自我效能	相信自己有能力实现自己的目标并影响周围环境。	回顾体验过的学习活动,我认为(选项:一点也不、比较同意、非常同意) • 我相信我自己。 • 我有信心能实现我的目标。 • 我可以改变我周围的人。
环境态度	对环境敏感、关心和积极的态度。	回顾体验过的学习活动,我认为(选项:一点也不、比较同意、非常同意) • 我觉得爱护环境是很重要的 • 人是自然的一部分,不是与自然分离的。 • 我有能力保护环境。
环境管理	执行管理行为的动机。	你在未来更有可能做下面的哪件事情?(选项:不太可能、有点可能、很有可能) • 帮助保护环境。 • 多花点时间在户外。 • 给我周围的环境带来积极的变化。
合作	鼓励与他人更多合作。	你在未来更有可能做下面的哪件事情?(选项:不太可能、有点可能、很有可能) • 多听听别人的观点。 • 多和同学合作。
学校动机	在学校更加努力学习的动机。	你在未来更有可能做下面的哪件事情?(选项:不太可能、有点可能、很有可能) • 在学校努力学习。 • 上课要注意听讲。

②实地学习调查量表

实地学习调查量表是教师需要填写的问卷量表,一共分为两个部分:第一个部分为 S1,用于调查教师在实地学习前对于学习活动的准备情况。第二个部分为 S2,用于调查实地学习后教师后续开展的跟踪活动的情况以及对于学习者的评价。实地学习调查量表的维度以及问题如表 4-13 所示,其中部分问题采用五点式回答,部分问题直接选择答案。

表 4-13　实地学习调查量表

部分	维度	问题
S1	前期准备	在这次实地学习之前,你和你的学生做了哪些事情?(五点式,非常不符合到非常符合)。 • 我们讨论了后勤内容(日程安排、必需品、规则等)。 • 我们讨论了学生们将要学习的主题。 • 我们在现场开展了与课程相关的具体课程与学习活动。
	活动前参观或外展	在实地学习之前,是否有相关工作人员到学校与你的学生互动?是/否。
	材料使用	在实地学习之前,你是否使用过实地学习的主办机构提供的教育材料?是/否。
	参与比例	据你所知,参加这个项目的学生与之前报名的学生数目相比,有多少人来了? • 全部 • 大部分 • 大约一半 • 不到一半
S2	后续活动	在实地学习之后,你和你的学生做了哪些事情?(五点式,非常不符合到非常符合)。 • 我们回顾了实地学习时发生的事情,但没有详细回顾主题。 • 我们以班级的形式复习了实地学习的内容。 • 我们开展了与实地学习内容相关的具体课程与学习活动来跟进。
	材料使用与时间安排	你是否从实地学习的主办机构那里收到相关的教育材料?如果是,你使用材料了吗? • 是的,在实地学习之前使用了。 • 是的,在实地学习之后使用了。 • 不,没有收到。
	教师对学习者学习成果的评价	你认为整个活动的准备阶段和后续阶段中涉及的内容,在多大程度上对你的学生产生了积极的影响?(五点式,非常不符合到非常符合)。 准备阶段: • 学习流程 • 学习主题 • 课程 • 材料使用 • 活动前参观 后续阶段: • 讨论经历 • 学习主题 • 课程

（3）研究设计

①研究对象

本案例从 90 个独立的教育组织中获取了 334 个实地学习项目的数据，研究对象是五年级到八年级的学习者，因为这一年龄段是发展学习者 21 世纪技能与地理连接的关键时期。同时教师也是研究对象，需要完成对于学习者的评估以及学习活动的情况反馈。

②研究程序

本案例包含两个部分。

第一部分，从实地学习项目的学习者和教师那里收集数据，学习者在完成实地学习后填写学习成果量表，教师填写实地学习调查量表的 S1 部分，以检验教师报告的活动前准备和学习者报告的学习成果之间的关系。

第二部分，主要是在实地学习结束之后，针对教师进行数据收集。教师需要填写实地学习调查量表的 S2 部分，再通过与第一部分的配对比较，检验学习者报告的学习成果与准备阶段和后续跟踪活动之间的关系。

在所有研究程序结束之后，本案例的研究人员请教师给出开放性的评价，对整个实地学习经历或相关组织提供的教育材料提出意见，再由研究人员进行开放式编码，对评价进行归纳和总结。

（4）数据分析

①量化分析

对于本案例的第一部分，因变量是学习者的学习成果，自变量是教师对于学习活动前准备阶段的评估程度，分为高准备程度和低准备程度。基于此，进行独立样本 t 检验，以确定不同程度的活动前准备是否会导致学习者的学习成果差异。

对于本案例的第二部分，研究人员将教师的后续跟踪活动评估结果与第一部分的活动前准备阶段评估一一配对，首先进行配对样本 t 检验，探究同一学习活动的前后是否存在较大差异，将准备阶段和后续跟踪活动的不同组合进行编码。再以第一部分的学习成果作为因变量，准备阶段和后续跟踪活动的不同组合作为自变量，进行方差分析（ANOVA），检验不同准备阶段和后续跟踪活动组合下的学习者是否会存在学习成果差异。

②质性分析

本案例最后对于教师评价的开放式编码属于质性分析方法，对教师的回答进行了归纳和编码,为量化分析得出的结果提供了补充分析。

开放式编码:扎根理论中的一种编码方式。扎根理论强调从实践中发现问题,并寻找相适应的理论方法。因此,与量化方法中的编码量表不同,开放式编码没有既定的编码标准,强调从现有数据中发现研究对象和重点。首先将需要编码的内容分为独立的小单元,将小单元中需要编码的片段进行分割,在预编码环节进行关键片段的选择,由此产生新的编码节点。后续再根据编码节点进行编码,发现和归纳总结数据中存在的规律。

混合方法可以为开放式编码提供依据,例如在本案例中,开放式编码的重心可以放在量化分析的相关量表中,从其中的维度里选取关键词,便于后续分析的量化与质性的结合。

第 5 章　目标设定

5.1　与非认知层面的目标分类

20 世纪 50 年代，以布卢姆为代表的美国心理学家提出了关于教学目标的分类理论，如布卢姆的教学目标分类理论、加涅的学习结果分类理论和霍恩斯坦的教学目标分类理论等。其中布卢姆教学目标分类理论一直以来被认为是指导教育技术理论与实践的重要原则。布卢姆等人将教学所将要实现的整体目标分为认知领域、动作技能领域和情感领域（何克抗，1997）。认知领域教学目标涉及学习者对所学习材料的认知、领会、运用、分析、综合和评价；动作技能领域教学目标涉及骨骼和肌肉的协调，主要存在于实验课、体育课、军事训练等科目中；情感领域教学目标则重视学习者情感的形成和态度的改变，这与学习者价值观与高尚情操的形成有关。

在馆校协同教育中，场馆学习补充和拓展了学校中的教育。馆校协同教育目标与传统学校教育中的教学目标有着相似之处。但场馆教育鲜少涉及甚至不涉及学习的动作技能目标，故本章将馆校协同教育的目标分为认知与非认知两个层面（如表 5-1 所示）。其中认知层面教育目标与学习者知识的获得和认知能力的发展有关；非认知层面教育目标与学习者情感态度价值观的形成有关。教育领域内，顾小清、单俊豪等也采用这种目标分类方法分析了教育机器人和电子书包对学习者学习效果的影响（顾小清、胡梦华，2018；单俊豪等，2019）。

表 5-1　馆校协同教育目标分类

认知层面	非认知层面
学习成绩（记忆、理解、分析），认知负荷（内在、外在和相关），批判思维，问题解决能力，心理负荷，心理努力，反思能力，科学探究能力等。	创造性自我效能感，学习动机（内在、外在），感知意义，感知愉悦，学习体验，学习满意度，情境兴趣，学习参与度，意义体验，情感联系，学习态度，文化认同等。

5.2　认知层面教育目标

心理学上，认知是指通过一系列的心理活动获取知识。场馆中所传递的知识不仅仅包括对一些事物和概念的理解记忆，还包括相关问题的分析与解决。因此馆校协同教育目标的认知层面包括知识获取、思维与能力、认知负荷等多方面的目标。

（1）知识获取

根据布卢姆对认知维度的定义，记忆是最基本的认知维度。一些研究开始测量馆校协同教育中学习者的知识记忆变化。为了更详细地考察馆校协同教育中学习者的学习成果，部分研究人员将认知维度的学习目标进行了细化，分为记忆、理解和分析三个维度。记忆维度指学习者对学习过的知识的识记、保持、再现或再认；理解维度是指学习者根据已有知识与经验认识事物之间的联系与本质等；分析维度则在理解的基础上，寻找解决问题的主线以解决世界问题。

如 Sun 和 Yu(2019)在探究如何促进学习者知识的获取上使用了基于 AR 的在线可穿戴式导览，并通过记忆、理解与分析三个维度的测试来确定学习者的知识获取。Sun 等设计了 8 个关于记忆维度的问题，如"军属村庄的公共基础设施不包括……"等；6 个关于理解维度的问题，如"以下哪一项对军人家属村的描述是错误的"等；6 个关于分析维度的问题，如"军属村房屋的通道很窄，以下哪个描述是错误的"等。

（2）思维与能力

许多研究表明场馆中的研究性学习不仅能够提高学习者的知识获取，还能够促进学习者的高阶思维能力，特别是在反思能力、问题解决能力和感知社交能力方面。

①反思能力

反思能力(reflection ability)是回顾过去然后更好地指向未来,提高学习效果。使用多媒体学习材料,如文本、图片、声音和视频剪辑,对提高学习者的反思能力有着积极的促进作用。如 Hung 等(2014)设计了一个情境感知的反射提示系统(context-aware reflection prompt system,CRPS),将其用于情境感知泛在学习环境下的植物观察学习活动。并通过在 CRPS 中嵌入一系列基于视频的反思提示来提高学习者的反思能力。根据 Bain 等(1999)提出的反思能力标准,从报告、反应、关联、推理和重构五个层次设计了五个问题来测试学习者的反思能力。

②问题解决能力

问题解决能力(problem-solving ability)是指对问题进行分析整理,并为当前的问题找出合适的解决方法和解决措施。对于复杂的问题,学习者在解决问题的过程中可以进行更高阶的思考,如定义学习问题、考虑他们需要获得什么信息、组织学习材料、推理结论、解决学习问题和反思。为了提升学习者问题解决能力,Hwang 和 Chen(2017)设计了一款探究式泛在游戏并应用于室外的自然科学课程中。其测试问卷修改自 Lai 和 Hwang 等(2014)的复杂问题解决能力问卷,代表了学生在解决问题时的能力。问卷采用五点李克特量表,问题设置如"在解决问题的时候,我会思考解决问题的策略和过程"。

③感知社交能力

发生在场馆中的馆校协同教育为学习者提供了丰富的社交环境,尤其是一些基于小组协作的合作任务中。场馆中的学习者可以与同伴(同学、朋友或家人)、陌生人和场馆工作人员进行关于展品等的交流讨论,这对促进学习者的感知社交能力的提升有积极的促进作用。Noreikis 等(2019)为一个公共展览空间开发了基于 AR 的问答游戏 ARQuiz,希望学习者在使用问答游戏的过程中进行同伴交流与协作,以促进学习者的感知社交能力。问卷测试结果显示,使用 ARQuiz 游戏的学习者在参观后获得了更好的测试结果,感知社交能力更强。感知社交能力问卷采用李克特七点式量表,测试问卷包括"现在我有社交的感觉""现在我觉得自己很健谈"等问题。

(3)认知负荷

馆校协同教育在促进学习者认知层面的学习目标的达成时,除了追求更高的知识获取与思维能力,还在努力降低学习者的认知负荷。在学习过程中,如果个体采用复杂的问题解决策略时不知道工作记忆的空间限制,则会受到学习干扰,即认知负荷(Kalyuga et al.,1998)。认知负荷对学习的影响可分为内在、外在和相关三种类型。内在负荷是指由学习内容的复杂性产生的认知负荷;外在负荷是指不恰当的、非有益的学习过程所造成的认知负荷;相关负荷则指对学生有益的学习过程产生的认知负荷,因为这种过程有助于建立图式。

相比于学校里的课堂学习环境,场馆学习环境有着更加复杂的情境性特征。场馆中包含各种类别不同的多媒体学习材料与丰富的社交环境。如果没有精心的学习设计,学习者需要同时面对大量来自现实世界和数字世界的信息,内在认知负荷和外在认知负荷可能会过高。所以馆校协同教育在努力提高学习者解决复杂问题的能力的同时也需要整合不同文化背景、展品和指导内容之间的关系。Sun 和 Yu(2019)通过将基于学习风格(视觉或语言)的个性化学习纳入可穿戴或音频场馆导览,来试图降低学习者在场馆学习中的认知负荷。研究采用的问卷工具修改自 Leppink 等(2013)的认知负荷量表,包括内在认知负荷、外在认知负荷和相关认知负荷三个维度的十个问题。

5.3　非认知层面教育目标

2017 年国务院发布《国家教育事业发展"十三五"规划》,对全面落实立德树人根本任务提出了具体要求。"重知识、轻能力、忽略情感态度"的传统教育观正在悄然发生变化,重视核心素养已经成为当今教育的时代特征。馆校协同教育结合学校与场馆教育资源,重视学习者非认知层面的学习,为培养"全面发展的人"提供了肥沃土壤。国内外关于非认知层面的研究包括自我效能感、学习动机、感知意义、学习满意度、情境兴趣、学习参与度、情感联系、文化认同等方面。本节重点讨论馆校协同教育的非认知层面教育目标中的自我效能感、学习动机、情境兴趣和文化认同。

(1)自我效能感

自我效能是一个人对自己有能力完成特定任务或目标的信念或信心,它影响着一个人完成任务的方式和做出的相关选择(Bandura et al.,1977)。一个人对任务执行能力的信念会影响他是否会尝试任务、会花费多少努力以及当遇到困难时他能坚持多久。学习者的学习水平与其自我效能感有关。也就是说,如果在某项任务上表现出色,对该任务的自我效能感就会增加;同样,当一个人对一项任务有较高的自我效能感时,他会比低自我效能感的人完成得更好。

Atwood-Blaine 等(2019)认为对场馆中的学习者进行支持性干预或反馈(包括对任务本质的指导、对任务过程的支持和解决策略),有可能提高创造性自我效能感。对此,其研究团队设计了一款提供互动挑战的移动游戏帮助学习者亲身体验科学中心的展品,并进行了实验研究。自我效能感问卷(Garcia and Tierney,2011)被用于测量学习者参观前后自我效能感的变化。

(2)学习动机

动机是驱动学习者进行有意义学习的主要因素之一。有动力的学生往往在学习过程中更有兴趣、更满意、更投入,学习成绩也更好(Ho et al. , 2019)。如何进行场馆教学设计使课堂更具活力和互动性,从而提高学习者的学习动机成为馆校协同教育研究人员的重要研究方向之一。如 Chu 等(2019)为了促进学习者在宗教博物馆中的学习动机,引入了一个基于形成性评价的建筑学课程AR 学习系统。研究团队使用学习动机量表(改自 Pintrich and DeGroot,1990)进行了实验的前后测,结果表明该教学支持提高了学生的兴趣、满意度和参与度,促进了学习者的学习动机。

(3)情境兴趣

兴趣是最好的老师,保持学习的兴趣对学习者的发展有着重要意义。兴趣是指在相对稳定的偏好下,人们的注意力被新鲜或罕见的事物所吸引,这种事物可以创造个人体验或改变心理状态(Krapp et al. , 1992)。Krapp 等(1992)认为兴趣是个体与环境之间的一种相互作用,可以分为个人兴趣和情境兴趣。个人兴趣反映了一个人的特点或喜好,具有稳定的效果。情境兴趣是指在特定的情境中,由特定的条件或特定的对象引发的兴趣,这种兴趣可以增强学习者与环境的互动,从而获得知识,但这种影响可能不会持续很长时间。情境兴趣包括新颖性、挑战性、注意力、需求、探索意图、即时享受和情境兴趣中的整体兴趣。在兴趣发展中,个人兴趣与情境兴趣是紧密交织在一起的。

Hidi 和 Renninger(2006)根据兴趣与学习的实证研究,提出了兴趣发展的4 个阶段模型:情境兴趣激发阶段、情境兴趣保持阶段、个体兴趣出现阶段和个体兴趣发展阶段。这个模型清晰地表明,兴趣的发展始于情境兴趣。随着时间的推移,情境兴趣会逐渐发展直到逐渐形成长期的、持续的个人兴趣。情境兴趣的激发与保持成为影响学习者学习效果的关键。

情境兴趣强调个体与活动之间的互动,教育者可以通过创造不同的教学方法、材料或任务使学生体验情境兴趣的刺激,从而增加课堂注意力和互动。为了实现个体与活动之间的互动,教育者在设计馆校协同教育活动中需要考虑学习者的互动体验、心理倾向与活动的特征。

Chen 等根据上述因素开发了情境兴趣量表,Chen 与 Yu 等运用该量表进行了自己的实验研究(Chen et al.,1999;Chen et al.,2001;Yu et al.,2017)。情境兴趣量表能有效地呈现兴趣强度,个体在与活动的互动过程中产生愉悦心理倾向,这也有助于触发情境兴趣。个体的先验知识和年龄的差异都会影响情境兴趣。此外,情境兴趣与问题解决能力和参与能力相关。

(4)文化认同

Keillor 等(1996)将国家身份定义为:"某一特定文化与其他文化相区别的一整套意义。"就像社会或体育俱乐部的会员身份一样,对一个国家的依恋或认同有助于培养归属感,并影响个人的思维和行为方式。然而,一个国家仅仅是一个"想象中的社区",因为个人永远不可能认识他们所有的同伴。虽然"国家"可能作为事实上的历史、法律和政治实体而存在,但对其成员来说,它是一种社会和文化结构,有着共同的集体记忆、传统和习俗。Assman(2008)认为,集体记忆和身份是通过共享的实践和话语构建的,并通过语言和视觉符号、纪念场馆和仪式等代代相传。历史文化场馆通过呈现集体记忆和提供体验集体过去的机会来促进国家认同。

如在澳大利亚澳新军团的故事及其相关的仪式和场所为身份的构建和传递提供了强有力的途径。澳新军团的故事最初与 1915 年加里波利之战有关,被认为是澳大利亚国家身份的重要组成部分,对许多澳大利亚人来说,它已经代表了国家的一些集体价值观。Packer 等(2019)探索了参观澳大利亚战争纪念馆或加里波利战场对游客的国家认同感的影响,发现纪念馆和遗址等场馆对学习者国家认同感有很大的促进作用。

第 6 章　课程设计

　　发挥场馆教育功能的落脚点是场馆课程的设计与开发。本章将从三个方面介绍课程的设计原理、案例及实操。

　　场馆课程可根据立足点不同分为两类：一类是立足于场馆内的展品，针对不同知识基础的学习者，设计不同层级的课程，将展品参观过程与学习者正在接受或已经接受的校内知识学习建立连接，让学习者在场馆学习的过程中扩展视野，此时场馆发挥拓展校内知识学习的校外教育场所的教育功能，此类课程为场馆课程，这一类课程的开发者往往是对馆内展品非常熟悉的展教人员。另一类则是立足于当前学科知识，针对不同的学科知识点，将其与场馆内的相应展品建立连接，让学习者借助场馆学习这种学习形式，延伸课内学习，让学习者在参观场馆的过程中带着课内的学习问题，有针对性地在场馆中寻求知识答案，此时场馆发挥着补充校内知识学习的"第二课堂"角色的功能，此类课程则为基于场馆资源的校本课程，这一类课程的开发者往往是对学科知识非常熟悉，且对当地特色场馆资源有一定了解的中小学一线教师。由于场馆学习发生在真实的场馆环境中，学习者在场馆学习空间中可以任意走动，自由选择，因此，无论是场馆课程还是校本课程，它们的载体都不会是传统的教科书，而需要借助更加便携地中介载体——学习单，因此，本章在 6.3 中介绍学习单的相关内涵、特征、案例及设计过程。

6.1　场馆课程设计

6.1.1　场馆课程的内涵及特征

（1）内涵

我国学者柏安茹等（2017）认为场馆教育课程是场馆根据自身资源的特点，结合不同学习者的学习需要设计的主题课程。乔爱玲（2019）认为场馆教育课程是狭义场馆教育的体现，是借助场馆展品资源所开设的课程，是教育功能实现的一种形式，它包含传统课程的要素，即教师、学生、教学内容、教学环境。本书认为，场馆课程是以传统课程要素为框架，以场馆资源为内容，能够凸显场馆特点的教学形式。

场馆课程与传统的学校课程有一定区别。从教学对象来看，场馆的学习者来自各个年龄段，包括儿童、青少年、成人，知识结构不统一，能力基础多样化。从教学内容来看，场馆课程具有多样性、主体性的特征，教学内容依托于展品，相互之间独立，主题性较强，学习者可以根据自己的知识基础或学习需求，自由选择相应的课程，能够最大范围地满足场馆学习者的多方面需求。从教学环境来看，场馆具有实际情境，处于开放的状态，学习者可在此环境中开展情景化的移动学习。从教学方式来看，场馆课程以学习者为中心，基于自身兴趣选择，以自主探索为主。

（2）特征

场馆课程是开展场馆教育的主要载体。由于场馆学习属于非正式学习的范畴，在学习过程中所接触的对象较为复杂和广泛。受到终身学习的影响，非正式学习的重要性日益增加，例如在一些场馆等非正式学习的环境里，工作、培养爱好、与朋友对话等等。下面将从课程要素方面来描述场馆课程的主要特点。

①教学内容

场馆课程中的教学内容依托于场馆中的展品，其中所蕴含的文化、历史、价值、意义等通过不同的形式呈现给学习者，都将成为课程的内容，具有统一性和分散性。有些场馆的展厅具有统一的主题，这一主题下的展品所要呈现的内容具有一方面的相似之处，例如同处一个时期、同属一个工艺、同样一个种类等等。在具有统一性的展厅中开展场馆课程，能够促进知识的深化和巩固。而有些场馆的展厅多样，或是展品零碎，那么此环境中的场馆课程内容就会存在一定的分散性。学习者游走于各类展品之间，虽可能不利于同一知识点的形成，却能促进学习者的知识拓展和思维发散。

②学习者

场馆课程中的学习者具有多样性的特点。从年龄来看，可以包括儿童、青少年、成人和老年人；从职业来看，会有学生、白领、蓝领等等；从国籍来看，可以是来自各国的友人。可以说，场馆课程的潜在学习者包罗万象。不同学习者的经验与知识结构都大有不同，学习者之间还会存在互相影响的可能。虽然会有个人参与的场馆学习活动，但总的来说，参观场馆是一种社会学习的体验，具有一定的社会性。一方面，大多数参观场馆的人会和家人、朋友或伴侣一起，来自学校的团体行为同样属于集体活动。另一方面，一些相互陌生的学习者在同一场馆里，也会有一定的意识接触和影响，有时候陌生人无意识的行为、谈话、评论、手势或表情，也能对不同的学习者产生重大的影响（Thoma and Prenzel，2009）。

③教学目标

场馆课程中的教学目标是具有主观性的，没有学校课程的条条框框，而是由学习者自发完成的。场馆课程不会规定学习者必须在某个展品前停留多久，而是由学习者发自内心地理解和认识，因此这对于场馆展品的布置同样是一种挑战。场馆工作者需要研究，如何进行场馆的布置陈设和媒体设计能够最大限度地激发学习者的主动学习，提高他们对于内在学习目标的定位。同时，场馆课程的教学目标同样依托于展品。对于仅仅用于展示的展品，学习者可能只需要知道和领会；而对于具有互动性的媒体设备，学习者就需要分析、应用，甚至综合评价。

④环境资源

不同于学校课程单调的黑板、粉笔、电子白板、投影仪等教学设备，场馆课程的教学具有特殊的情境性。场馆的展品们能给学习者带来一定的刺激，让学习者基于自身经验的积累，发现和主动获得展品中的信息，而不是单纯地坐在座位上被动灌输知识。当学习者看见一件展品时，他们会将自己接收到的信息与已有知识进行联系，结合自身经历进行想象和创新。同时，场馆的资源具有开放性和互动性的特点,不受限于教学内容,学习者能够自我探索,促进人与人、人与环境之间的互动。

⑤教师

场馆课程的教师多为场馆的工作人员,他们对于场馆展品的陈设和内容了如指掌。相较于学校课程,场馆课程的教师更加偏向引导者,引导学习者的学习,真正做到以学为主。他们对于学习者的约束大多体现在纪律管理方面,不过多地强调学习成绩,让学习者感到更加地放松。同时,场馆课程的教师在授课过程中采用的教学方法和策略与学校课程的大不相同,具有更多的趣味性和协作性,让学习者在体验和探究中学习。

6.1.2　场馆课程案例分析

(1)案例一:D博士的恐龙公园

该案例选自 Hsu 和 Liang(2022)在台湾自然科学博物馆的研究,他们针对不同年龄的学习者,提供基于游戏的通用混合博物馆学习服务,并研究他们的参与情况。

①案例背景

台湾自然科学博物馆是我国台湾地区第一座将自然科学活化、趣味化的大型场馆。建馆的目标是阐明自然科学的原理与现象,启发社会大众对科学的关怀与兴趣,协助各级学校达成其教育目标,进而为自然科学的长期发展建立基础;同时收集台湾具有代表性的自然物标本、人类学遗物等及其相关资料,以供典藏、研究,并为展示及教育之用。该馆以科技整合、生活化、艺术化及以人为中心的主题展示,展厅包括太空剧场、科学中心、生命科学厅、人类文化厅以及地球环境厅。

在本案例中,学习者在台湾自然科学博物馆的生命科学厅进行学习和探索,其中展示了人类学与地球环境生态保育,体现了人与大自然共存的奥妙,包括生命的起源、生命登上陆地、恐龙时代、哺乳类的演化与适应、人类的故事、人口与粮食、大自然的声音等内容,可以作为台湾中小学学校课程的生命起源和进化单元的扩展学习内容。在参观学习与探索过程中,学习者使用一个名为"D博士的恐龙公园"的基于现实世界的冒险游戏(RAG)来辅助探索。

在学习活动开始前,场馆工作人员将提供一个 10 分钟的活动指导来介绍RAG 的使用方法、流程和操作,然后学习者自由探索,解决游戏中的谜题。在整个过程中，场馆工作人员均匀分布在展厅中，为学习者提供除游戏中提及的额外的提示。在学习者完成游戏之后，他们能够与展品一同拍摄 AR 照片，并通过 VR 眼镜查看收集的虚拟奖励。

②案例实施

第一阶段，确定目标。学习者能够认识生命科学厅中的展品，了解它们的由来，区分不同种类展品之间的不同，从而解决"D 博士的恐龙公园"游戏中的谜题，获取奖励。

第二阶段，情境导入。在该阶段，RAG 将呈现一个主题故事，即 D 博士是一名恐龙研究者和科学家，他丢失了收集已久的恐龙基因管，无法建造他梦想已久的恐龙公园。请各位学习者帮助他，通过展厅探索和解决谜题，来获取基因管，完成 D 博士的心愿。

第三阶段，自由探索。在了解到 D 博士的故事后，学习者开始自己在展厅中的自由探索。RAG 中包括了展厅的地图与获取线索的地点标注。通过地图，学习者可以找到自己的位置，并在探索地图上找到所有任务的位置，如图 6-1 所示。每项探索都提供了一个与地球上生命起源、进化和灭绝的展览有关的主题知识的关键概念。学习者可以通过线索来寻找和探索相关的展品。

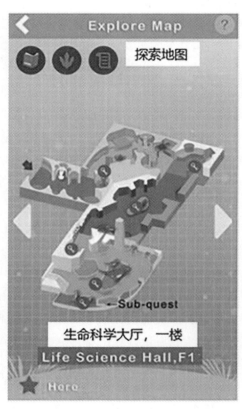

图 6-1 探索地图界面

第四阶段，解决谜题。经过上一阶段的探索之后，学习者积累了一定的知识，他们还能够组织和观察展览描述的信息，使用游戏中提供的提示，用详细的解决方案来解决问题，提示与解题界面如图 6-2 所示。在此过程中，学习者可以与他人互动和合作，包括同伴、家人、工作人员、陌生人等等，头脑风暴出可能的解决方案，分享收集到的信息，参与到集体讨论中，实现信息的最大利用。

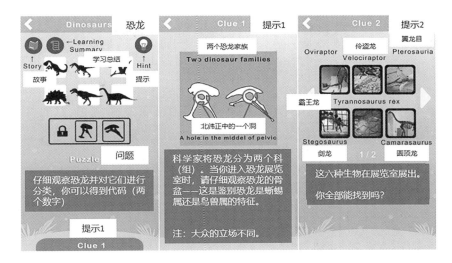

图 6-2 提示与解题界面

第五阶段,反馈分享。学习者完成了他们的任务并提交了正确的谜题答案后,他们会收到一个学习总结和 VR 虚拟奖励,即一个 D 博士丢失的恐龙基因管。他们可以在完成每个任务后查看他们的 VR 收藏,并且可以拍摄 AR 照片作为纪念品,与他人分享他们的经历。AR 概念图与活动照片如图 6-3 所示。

图 6-3 AR 概念图与活动照片

第六阶段,回顾复习。完成一个学习任务后,学习者返回探索地图,选择另一个任务来继续他们的探索;也可以退出正在进行的任务,返回探索地图,选择在任何时间开始其他任务。通过这种方式,他们可以尽可能完成更多的任务,避免任务堆积带来的负面体验。

最终的学习结果,即学习者完成了"D博士的恐龙公园"游戏,从台湾自然科学博物馆生命科学厅的展览中了解了生命的起源、恐龙的年龄、哺乳动物的灭绝和进化。

③案例评价

本案例采用角色扮演的方式,以学习者为中心展开学习,同时具有以下特征。

情境性:本案例创设D博士的故事概述,帮助学习者更好地进入角色,以促进学习者与场馆情境的深入交流。通过挑战和引人注目的叙述,促进学习者与各种谜题中的场馆展览的互动。这些谜题激发了学习者对场馆展览的好奇心,他们的积极参与加强了学习者和场馆之间的联系,从而促进了他们的体验与回访动机。

互动性:由于案例中涉及的谜题本身具有一定的复杂性,且场馆中的学习者知识结构的不统一,RAG作为一种新型协作游戏,促进人与人、人与物之间的交流互动,增强知识的传播,广泛利用了旨在解决问题的集体智能。丰富的社会互动增强了参观场馆的乐趣,并为个人和团体创造了有意义的体验。

(2)案例二:搭建属于你的建筑

该案例选自Chu等(2019)的研究,他们将增强现实融入场馆中的建筑课程,并在场馆中实施泛在学习,观察学习者的学习活动。

①案例背景

此案例也在台湾自然科学博物馆中进行。该场馆课程向学习者介绍了建筑的迷人世界,是一门将科学、工程和艺术结合在一起的建筑设计学科。著名的罗马建筑师兼工程师维特鲁维乌斯断言,好的建筑有三个原则:

耐久性——用正确的材料制成,保证站立、安全,并保持良好的状态。

效用性——做到有用和功能良好。

美观性——使人们高兴,并能振奋他们的精神。

虽然这些原则起源于几千年前,但至今仍然有效。为了实现这些目标,建筑师在设计建筑物整体外观的同时,确保它们是安全的、实用的和经济的。草图和架构模型是传达建筑师想法的重要工具,因此学习者需要学习观察、设计和使用模型。在自由构建的学习活动中,学习者使用建筑材料,如杯子、盒子和纸板,做成新的东西。年纪较小的学习者需要时间来"修补"各种材料,以建立他们自己的理解,即如何将小的碎片建成物体和结构,以及物体和构筑物如何能分解成较小的碎片。

接下来,学习者从不同的历史时期接触到一些标志性建筑的模型,了解著名的建筑师及其启示,为了更好地呈现建筑的细节,在实地学习过程中,学习者使用基于 AR 的交互式泛在学习系统对各个建筑进行学习和观察。例如,当学习者观察一座建筑物时,建筑物上可能会有几个学习目标,比如窗户、入口的雕像、屋顶、墙壁和柱子,理解建筑物的各个组成部分,如图 6-4 所示。当观察每个学习目标时,学习者需要回答一系列有关建筑物材料、形状等方面的问题,受到引导做出详细的观察。

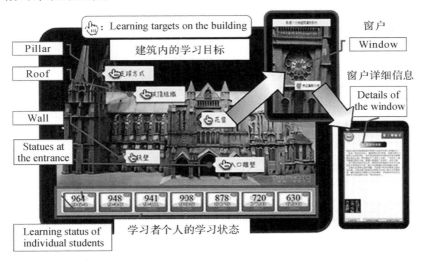

图 6-4　基于 AR 的交互式泛在学习系统界面

之后他们使用一些材料来创建草图和设计建筑模型。建筑模型是一种比例模型——结构的物理表示——用于研究建筑的设计方面或传达设计思想。建筑师使用各种材料构建这些模型,包括块、纸和木材,就像学习者在课程的精心设计阶段所做的那样。这一活动为学习者提供了创作图纸和物理模型的机会,就像真正的建筑师所做的那样。

②案例实施

首先,准备课程所需的材料工具,包括小纸杯、塑料杯、空纸巾、牛奶盒、快递箱、胶水、剪刀、扑克牌、牙签、花生壳、纸板管、牛皮纸或午餐袋、木棒。然后进入教学过程。

第一阶段，引入提问。播放有关《艺术创想》的视频，提问学习者：主角用什么材料建造什么东西？你像他一样喜欢建造吗？你用什么材料做过什么东西？帮助学习者进行思考和想象。

第二阶段，自由构建。告诉学习者，他们将有机会像《艺术创想》的主角一样，用他们的想象力和一些日常材料来创造一个小小建筑。把学习者分成3～6组，说明每个小组都会分到不同的建筑用品（胶水、剪刀等基础剪裁工具每组都有）。每个学习者将建立他或她自己的结构，但是每个小组内部将分享材料和工具，并规定在一定时间内完成。

第三阶段，中期展示。学习者完成后，清理创作产生的垃圾，并在自己的桌子上展示分享制作的小建筑。学习者自由活动，参观每一组，观察其他的建筑。学习者交流发言，指出这些建筑不对或错误的地方，利用想象力，对如何建造这些建筑提出不同的看法，教师给出修改建议。随后，工作人员设置一个区域来展示每个学习者设计的中期作品，拍摄照片，并将它们赠与学习者作为留念。

第四阶段，举例示范。教师使用投影放出所提供的材料能搭建的建筑或结构，并与现实中的图片进行对比，如：杯子的形状接近圆柱形，类似于双子座塔；盒子类似长方形棱镜形状；两片扑克牌又薄又直，类似于厕所中的防滑标识的形状；牙签和胶水可形成小三角形，类似于三角形；卷筒纸是类似于屋顶和墙壁上的水管圆筒的形状；木棒用胶水粘贴，可以构成圆柱形的木板等等。让学习者观察金字塔的照片，思考它像什么，让学习者意识到金字塔类似于海边常见的沙滩城堡，即很多建筑的相似之物就在人们的身边，很多孩子都可以做出来。

第五阶段，探索理解。给学习者播放"有史以来最著名的100座建筑"的视频，许多学习者可能会认出泰姬陵、比萨斜塔、埃菲尔铁塔和大拱门等。提问：你在录像中认出了哪些建筑材料？（回答举例：石头、金属、混凝土等）你认为那些材料是耐久性的正确选择吗？（回答举例：是的，因为所有这些建筑都仍然屹立不倒）给学习者看网络上的创意者使用日常用品做出的模型和实际建筑的照片，如：用尿布制作了比萨斜塔的模型，用土块制作了吉萨狮身人面像的模型，用建模黏土和铅笔制作了泰姬陵模型；用煎饼和馅饼制作了大拱门的模型；用粉笔建立了一个新天鹅城堡模型等等。让学习者自由活动，使用基于AR的交互式泛在学习系统，探索场馆中的著名建筑模型，了解它们的结构、材料等相关知识。

第六阶段,构思图纸。教师和工作人员给每组学习者发放白纸和剪裁过的著名建筑的图片,让学习者自行挑选一张著名建筑,贴在写有自己名字的白纸上。学习者仔细考虑哪些材料适合他们选择的建筑,并记录他们需要用到的材料和工具,使用彩笔或铅笔勾勒出他们将如何使用这些材料来制作所选择的建筑模型的草图。

第七阶段,动手创作。根据自己绘制的草图,学习者选择好材料和工具,开始制作属于他们的小建筑,在制作过程中遇到问题可以寻求教师和工作人员的帮助。在使用剪刀的过程中,工作人员需要特别提醒安全事项,以防意外的发生。制作完成后,工作人员给每一个小建筑进行拍照,将照片洗出后发还给每个学习者,让他们制作展示报告。在展示报告中,学习者要贴上自己的作品,运用彩笔或铅笔为他们的建筑添加细节标签,注明为什么选择这个建筑,为什么选择这些材料。

第八阶段,展示评价。展示报告完成后,工作人员将这些报告收集起来,并进行集中展示,开展"建筑博览会"。每个学习者、家长、其他场馆参观者都可以随意自由参观,可自取便利贴写下对于展示报告的评价、建议以及赞美。学习者拥有投票权,可以给除自己的作品外的 1 个作品投票,最后获得票数最多的前三名可以获得场馆准备的奖励礼物。"建筑博览会"结束后,展示报告会发还给学习者,并给每个参与的学习者发放精美小礼品。

③案例评价

在该案例中,学习者利用创造力和日常生活中的材料来构建结构,认识各种标志性建筑,了解相关建筑师,设计并建立著名建筑的建筑模型。在实践方面,提出和定义问题,发展和利用模型,制定可能的解决办法;在情感态度价值观上,体会工程技术和科学对社会和自然世界的重要影响。同时,该案例结合了多门学科,具有一定的综合性和跨学科性,能够锻炼学习者的思维逻辑能力以及解决问题的能力等等。

课程结束后,可以提出拓展问题,帮助和鼓励学习者参与更多以学习者为导向的科学和工程实践。下面列出与学习者可选择的研究、调查或创新课程相关的问题和挑战。学习者也可以用这些问题作为例子来帮助自己提出问题。请学习者选择一个问题,单独或协作地作出回答,留下思考。

研究方面:让学习者头脑风暴可研究的问题,如世界上最高的建筑物是什么?是谁设计的?你的学校是谁设计的?是哪一年建成的?你的学校是用什么材料建造的？建筑工人为什么要选择这些材料？

调查方面：让学习者头脑风暴可测试的问题，通过科学或数学来解决，如什么材料可以承受最大的重量而不折断？橡皮筋，纸条，或牙签？什么材料可以用来制作一个测地穹顶的模型？哪一种形状能承受最大的重量？一个三角形，一个矩形，还是一个圆柱体？

创新方面：让学习者头脑风暴使用工程解决问题，你能为你的学校操场设计什么结构？你能设计什么建筑来代表你学校的精神？你梦寐以求的房子会是什么样子？它会有什么特点？你会用什么材料？

（3）案例三：小小工程师

该案例选自 Pagano 等（2019）的研究，他们记录了学习者在芝加哥儿童博物馆中的修补经历，并以对话式思考的方式收集学习者的课后反思，进行内容分析。

①案例背景

芝加哥儿童博物馆，位于美国，成立于 1982 年，注重寓教于乐，是一个将学习和游戏相结合的地方，旨在让更多的儿童通过游玩来获取知识，在玩耍中探索和发现自己所陌生的环境和世界。场馆共三层，空间广阔，为儿童提供了足够的学习娱乐空间。馆内最知名的展览包括儿童城、小小消防员、绳索桥、峡谷漂流、水道探险、恐龙远征以及各种与简单机械原理相关的游戏等，丰富多彩的展览也让孩子们兴奋不已。

本案例在芝加哥儿童博物馆的修补匠实验室中开展。环境装修酷似一个很大的车间，如图 6-5 所示，其中有各种工具和材料（如电线、绳子、硬纸板、切锯、电钻等），工作人员会指导工具的使用。在修补匠实验室中，学习者可以分组或单独做任何他们喜欢做的或者需要修补的东西，完成后他们可以带走自己的作品，同时在故事中心描述他们的创作。

故事中心是一个迷你电影记忆制作场所（见图 6-6）。在故事中心中，学习者通过视频记录他们的展览经历，为学习者提供记录他们体验感受的机会。之后学习者可以通过电子邮件发送他们在故事中心录制的视频给自己，作为他们参观场馆的纪念品。

②案例实施

首先，确定教学目标。在本案例中，学习者通过探索各种各样的技术（绳子、计算器等）来解决日常生活中的问题。认识"技术"这个术语，明白它是由人们制造的、满足需要或解决问题的任何东西。通过在课堂上识别各种技术，识

图 6-5　修补匠实验室

别零件和用途,了解技术是如何由各个部分共同组成来解决问题的;了解工程师不仅发明了新技术,还改进了现有的技术。学习者提出属于自己的创新方法来改进他们每天使用的技术,如背包。

接下来进行教学。

第一阶段,认识工具。给每组学习者一套预先准备好的工具,包括筷子、绳子、计算器、捕虫网、喷壶、扫帚、烟灰缸、梳子、纸扇、耳罩等,并通过朗读它们的名称帮助学习者认识各个物品。通过一个小游戏,即教师报名称,学习者举起对应的工具的方式,让学习者更好地记忆。

第二阶段,提问思考。告诉学习者:"八个手指,两只拇指,两只扁平的手掌,还有那些指节。但我们的手远不止这些,它们曾经是第一副耳罩,第一个原始的面罩和第一双方便的筷子。"让学习者应该意识到,他们面前的工具所解决的问题,有许多在很久以前都是用手完成的,现在是用工具完成的。让学习者用手模拟各个工具的使用方法,并讨论一下为何使用工具比用手更好。

第三阶段,演示举例。给学习者展示两把伞,一把是完整的,一把是拆开的各个零件。提问学习者:伞是用来干什么的? 你观察到了哪些零件? 它们的用处分别是什么? 要求学习者画出对应的表格,左边写零件,右边写用途,如表 6-

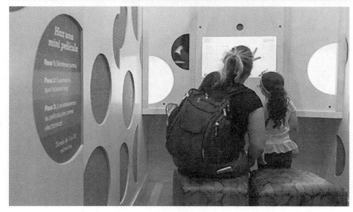

图 6-6　故事中心

1 所示。等学习者完成表格后，提问所有这些零件是如何一起解决一个问题的。让学习者意识到所有的部件都有特定的用途，但组合在一起工作就可以防止人在雨中淋湿。

表 6-1　雨伞的零件和用途

零件	用途
把手	为了撑着它
框架	为了把织物打开
织物	为了挡住雨
按钮	为了打开伞
系带	为了把伞系上

第四阶段,创新拓展。告诉学习者:"工程师不仅创造了新技术,他们还改进了新技术,或者使我们正在使用的技术变得更好。"提问,增加了什么零件来改进自行车?(回答举例:一把伞)这种新结构的功能或用途是什么?(回答举例:遮雨或遮阳)这样为什么会比原来的自行车更好?(回答举例:你可以在任何天气里骑自行车)让学习者意识到,改进技术同样十分重要。

第五阶段,自主探索。提问学习者,背包能解决什么问题?人们在背包出现前是如何携带物品的?给学习者播放有关背包进化史的视频,让学习者意识到,背包这一技术是在不断改进的。模仿对雨伞的描述,学习者对背包进行细致的观察,并画出对应的表格,如表 6-2 所示。提出引导性问题,如你的背包有什么问题?你能增加哪些部件来解决这些问题?你能增加什么部件使它更容易携带?有什么东西你需要一个特别的地方随身携带吗?你能增加什么部件搬运它呢?你可以增加哪些材料使背包更有趣或时尚?由此引导学习者思考如何改进他们的背包。

表 6-2　背包的零件与用途

零件	用途
带子	把它放在背上
拉链	把东西藏在里面或者把它们拿出来
侧网袋	装水瓶
小外拉链袋	装小东西

第六阶段,设计方案。告诉学习者有一家名为"佳包"的公司希望他们改进标准的背包设计。让学习者集思广益,思考如何使这个背包更好,并且列出一个需要用来改进背包的工具的清单,对应要做的改进画出草图,列出方案,给出改进后的表格。

第七阶段,创作评价。学习者交流展示他们的方案草图,先互相提出建议与赞美,再由教师对学习者的方案草图的可行性提供建议。学习者对于自己的方案进行改进调整,在工作人员的帮助指导下,正确并安全地使用所需的工具,对背包进行动手加工。加工完成后,对于成品进行展示,并做详细的介绍说明。

第八阶段,宣传介绍。在学习者改进完他们的背包之后,他们将给新的、改进的背包一个醒目的名称,在背包的线条上画出所有新的部分,列出表格中的每一个新零件及其用途,并解释为什么他们的设计比原来的背包更好。学习者也可以创作一首歌、一段说唱,或一则广告,模拟工程师的身份,以帮助"推销"他们的背包给消费者。

第九阶段,巩固内化。当学习者完成他们的设计时,告诉他们工程师也是很好的沟通者。工程师工作的一个重要部分是通过清楚地说或写,来与同龄人以及将要购买或使用他们设计的技术的公司或个人,分享他们的想法。让学习者向同学们分享他们设计的更好的背包,同时鼓励他们分享自己创作的歌曲或广告。

最后的学习成果,即学习者在课程过程中定义问题、构造解释并且设计可能的解决方案,形成工程技术和科学对社会和自然世界有重大影响的价值观,最终在工作人员或者家庭同伴的帮助下完成自己的改造背包。

③案例评价

本案例通过探究式学习的方式,不仅提高了学习者对工程师工作的认识,也给了他们像工程师一样思考的机会。在故事中心,学习者在记录自己的经历和感受的同时,也是在反思自己的活动学习行为。

反思可以促进学习者的探究式学习,越详细的自我反思越能促进学习者对于学习过程的记忆,促进经验的内化。具有工程设计挑战修补经验和回忆的学习者,阐述的频率越高,录制的内容越多。因此,课程结束后,可以提出拓展问题,帮助和鼓励学习者参与更多以学习者为导向的科学和工程实践。下面列出与学习者可选择的研究、调查或创新课程相关的问题和挑战。学习者也可以用这些问题作为例子来帮助自己提出问题。请学习者选择其中一个问题,单独或协作地作出回答,留下思考。

研究方面:背包是谁发明的? 背包是怎么做的? 雨伞的最新改进是什么?

调查方面:建造防水背包最好的材料是什么? 哪种类型的线最适合在背包中使用? 我们班背包的平均重量是多少?

创新方面:如何改进铅笔? 削笔器怎么做到隔音? 这样噪音就不会让人分心了吗? 如何改进伞?

6.1.3 场馆课程设计

(1)课程背景

该场馆课程将上海科技馆拟为课程开设地点。上海科技馆于 2001 年 12 月 18 日开放,以科学传播为宗旨,以科普展示为载体,围绕"自然·人·科技"

大主题,有生物万象、地壳探秘、设计师摇篮、智慧之光、地球家园、信息时代、机器人世界、探索之光、人与健康、宇航天地、彩虹儿童乐园等 11 个常设展厅;蜘蛛和动物世界 2 个特别展览;中国古代科技和中外科学探索者 2 个浮雕长廊;中国科学院和中国工程院院士信息墙,加上由巨幕、球幕、四维、太空 4 大特种影院组成的科学影城,引发观众探索自然与科技奥秘的兴趣。

上海科技馆的每个展区都是一个人们关注的社会话题,每个展品都是一个引人入胜的互动游戏。大到宇宙苍穹,小到细胞基因等科学基本原理和重大科技成果都能在这里得到生动形象的展示,让游人在休闲娱乐中得到启迪。同时,上海科技馆设置有教学活动,在场馆的环境下,针对特定对象进行科学探索,促进场馆内知识的传播。基于此,上海科技馆具有良好的环境和设施开展教学,本设计以此为教学环境,进行场馆课程的设计。由于场馆课程依托场馆的特征,并且受到其中的展品、布置等环境因素的影响,因此相较于校本课程,它的设计相对来说会比较发散,没有明确和教材对应的课程内容。

(2)课程内容

①课程问题

基因存在于每个人的身体中,基因是否有可能改变人类的生活方式是科学家研究的重要课题。目前他们正在进行一系列的测试,揭示各类遗传疾病的风险。本场馆课程就是让学习者了解有关遗传学检测的内容,共同探索基因的秘密以及它给人类的生活带来的影响。

②重点知识

该课程的主要知识点包括 DNA、遗传病、基因测试的操作、单基因疾病和多基因疾病的区别、遗传病的种类及其特征、进行基因测试的条件。具体知识内容如表 6-3 所示,可以作为该课程的知识库。

表 6-3　知识点以及知识内容

知识点	知识内容
DNA	DNA 代表脱氧核糖核酸,是携带基因指令的分子。正是 DNA 使我们彼此非常相似,但又有所不同。基因是 DNA 的一部分,它们携带的信息决定了你的健康、你的长相和你的身体的工作方式。基因将指令从一代传递到下一代。

续表

知识点		知识内容
遗传病		遗传病是由基因突变引起的。隐性疾病只有在父母双方都将突变基因遗传给孩子时才会发生，而显性疾病则只有在父母一方将突变基因遗传给孩子时才会发生。科学家们在 1990 年启动了人类基因组项目，目的是解读人类 DNA 的化学序列（基因组），2003 年完整的基因组已被破解，目前科学家正在逐渐分析和识别与不同条件和疾病相关的基因。
基因测试的操作		科学家用刷子或棉签收集一些血液样本或表皮细胞，然后将样本送到实验室，测试特定的遗传条件。结果最终被报告给患者的医生，医生能够解释结果，并在必要时提供医疗和心理支持。
单基因疾病和多基因疾病的区别		单基因疾病是由一个基因的突变引起的。它们通常有一个明确的遗传模式，这使它们很容易通过基因测试进行诊断。相比之下，基因测试只能揭示发展为多基因病的统计可能性。多基因疾病的例子包括糖尿病、哮喘和高血压等等，这些都是由不同的遗传变异、环境和生活方式因素的结合引起的。它们通常在家族中产生，比单基因疾病更常见得多，但没有明确的遗传模式。这使得精确地诊断和预测可能性变得困难。
遗传病的种类及其特征	囊性纤维化	囊性纤维化，是一种隐性的单基因疾病。它主要通过黏液堵塞人的肺部和消化系统，使得人无法呼吸和消化食物。囊性纤维化通常可以采用物理治疗、运动和药物治疗，所以预期寿命主要取决于医疗成效。
	镰状细胞贫血	镰状细胞贫血是一种隐性的单基因疾病，它会影响红细胞，导致胸部和关节疼痛。虽然这些症状可以得到治疗，但目前还无法根治。然而，携带镰状细胞基因可以预防疟疾。
	亨廷顿病	亨廷顿病是一种主要的单基因疾病，它影响着一个人的思考、说话和移动的能力，目前还没有治愈的方法。基因测试可以告诉人们他们是否遗传了改变的基因，但不能预测他们什么时候会开始出现症状，通常发病在 30～50 岁年龄。
	糖尿病	糖尿病主要有两种类型。当体内产生胰岛素的细胞被破坏，身体不能产生胰岛素时，即 I 型糖尿病。科学家们目前还不确定到底是什么原因导致了这种情况的发生。而当身体仍然可以产生一些胰岛素，但还不够，或者当产生的胰岛素不能正常工作（被称为胰岛素抵抗）时，即 II 型糖尿病。某些基因以及生活方式因素，如体脂和吸烟，可能会增加患 II 型糖尿病的风险。
	乳腺癌	对于乳腺癌，科学家们已经发现，年龄和生活方式并不是增加患乳腺癌风险的唯一因素。携带乳腺癌基因的人一生中有 55% 到 85% 的概率患上这种疾病。虽然基因测试不完全是准确的，但强烈建议乳腺癌家族史的人定期检测，以确定他们是否有高风险基因。如果测试呈阳性，可以提供很多种选择，包括定期筛查或手术。

知识点	知识内容
进行基因测试的条件	任何人都可以选择进行基因测试,但一些群体更有可能做出这个选择。例如:有多基因病史家族史的人,如果测试显示他们遗传了糖尿病等可以通过提前干预降低风险的疾病,医生可以建议他们适当改变生活方式;有单基因疾病家族史的人,如果测试显示一个人在将来可能会发展出尚未诊断的遗传疾病,在症状开始出现之前就可以开始咨询、治疗和计划。有单基因疾病家族史的、正在考虑生育的夫妇如果通过基因测试,确定夫妇双方都患有隐性遗传疾病,或者其中一方患有显性疾病,他们就能发现将这种疾病遗传给孩子的风险。他们可以选择不生孩子,筛查胚胎或继续怀孕。

③与生活的关联

科学家对囊性纤维化或亨廷顿病等罕见遗传疾病的检测已经存在很多年了。人们在生育前会想知道把这些基因传递给孩子的可能性。目前,科学家们正在更好地了解人们基因的微小变化是如何影响他们的健康的。在将来的一天,基因测试能让我们预测某人患上几乎任何疾病的风险。但你想知道你可能患上的所有潜在疾病吗？你能应付任何结果吗？知道发生一种疾病的统计可能性真的有用吗？我们应该担心谁能得到我们的研究结果？截至目前科学家的信息统计,1/3 的人一生中就会患上某种癌症;每 2500 人中,就有 1 人受到囊性纤维化的影响;科学家们已经发现了 1 万种由单一基因问题引起的疾病。

（3）课程对象

青少年和成人均能作为本课程的教学对象,下面将分别对这两个群体的学习者进行分析。

①青少年

对于青少年,可以结合他们在校本课程中学习到的有关基因和遗传的科学知识,通过场馆的陈设和展品,激发学习者更多的思考。对于科学知识了解尚浅的青少年学习者,本课程能起到一定的预习作用;对于先前知识较为扎实深入的学习者,本课程拓展了相关知识,联系生活,让学习者形成学以致用的意识。

②成人

对于成人,他们已经具有一定的知识基础,但在遗传病等方面的危害上可能尚不明确,生活中对于遗传病预防的意识也较为薄弱,因此本课程能够提高成人学习者对于遗传病的防范意识。

（4）课程目标

该课程的教学目标设计采用三维教学目标，知识与技能、过程与方法、情感态度与价值观中囊括了本课程所有学习者应该学习到的知识点，同时培养其核心素养。

① 知识与技能

掌握 DNA、遗传病、单基因疾病和多基因疾病的概念；理解基因与疾病之间的关系；知道囊性纤维化、镰状细胞贫血、亨廷顿病、糖尿病和乳腺癌的名称以及遗传特征。

② 过程与方法

通过指导阅读，了解基因疾病及其对遗传的影响，拓宽知识面；通过小组讨论与交流，复述并解释囊性纤维化、镰状细胞贫血、亨廷顿病、糖尿病和乳腺癌的遗传特征，锻炼语言表达能力，提高解决问题的能力。

③ 情感态度与价值观

了解基因检测所涉及的科学和伦理问题；批判性地评估支持和反对基因测试的论点，就科学问题发表知情意见；培养社会贡献的意识；合理进行自我规划和管理。

（5）媒体策略

①教学方法

场馆课程中的活动以人与人、人与物、人与环境之间的互动为主，综合运用多种教学方法，主要包括以下几种。

角色扮演法：学习者扮演遗传专家的角色。教师观察学习者的多种表现，了解其潜在的能力。又通过情景模拟，要求学习者进行指定角色的行为，教师由此对其行为表现进行评定和反馈，以此来帮助学习者发展和提高。

任务驱动法和探究式教学法：在整个教学过程中，教师给学习者布置各种各样的任务和工程项目课题，利用任务驱动法与探究式教学法提高学习者的学习积极性和主动性。

小组合作法与讨论法：学习者在解决任务、实施工程的过程中采取小组合作法与讨论法，相互帮助解决难题，相互提出改进建议，共同完成任务，提高学习者集体荣誉感，充分体现学习者在课堂活动中的主体地位。

②教学手段

该课程使用数字化教学工具与实体工具。数字化教学工具就是运用智能终端和互联网进行资源的存储、查询、分发和编辑。实体工具包括教师提前准备的活动道具以及场馆中的展品。展品为学习者提供现成的信息，便于学习者开展探究活动。看得见摸得着的活动道具可以增强学习者的沉浸感，使其融入课程中所扮演的角色。

（6）过程设计

①提前准备

3～5 名学习者为 1 小组。为每个组准备 1 个秘密盒子，展开图如图 6-7 所示。在每个盒子里随机投放一张写有疾病基因或者空白的卡片，用胶水封好盒子。在课程活动区域设置投票分界线，一端是"打开盒子"，另一端是"不打开盒子"。打印出可供学习者阅读的有关基因疾病的文章，如囊性纤维化、镰状细胞贫血、亨廷顿病、糖尿病、乳腺癌的相关资料。

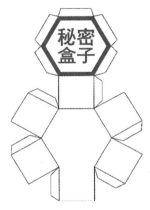

②初步介绍

将学习者分为若干个组，把 1 个密封的秘密盒子传递给每一组，提问他们认为盒子代表什么，或者盒子里可能有什么。这些盒子必须保持关闭状态。接着教

图 6-7　秘密盒子展开形态

师解释秘密盒子中的内容代表了有人继承并可能传递给孩子的所有遗传信息。打开盒子代表进行基因测试，学习者可以看到关于自己的一个基因细节。这些信息可能是好信息，也可能是坏信息。

③情境导入

之后，让学习者选择"打开盒子"或者"不打开盒子"，看看每个学习者如何选择。让做好选择的学习者站在事先画好的投票分界线的两端，拍照记录下他们的位置。投票完成后，学习者回到自己的小组里。他们有几分钟的时间与其他的小组成员讨论他们是如何投票的以及为什么这样选择。

④小组讨论

下发事先准备好的有关遗传性基因疾病的文章资料。每个小组成为某一基因测试领域的"专家"，研究以下问题之一：说出 3～5 种遗传性疾病的名称及其影响。我们的健康在哪些方面还可以被继承下来？进行基因测试的潜在优势是什么？进行基因测试的潜在缺点是什么？其后果会是什么？人类基因组的计划是什么？为什么科学家们想解码人类基因组？

⑤混合交流

给每小组 20 分钟的时间来回答他们的问题，每组准备 3 个要点进行分享。创建由每个研究小组至少 1 名代表组成的"专家会议"小组，交流模式如图 6-8 所示。给每个学习者 10 分钟时间与"专家会议"小组分享和讨论他们研究工作的 3 个要点。在混合讨论结束时，每个学习者都能听到所有其他小组的意见。

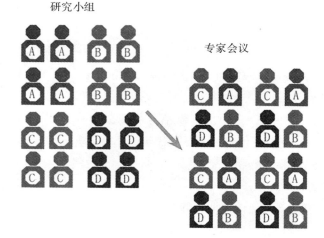

图 6-8　混合交流模式

⑥评价反思

经过交流后，再次进行是否打开秘密盒子的选择投票，并比较是否有学习者改变了原来的投票结果，探讨他们的改变动机是什么。作为整个班级或在最初的小组中讨论第一次和第二次投票的决定背后的一个原因。给每组几分钟的时间来讨论，并就他们是否想打开他们的秘密盒子达成共识，来进行基因测试。让那些决定打开他们的秘密盒子的小组向班级的其他人透露他们的盒子的内容。提问学习者，他们对盒子里发现的东西有什么感受；其他选择不打开盒子的学习者现在感受怎么样。

此阶段建议提出的问题有：你的意见从第一次投票开始就改变了吗？如果是，为什么？你认为是什么决定了你是什么样的人？（是你的基因、你的个性、你的兴趣、还是你穿什么衣服？）你的遗传信息对你有多大价值？关于你自己，你想知道什么？你自己不知道什么？基因测试的结果如何影响你的生活方式选择？记录你的基因信息的伦理意义是什么？你决定进行基因测试的年龄应该有限制吗？谁来决定？你还是你的父母？

根据以上问题,引发学习者思考对于是否进行基因检测的原因和意义。

⑦拓展思考

探讨有关基因测试更广泛的问题,考虑以下与实际生活相联系的问题:打开秘密盒子并看过遗传信息后,就无法再次关闭它。谁可能有兴趣看看你的基因以及为什么?(家庭保险公司、学校等)谁应该/不应该查看你的基因信息,为什么?你如何以一种安全的方式存储你的基因信息?一旦你知道了你的基因组成,你会如何感觉/行动?例如,如果你知道自己有癌症基因,你会采取措施降低风险吗?你会避免生孩子,以避免传递一个危险的基因吗?还是最好不知道自己的基因信息,避免担心?

个性化的医学与社会问题:疾病的风险和对治疗的反应因人而异。基因测试使医生能够更准确地诊断疾病,并以正确的剂量开药。但是,对于那些没有有效药物的人,他们该怎么办呢?还有那些非常有效但只对一小部分人使用的药物——它们应该入医保吗?这会涉及歧视问题吗?

(7)课程特色

该课程充分结合案例的优点与传统课程要素,突出了角色扮演的作用,体现了情境性、互动性、反思性的特点。同时充分与实际生活相联系,重点关注学习者的情感态度与价值观念。

情境性:该课程使用角色扮演的教学方法,将学习者定位为专家,并创设专家会议的情境,使得学习者"入戏"。因此,各位"专家"就会尽自己所能,向其他的学习者传递有关该课程的知识,达到学习目标,并通过复述的形式将其内化。

互动性:该课程的互动性体现在两方面:一方面是学习者与教师行为上的互动,另一方面是学习者相互之间的语言交流。前者指的就是课程一开始,学习者对于"是否打开秘密盒子"的选择行为,通过行为向教师传递自己的意愿。后者指的就是学习者的小组讨论和专家会议中的信息交流,通过学习者来传递知识点,不同于教师的定向灌输,学习者之间的气氛更加轻松愉悦。

反思性:该课程的反思性主要体现在学习者最后对于一开始"是否打开秘密盒子"的决定的反思。经过一整节课,学习者对于基因以及遗传病有了理解,并且能够体会到基因测试的作用与重要性。因此,学习者在最后的反思环节能获得更多思考和理解。同时,该课程还将知识与现实问题相结合,拓展思考内容的同时形成与生活的联系,为学习者未来的人生规划奠定知识基础。

6.2 基于场馆资源的校本课程设计

6.2.1 校本课程的内涵及特征

(1)内涵

鲁艳(1999)认为,校本课程是以学校为基地,所有教学科目的总和,或学生在教师指导下进行的各种活动的总和。而杜尚荣、王笑地(2017)则认为,校本课程是能奠定学生的文化基础、帮助学生自主发展与社会参与的国家课程和地方课程的拓展补充。本书认为,校本课程,顾名思义,就是以学校为本位、由学校根据自己的特色与学科特点所确定的课程。学校在分析确定学习者的学情后,对其学习需求进行科学评估,确定学习内容、教学目标和教学媒体,开发并实施促进学习者个性化发展的课程。

与场馆课程相对应,从教学对象来看,校本课程按照年级进行课程设计,学习者年龄相仿、知识结构统一;从教学内容来看,校本课程以教学大纲为标准,注重教学内容之间的关联,教学过程较为系统;从教学环境来看,校本课程的教学环境较为单一,一般为教室环境,有综合教学活动时可能会涉及操场或其他场所;从教学方式来看,校本课程以教师讲解为主(柏安茹等,2017)。

(2)特征

不同的场合都会提供不同的学习机会,例如之前提到的博物馆等非正式学习场所。然而,在谈到学习的时候,大家第一个想到的还是学校,这是一种惯性思维。但是校本课程的一些特征依旧需要改进和发展。

①客观被动

单纯在学校中进行的校本课程学习,往往是由教师强烈控制的。学习者在学习时没有自己自由地做决定,无法自主选择学习的内容。所以,学习者难以将自己训练成为一个积极的、自主的学习者,而时常进行被动学习。当人存在被动学习的意识时,就会把学习和强迫、灰心等消极的情绪结合在一起,被动的角色往往伴随着一些不愉快的困扰。学习过程受学校中的学习经历影响太大,使得受影响的学习者会表现出负面行为(Thoma and Prenzel,2009)。因此传统的学校课程应该做出一些改变来减轻这种负面影响,例如在传统的课程中加入室外活动项目或与其他非正式学习场合相结合开展教学等等。

②以"教"为主

一个人的学习概念受到不同学习场所中的经验的主观体验影响。而在学校的教学课程中,教师要负责帮助学习者尽可能地学习课程内容。从不同科目中,教师说的话都比所有学习者在一节课上的发言要多得多,因此可以说学习者的活动在很大程度上是由教师领导的。学习者没有太多机会自己做决定和积极参与课程,这样做会对学习的动机产生不利的影响,从而影响学习者的表现,因为在这样的情况下,学习者不会觉得这是自己的行动,也得不到自我的支持。

因此,校本课程的发展应该向学习者的内在动机靠拢。这种动机可能带来对知识的更深层、更好的处理,从而产生更好的成绩,并且对了解到的知识越来越感兴趣,形成良性循环。校本课程和非正式学习场所的结合应充分体现在学习者的主动学习中,排除那些限制自身选择的因素,不再是教师对学习者提出要求,而是尽可能在传输知识的同时让学习者去做自己想做的事,从而提高内在学习动机。

③可塑发展

随着时代与人才定义的发展,教学大纲对于学习目标的定义与要求同样在发展。校本课程近年来逐渐向综合与实践方面靠拢,"第二课堂"等实践活动在学校中也越来越受重视。但是即使与非正式的学习场所相结合,校本课程依旧需要突出其课程学习内容。馆校结合的校本课程应以课程为主、活动为辅,在活动过程中充分利用博物馆的场馆资源。因此,与场馆课程不同,校本课程依旧需要较为规范的教学设计,其主要过程包括确定主题、考察场馆、撰写方案、修改试用以及最终实施。其中,撰写方案时也需要包括课程标准、教材分析、学情分析、课程目标、重点难点、评价设计等(饶琳莉、于蓬泽,2018)。

6.2.2 传统校本课程与传统场馆课程的不足

以"教"为主的传统课堂教学关注教学效率,重知识与技能,轻情感、态度和价值观,学习者的学习体验被忽视。传统场馆学习以结构化叙事的展教模式为主,实体展品/仿造模型是主要的信息传播载体。与传统学校的课堂"填鸭式"教学相比,传统场馆学习与传统课堂教学有着共同点。

(1)静态的教学内容

传统课堂教学中以静态教材内容为主,而静态教材内容多为前人经验的总结,脱离学生的生活实际。传统场馆学习以场馆内的静态展品及其展板介绍为信息传播的主要载体,文物类展品与科技类展品通常展示的是"是什么"的信息,缺少"如何做"以及"与生活实践关联性"的信息。无论是教材书本还是橱窗里的展品,静态的教学内容由于脱离实践、内容陈旧,导致学习者无法建立其与自身认知结构和生活经验的关联。

(2)被动的学习方式

传统课堂教学的教学方式以教师讲授为主,学生被动地获得知识,为了追求教学效果,忽略师生互动、生生互动,死记硬背成为"填鸭式"教学下的主要学习方式。传统场馆学习以"展教"为主开展场馆教育活动,学习者被动地根据预先设计好的成列展览路线,"读取"展品信息,虽然结构主义叙事学在博物馆一定程度上增加了展品信息的趣味性和可读性,但是,展教模式开展场馆学习活动是以有效传播展品信息为前提,而非以促进学习者知识结构建构为前提,因此,忽略学习者的主体性,谈有效传播展品信息,是一种被动的场馆学习。

(3)短效的学习联结

传统课堂教学以分科教学为主,缺乏学科之间的知识联结,学生在实际复杂问题的解决方面能力不足,此外,传统课堂以考试为评价准则的教学实践割裂了三个维度教学目标——知识、技能、态度彼此的关联,学生在某一领域内的知识检测高分,无法体现其应用知识解决实际问题的能力,也无法评判其是否会拥有坚定的职业信仰、正确的从业价值观等,最终产生的学习效果是短期的,无法延展的。同样,传统场馆学习根据展品的类型设计展教活动,文物类展品即采用时间线型或故事线型的顺序进行有序教学,科技类展品即采用模块化、区域化的形式开展主题分类教学。在现代场馆教育理念中,任何具有教育意义的展品都有它的过去、现在和未来,并与学习者生活实际的方方面面都有着紧密关联,因此,无论是有序展教还是主题分类展教,在一定程度上割裂展品的知识信息,形成的学习效果短期内有效。

6.2.3 基于场馆资源的校本课程案例分析

目前与场馆相结合的校本课程,有浙江自然博物馆中的"探索岩石世界""化石密码""昆虫的模样"等等,还有上海科技馆中的"制作莫尔斯电报机""LOGO 设计师""小小谍报员"等等,大多以探究式、体验式和协作式等学习模式为主。这些课程以学习者为中心,强调锻炼学习者的综合学习和解决问题的能力。例如包含在探究式学习中的 STEAM 课程,充分调动学习者的思维和逻辑能力,通过实践体验与工程设计等活动,培养学习者的能力(Morgan and Ansberry,2017)。

基于场馆资源的校本课程的教育形式主要有两种:到博物馆"上课"和"流动"博物馆。前者是让学生到博物馆进行可操作模型、游戏、触屏的参与或体验,围绕学科知识点,或开展研究性学习,或进行实践体验;后者是博物馆教育工作者与学校教师合作,加强对学科教材知识体系及学生年龄特点的了解与研究,为学生"量身定制"一系列立意鲜明、主题突出、设计合理、短小精悍、简便易行的精品陈列,通过实物、图片、文字资料和声光电的手段呈现,送展到校,从而提高学生的活动效率,激发学生的学习兴趣(王国云、施茂萍,2018)。

有研究通过对比学习者在学校和场馆中的身份表现,发现当学习者的身份、知识和行为受到重视并在特定空间中得到反映时,每个学习者都能更好地参与和学习科学(Dawson et al.,2020)。由此,对教育工作者、博物馆工作者和研究人员的建议是,重点考虑学习者的表现和对于科学现象的解释,以支持学习者以更广泛、更包容的方式去学习科学。因此校本课程应当积极与博物馆等科学学习空间相结合,让学习者的行为在非正式学习场所中得到互动,而不是仅仅坐在教室中被灌输书本上的知识。

科学博物馆集团(Science Museum Group,SMG)集合了科学博物馆、科学与工业博物馆、国家科学与媒体博物馆、国家铁路博物馆和运动博物馆,探索来自其中的 35 万多件展品和档案,包括科学、技术、工程、数学和医学等领域。其中就有大量以学校知识为基础,又结合博物馆展品的校本课程,例如科学博物馆中的有关奇妙实验室的内容,其中涵盖了对应小初高中的主题课程。

(1)场馆介绍

科学博物馆,位于英国伦敦,始建于 1851 年。在过去的 150 多年里,科学博物馆一直不断地变化着,其中的展览画廊不会永远存在,因为它们必须反映和评论科学、技术、工业和医学随着科技发展而产生的变化,跟上时代发展的步伐。虽然有时一些受人喜爱的展品会因为发展而落伍,只能束之高阁,存于仓库之中。但是长江后浪推前浪,历史旧物的现代化替代品也会被世人所珍惜和喜爱,直至有一天,它们也成为历史。无论未来是什么,科学博物馆都将站在最前沿,解释世界的存在。

奇妙实验室是科学博物馆中的一块展区,在那里学习者可以通过实践经验,亲身探索科学原理,点燃对科学和数学的好奇心。奇妙实验室展示了科学和数学如何塑造日常生活,它包括 7 个课程主题区域:数学、电、力、光、物质、太空和声音。学习者充分运用技能,作为一名小小科学家进行实验和思考。好奇、仔细观察和创造性地思考,将他们的所见所闻与实际生活联系起来。奇妙实验室中的展品激励学习者以创新的方式看待周围的世界,同时在学习过程中,也会有工作人员给学习者提供帮助和支持,并且演示一些相关的实验操作,为学习者提供学习和思考的机会。下面将对奇妙实验室中的基于场馆资源的校本课程进行简单介绍。

(2)案例一:数学

学习者探索日常生活是如何用数学来解释的;尝试使用模式和逻辑,以完成挑战;研究 2D 和 3D 形状,创造完美的镶嵌图形。

①概率

学习目标:

理解概率的概念,并且能通过计算概率得到自己想要的结果。

教学过程:

教师带领学习者探索博物馆的展品《吸还是喷》,如图 6-9 所示。教师告诉学习者,《吸还是喷》并不是一个普通的饮水机,它会根据学习者和其搭档的选择有不同的结果。要做出最好的策略将取决于学习者的目的是什么。如果目的是喝一口水,又不想被喷在脸上,那么最好的策略就是按下"喷"(SPRAY),因为按"喷"意味着学习者不可能被喷到脸,但有 50% 的概率得到想要的水。然而,如果选择"吸"(SIP),仍然有 50% 的概率得到想要的水,但也有 50% 的概率被喷在脸上。所以此时最安全的策略就是按下"喷",即使它看起来像是个错误的选项。另外,如果想被喷脸,最好的策略就是"吸"。同理,这看起来是个奇怪的选择,但是根据图 6-9 给出的概率,如果按"吸",有 50% 的概率被喷脸,但如果按"喷",就不可能被喷。

这个游戏是关于逻辑决策的,类似于有关博弈论的著名的"囚犯困境"的例子,是一个研究理性决策的数学案例,以帮助学习者做出更好的决策或者预测事件的结果。博弈论通常会简化行为,并假设人们总是为了自己的利益而理性地行事。所以它并不总是代表现实,但它能帮助制定解决问题的策略。

举例:如果两个人分享一块蛋糕,根据博弈论就可以找到一种分享蛋糕的方法,让两人都能得到自己想要的东西。博弈论认为,最好的分享蛋糕的方式

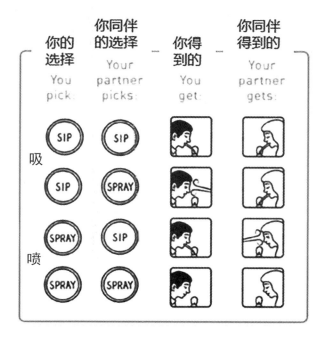

图 6-9 吸还是喷

是让一个人切,另一个人先选。这样,假设他们都想要一半的蛋糕,切片的人就会尽可能让蛋糕的两半均匀,否则当选择者取走更大的切片时,两人得到相同的蛋糕的概率就会降低。

②形状

学习目标:

学习者认识平面和立体形状,并且理解它们的特点。

教学过程:

教师给学习者一些拼图碎片,这些碎片是不同形状的图案,学习者需要将这些形状拼图放在平面上,保证它们之间没有间隙或重叠。通过拼图活动,让学习者意识到,许多不同类型的形状可以拼接,但并不是所有的形状都能很好地镶嵌在一起。由此,引出平面图形的顶点、边和内角的概念。

顶点是两条边相交的拐角,边是形状侧面的边缘,内角是两条边缘之间的形状内部的角度。形状拼图可以镶嵌在一起,导致边和顶点相交。例如,正方形可以通过将四个方块的顶点放在一个点上来得到。一个正方形的每个内角是 90 度,所以有四个正方形,这等于 360 度。如果形状可以拼接在一起,使每个顶点周围的内部角度加起来达到 360 度,那么这些形状就可以镶嵌。这意味着一些不规则的形状也可以镶嵌,有时需要通过旋转、翻转或滑动等操作来排列。

接着,教师利用激光切片通过固体半透明三维物体,得到它们的横截面,让学习者意识到,任何立体形状都具有高度、宽度和深度的三个维度。学习者自己使用激光切片通过不同种类的立体形状,包括立方体、锥、圆柱体、球体和棱柱等。当这些立体形状被切割时,它们会显示出一个横截面,也就是一个平面形状。例如,立方体的垂直横截面是一个正方形。

立体形状也可以以多个角度切割,得到不相同的平面截面。任何立体形状的对角线截面都是一个平面形状,其具有与切片所切的面数相同的边数。如果切片立方体的一个角,切片穿过立方体的三个面并形成一个三角形截面。横切的面越多,横截面图形的边就越多。因此,在理论上,横截面可以具有立体形状的最大边数,所以对于一个立方体,最多可以切成一个六面的横截面形状。通过这样的学习活动,帮助学习者认识理解平面和立体形状。

教师给学习者不同形状的形状碎片,让学习者制作一个立体的形状。在学习者制作完成后,对学习者的结果进行点评,让学习者观察制作良好的立体形状的特点,即每个角都有相同数量的平面形状。

③正弦波

学习目标:

学习者认识正弦波的形状,理解形成原理。

教学过程:

教师先取出一个摆动性能良好的摆钟,钟摆可以自由均匀地来回摆动。将一支笔固定在摆动的钟摆上,放一张纸在笔下面。当钟摆摆动时,笔会在纸上画出一根长度不变的直线。让学习者在钟摆摆动时尽量匀速移动纸张,纸上的直线会变成一条曲线,那就是正弦波。

学习者分小组开展课堂活动,小组成员用自己的手臂模拟钟摆的摆动,其他成员负责拉动纸张等工作。教师提供指导,提示学习者用不同的速度拉动纸张,用不同的幅度摆动手臂,等等。通过不同情况画出的正弦波,让学习者意识到,根据钟摆的移动方式、幅度以及纸张移动的速度,正弦波的峰的高度和距离都会有所不同。

(3)案例二:光

学习者研究光的性质,探索它如何反射、弯曲和混合,观察现实世界在不同颜色的灯光下是什么样子,体验在光束中行走的感觉。

①光束

学习目标:

了解光束的形成原理,明白光线可以阻挡。

教学过程:

让学习者自主探究投影仪,体验被光束照射的感觉。用实践活动的形式,让学习者意识到光线以直线传播,可以创建阴影。教师举例,在阳光明媚的日子里,可以通过使用雨伞等遮阳工具阻挡来自太阳的光线,形成阴影。学习者可以通过遮挡投影仪上的光线来制造阴影。

让学习者仔细观察光束,提出发现。教师讲解,在黑暗的房间中,可以观察到空气中充满了薄雾,薄雾是由小水滴组成的。当投影仪的光线照射到这些液滴时,光线散射到许多地方,包括眼睛,这意味着可以看到光束的路径了。如果用身体阻挡这条光路,学习者就可以看到墙上或幕布上投射的阴影。

光也可以通过闪亮的表面来反射,如镜子。教师给学习者发放小镜子,让学习者探索光束与镜子之间的关系。学习者会发现,如果将镜子放置在光束的路径上,光线将以不同的方向反射。在这个充满雾气的房间中,学习者可以使用镜子来阻挡光束的路径,并看到它被反射时的路径。光线照射到镜子上的角度将等于它反射的角度。

②反射

学习目标:

了解光的性质,理解光的反射的原理。

教学过程:

教师引导学习者至博物馆的反射镜前,反射镜由大约 100 个倾斜摆放的平面不锈钢镜制成。这些镜子被放置成一定的角度,创建一个类似于凹面镜的向内曲线。当来自物体的光线被镜子反射到眼睛时,不具有先前知识的学习者的大脑中不会想到这是反射。相反,他们会直线追踪光线的可能来源。

教师解释,当学习者看到平面镜时,他们会看到来自镜子后面的物体的虚拟图像。当许多平面镜被倾斜放置成弯曲形状时,光会以不同的角度反射。这意味着一个物体可以在每一面镜像中出现一个稍微不同的反射,产生许多重复反射的错觉。如果站在镜子前,眼睛与中心保持水平,那么学习者会看到自己一遍又一遍地在镜子里反射。但如果站在反射镜的一边而非中心,那么重复的图像只能被站在另一边的学习者看到。

让学习者自由探索反射镜，发现其中的反射奥秘，理解光的反射的原理。

③弯曲

学习目标：

认识凹面镜，理解光的弯曲的原理。

教学过程：

教师带领学习者到博物馆的凹面镜前，让学习者仔细观察凹面镜的形状特征。教师讲解概念，凹面镜是一个弯曲的反射镜，反射表面向内弯曲。因为曲面的光线会从镜面上的不同点以不同的角度反射，这意味着一个凹面镜可以将光线向内聚焦到单个焦点。

同时，凹面镜也会导致不寻常的反射，这取决于学习者与凹面镜的焦点的位置。让学习者自己体验调整与凹面镜之间的距离，发现凹面镜成像的特点。当位于靠近镜面的焦点前时，学习者的反射就在镜面后，作为一个虚拟图像，反射是直立的和放大的。这样的原理可以用于制作放大镜和化妆镜，形成知识点和生活的联系。当站在焦点上时，反射的光线永远不会相遇，因此没有图像形成，这使得学习者的反射似乎消失了，或者只剩一个扭曲的、模糊的图像。当学习者远离镜子并超出焦点的距离时，反射就又会出现在镜子的前面，被称为真实的图像，给人的印象是反射盘旋在镜子前，让学习者可以触摸到它。此时的反射效果是颠倒的，距离镜子越远，反射图像就越小。

④色彩

学习目标：

理解光的色散，了解色彩的形成原理，明白光的色彩可以混合形成。

教学过程：

教师将学习者带到色彩室中，那里的灯光在红、绿和蓝光之间慢慢变化。教师讲解，这种光是一种单波长的光，被称为单色光。通常光源是白光，它是各种颜色或波长的光的混合体。通常，当看到一个白光下的物体时，它似乎有一种特殊的颜色，那是因为它将光的波长或颜色反射到了眼睛里。例如，白光下的红色对象显示红色，这是因为它吸收了除红色以外的所有波长的光，反射红色，被眼睛所捕捉到。

教师拿出红色的球,让学习者观察球的颜色随着色彩室中光的颜色的变化而产生的变化。教师讲解,在单色光下,只有一种颜色的光撞击这些物体,这意味着这是唯一可以反射的光。例如,一个单色红光下的红色物体会出现红色,因为它反射了这种颜色。但是同样的红色物体在绿色或蓝色光线下看起来会更暗甚至呈现黑色。这是因为红色物体会吸收蓝色和绿色,因此没有光线被反射,使得这个物体看起来很暗,甚至是黑色的。

教师再拿出白球和黑球,让学习者观察。教师讲解,白色的物体反射所有颜色的光,不吸收,这意味着在变化的单色光下,白色物体会跟从红色、绿色和蓝色的光而变化。另外,黑色的物体不反射光的颜色,反而吸收所有颜色。这就是为什么黑球在三个光下都是黑色的。这个房间里的一些物品是红色、绿色、蓝色或其他颜色的,它们反射的单色灯光都不同,所以它们似乎就像灯光一样发生了变化。学习者自由探索色彩室中各色的物品,理解色彩的形成原理。

离开色彩室,教师取出三棱镜,放在灯光下,提问学习者观察到了什么现象。并给学习者发放三棱镜,让他们自己观察探索。教师讲解,光可以像颜料一样混合在一起,以制成其他颜色。然而,将光的颜色混合在一起的工作方式不同于混合不同颜色的颜料或蜡笔。白光实际上是所有其他颜色的光的混合物。白光可以被三棱镜分开,显示白光的所有可见颜色,也就是彩虹。如果这些颜色的光被重新加在一起,它们就会又变成白光。

学习者分组,教师给每组分发红色、蓝色和绿色的手电筒,让学习者将三个手电的光开到最大,混合在一起,观察现象。教师讲解,白光也可以通过结合三种颜色的光来制成。三种混合在一起会产生白光的颜色就是红色、绿色和蓝色,这些颜色被称为光的原色。

事实上,每一种颜色都可以通过混合这三种颜色来产生,红色、绿色和蓝光被用来在电脑和电视屏幕上产生白光,与实际生活产生联系,促进学习者的理解和应用。让学习者自由调整三个手电的亮度,改变每种颜色的光的亮度,观察混合出的光的色彩。

⑤不可见光

学习目标:

了解不可见光的概念,区别可见光与不可见光。

教学过程:

光的类型比用眼睛看到的可见光更多。除了可见光,还有紫外线、X 射线、微波、无线电波和红外线，所有这些类型的光都很有用。教师给学习者举例，如去医院检查时，使用 X 射线检查身体内部的骨折，形成知识与生活之间的联系。红外辐射是一种携带热量的光，看不到，但可以感觉到。热的物体比冷的物体发出更多的红外光，一种特殊的相机可以用来检测这种红外光。

教师将学习者带到热感室中，让学习者观察大屏幕上的色彩。再让学习者用力摩擦他们的手掌，再对准大屏幕，观察变化，并提出自己的发现。教师讲解，这是红外热感相机，可以检测红外射线，并显示在大屏幕上，较热的物体为红色或白色，较冷的物体为绿色或蓝色。身体发出红外线光作为热辐射，身体的某些部位比其他部位要温暖，例如眼睛比鼻子更温暖，红外线热感相机会检测到身体的冷热区域，因此可以在大屏幕上看出颜色的变化。

桌上有不同的道具可供探索，使用这些道具可以改变红外线外观。例如，学习者拿着热水袋观察大屏幕，可以在屏幕上看到手会改变颜色，展示了热量如何从热水袋转移到手上。同理，学习者手拿冰冷的铁块，可以看出体温如何转移到金属上。学习者也可以使用不同的材料屏蔽红外光，例如手套。教师让学习者自由探索热感室，将不可见光可视化，让学习者体会科技的力量，进一步理解可见光和不可见光。

（4）案例三：太空

学习者体验太空的奇迹，探究太空世界如何影响地球上的生活；调查重力，创造北极光，研究为什么月球的颜色会发生变化，乘坐模拟地球和月球的轨道绕太阳旅行。

①轨道

学习目标：

认识太空中的地球与月球轨道，理解轨道的作用。

教学过程：

教师带领学习者去乘坐博物馆中的轨道模型。模型模拟了地球和月球如何绕太阳运行。虽然该模型进行了等比例缩放，但它确实展示了地球和月球是如何移动的，以及这种运动是如何影响地球上的生活的。乘坐在该模型上，学习者能体会到昼夜、季节、年份、月亮和日食的各个阶段是如何形成的。

学习者体验完之后，教师讲解，地球自转 1 圈就等于 1 天，地球绕太阳运行 1 圈等于 1 年。1 年的时间中，由于地球轴的 23 度 26 分倾斜导致了两个半球的季节变化。在 1 年中的一部分时间里，太阳直射北半球时就是夏季，而直射南半球时就是冬季;在一年剩下的时间里,两个半球的情况会有所逆转。

教师让学习者观察地球、月球和太阳三者的位置变化,提问当三者一线时,会发生什么。教师讲解,月球是地球唯一的天然卫星,它大约每 29 天绕地球运行 1 次。每个月都会看到月球的表面的大小从满月变化到新月,这是因为我们只看到月亮的一面,当它处于阴影中时就会呈现新月。当月球处于太阳和地球之间,挡住光线时,地球上的人们就会看见日食。因为月球在与地球的平面上只是稍微倾斜了 5 度,所以日食很罕见。否则,每 2 周就会出现 1 次日食和月食。

②月球

学习目标:

知道月球是深色的,它本身不发光,了解晚上的月亮为何会发亮。

教学过程:

学习者分组,教师发放模拟月球的灰色圆形纸片和模拟天空背景的不同深浅的灰黑纸张。让学习者模拟月亮挂在天上的场景,更换不同的天空背景,提出自己的发现。教师讲解,晚上看到明亮发光的月亮其实是光学错觉。

人类对物体亮度的感知是由物体的照明方式及其周围环境引起的。当天空背景越浅,月球看起来颜色就越深;当天空背景越深,月球看起来颜色就越浅。这显示了眼睛如何在感知物体的颜色时被欺骗,也就是错觉的产生。月球实际上是深灰色的,可以在月球着陆时拍摄的表面照片中看到。但与此同时,月球的深灰色岩石将太阳的大量光线反射到地球上,使得夜晚光线非常明亮。因此可以说,夜晚明亮的月亮,是由反射太阳光和周围黑暗的环境共同衬托出来的。

③重力

学习目标:

知道重力的概念,理解重力的作用。

教学过程:

教师讲解,重力是一种相互吸引物体的力。一个物体的质量越大,它所受到的重力就越大。重力也影响着从恒星和行星到微小粒子的一切。一颗恒星的质量很大,以至于它把周围的空间弯曲成一个类似于井的形状,被称为重力井。

学习者观察博物馆中模拟重力井的展品,扔进小球观察行动轨迹,提出自己的发现。教师告诉学习者，小球模拟的就是恒星附近运行的物体，如行星、彗星或小行星，都会被恒星的重力所吸引。这导致它们沿着一条叫做轨道的路径绕着恒星运行，与之前学习的轨道的知识相联系。

教师提问，小球在重力井中最终会掉入中心的洞中，为什么太空中的行星没有停下，学习者思考。教师讲解，在太空中，摩擦非常小，所以行星将在稳定的轨道上围绕恒星运行数百万年。与太阳系不同，大多数恒星系统实际上都有两颗或两颗以上的恒星。这意味着有两个或更多的重力井，相互接近，相互影响。这也意味着围绕两颗恒星运动的物体将有不可预测的和变化的轨道。

让学习者以不同的速度和角度在双重力井中抛入小球，模拟多个恒星的星系。他们会发现，当在双重力井中滚一个球时，它的表现方式与一颗围绕两颗恒星运行的行星相似。根据释放它的方式不同，小球在最终掉入洞中之前会以一个特定的轨道形状滚动。以不同的速度和角度释放的球会以不同的方式滚动。经过学习者统计和对比，可以发现这些不同轨道的形状包括圆形、椭圆形、8 字型和 W 型等。

④粒子

学习目标：

了解粒子的概念，区别不同的粒子形态，理解粒子探测器的工作原理。

教学过程：

教师讲解，当宇宙射线从太空撞击地球时，它们会撞击地球的大气层并撞击成分子，甚至形成更小的粒子，如介子和电子，散落在地球表面。另一种粒子的来源与地球上的放射性物质的辐射有关，当这种物质衰变时，它就会释放出粒子。

粒子探测器通过显示这些粒子通过的路径使其可视化。当一个粒子穿过探测器的腔室时，会导致里面的酒精凝结在其周围，形成冷凝物的痕迹。这些雾蒙蒙的小线条看起来像细小的云，类似于在晴朗的日子里，飞机飞过后在天空中形成的凝结轨迹，形成知识与生活的联系。不同的粒子形成不同的凝结轨迹，可以通过识别粒子探测器中的轨迹来识别粒子。学习者仔细观察探测器中凝结轨迹的形状，提出可能的粒子类型，以及这类粒子的特点。粒子探测器中最常见的三种轨迹如表 6-4 所示。

表 6-4　不同的粒子轨迹

长而直的轨道,对应快速运动的电子或介子	短小而肥大的轨道,对应阿尔法粒子	卷曲的轨道,对应慢速运动的电子

教师讲解,介子和一部分电子来自宇宙射线,而阿尔法粒子和另一部分电子来自岩石或空气中原子的放射性衰变。阿尔法粒子比电子或介子更有可能与其他原子发生碰撞,这就是为什么它们会产生较短而宽的轨迹。

⑤极光

学习目标:

认识极光,掌握极光的形成原理。

教学过程:

教师带领学习者来到极光展厅,自由探索如何产生极光,并思考产生极光的要素有哪些。教师讲解,极光管连接在一个真空泵上,保持管内的低气压,模拟地球上的上层大气。当打开电源开关时,让带电粒子进入管中,再拉起空气操纵杆,增加管中的空气。其中,带电粒子模拟的是太阳耀斑的粒子。当带电粒子撞击空气分子时,这些分子就会释放出能量,这些能量就是可见光的波长,形成颜色。根据原子的撞击和能量的不同,会发出不同颜色的光。

在北极或南极,来自太阳的带电粒子撞击的是上层大气中的电离分子,会发出绿色和红色的光,被称为极光(北极光或南极光)。然而,极光管中的空气主要为低能氮分子和氧分子,颜色主要为粉红色和紫色,因此展览中看到的光与实际生活中的有所不同。

当地球磁场吸引带电粒子时,极光就会在南北极周围发生,因为那里的磁力最大。教师让学习者移动磁铁,观察极光管中带电粒子受到的影响,它会通过极光的变化呈现出来。

6.2.4　基于场馆资源的校本课程设计

(1)课程背景

该校本课程将浙江自然博物馆拟为馆校结合的活动地点。浙江自然博物院位于浙江省杭州市,始建于 1929 年,以"自然与人类"为主题,是一个集科普教育、收藏研究、文化交流、智性休闲于一体的现代自然博物馆。浙江自然博物馆以提高公众自然科学文化素养和生态环境保护意识为主旨,把"构建人与自然和谐"作为自己的使命,秉持"文化惠民,共建共享"的服务宗旨,不仅致力于自然遗产和生物多样性的保护与研究,而且致力于自然生态展览的筹办和生态文化的传播,探求从馆舍天地走向大千世界。它由地球生命故事、丰富奇异的生物世界、绿色浙江、狂野之地和青春期健康教育展五大展区组成,以地球及生命诞生与发展为主线,带领学习者一探自然之壮美。

其中,绿色浙江展厅展示宣传了绿色的浙江大地,以有限的空间浓缩浙江大地自然之精华,设置"浙江的自然""浙江的生态""环境保护与可持续发展"三个单元。学习者可以漫步大型地图,浏览浙江的地貌;穿越海岛、湿地和山地等生态场景,领略浙江美丽的景观和丰富的动植物资源。其展厅的主题与"光合作用"的内容相呼应,因此可以作为本课程的活动场馆。与场馆课程不同,尽管是馆校结合下的校本课程,依旧以课程内容为主体。因此,校本课程的设计遵循教学系统的原则,从课程内容、课程对象、课程目标、媒体策略、课程特色几个方面展开。

(2)课程内容

①内容选择

该校本课程选择浙江科学技术出版社出版的《生物学必修一:分子与细胞》中的第三章的第五节"光合作用"的相关知识作为此次校本课程设计的知识来源,该知识内容在高中生物知识体系中具有举足轻重的作用,涉及的知识点多、课时长,同时需要学习者多方面解决问题的能力。该课程以 STEAM 教育模式为载体,旨在提高学习者自我探究能力,促进有意义学习。STEM 教育中的探究式教学采用探索性的观点,促进学习者的积极参与和自我调节的知识发现,即学习者应参与一个探究阶段的循环,以创建自己对现实生活现象的推理(Sergis et al. ,2019)。作为 STEM 的衍生,STEAM 具有更完善的探究式教学模式,让学习者通过自我反思和与同学及环境的互动来重新定义、重组、迁移和改变他们脑中最初的概念(赵呈领等,2018)。

由于长期受到我国应试教育思想的影响,该课程在普通高中的教育情况有几点问题亟待改进。首先,目前大多高中教师在讲授该课程内容知识点时所运用的授课模式与教学方法比较单一,主要采取教师讲、学习者听的方式,师生互动数量有限,并且在课堂中遇到需要综合分析的问题时,留给学习者思考的时间不多且多以习题的形式出现,这一点大大打击了学习者解决问题的积极性,不利于学习者主动学习相关知识,也降低了学习效率。其次,学习高中生物科目的最终目的是应对考试,这导致整体学习过程的功利性较强,虽然有效提高了重点知识点的传授效率,但是对其他方面的能力锻炼可以说是微不足道,这体现了高中教师在课程创新性方面的缺失,同时导致学习者的学习活动也缺乏创新性,无法锻炼其创新能力,这在国际竞争力上将是一大能力缺陷。由于学习目的单一,传统高中生物课程的教学评价方式也基本采取总结性评价,以学习者的考试成绩作为他们的学习成果,忽视了学习过程的重要性。

因此,该课程选取高中生物学科中有关光合作用的知识内容进行馆校结合的 STEAM 校本课程设计,帮助克服目前传统教学中存在的教师授课模式单一、教学评价模式单一、学习目的单一、缺乏创新性、学习者缺乏主动积极性等瓶颈问题,突出高中生物学知识体系的特点并结合博物馆的特点加以充分利用。

②知识点

STEAM 课程涉及多门学科知识以及能力,在下面分别阐述有关内容。其中值得注意的是,由于目前国内高中还没有出现工程学科,任何与工程相关的手作类活动包括实验设计、实际操作等,均体现在高中的综合实践活动中,因此下面有关工程学科的教学内容与教学对象分析均包括在"综合实践活动"中。

科学学科:对"光合作用提供植物养料""叶绿体的结构""类囊体中的色素""各种色素分别吸收哪种光"的知识回顾,对"光合作用发生机制""影响光合作用各个环境因素""叶绿体的概念""叶绿素的分类、吸收光谱与作用"以及"举例说出各个因素是如何影响光合作用"的知识深化,对"光合作用的各反应阶段过程、产物及光反应和碳反应两者之间的关系"的知识扩充,对"阴生植物与阳生植物的区别""为什么秋天叶子会变黄或变红""红色的叶子也能进行光合作用""绿叶中色素的提取与分离过程""实验中二氧化硅与碳酸钙的作用"的知识拓展等。

数学学科:科学小故事中的数字计算;对坐标轴图像的理解分析。

艺术学科:色彩辨别与鉴赏能力;绘画能力。

技术学科:能使用电子书教材;能进行微课视频播放;能使用交互式课件;能在教师指导下进行情境游戏的软件安装与自主探索。

　　综合实践活动能力：对"叶绿体（叶绿素）与光合作用的关系"以及"对光合作用的新认识"小组讨论实践交流活动的能力运用；对"设计实验验证某环境因素对光合作用影响因素的假设"实践活动的能力运用；对"绿叶中色素的提取与分离"实践活动的能力运用等。

　　③与 STEAM 的关系

　　"光合作用"的知识内容以及其与 STEAM 的关联情况如表 6-5 所示。该课程的大致知识点概括起来可分为六大知识内容，包括光合作用、环境因素影响光合速率、叶绿体结构、光合色素、光合作用的两个阶段以及光合色素提取与分离实验，六大知识内容的细分内容中有部分更能突出 STEAM 课程特点，因此这里只强调这部分内容。

表 6-5　课程主题"光合作用"与 STEAM 的关联情况

光合作用相关知识点		与 STEAM 的关联
光合作用	自养生物的概念	S（科学）
	配平光合作用反应方程式并知道光合作用反应方程式与产物元素来源	S、M（数学）
环境因素影响光合速率	通过对图表中的数据进行定性、定量分析了解环境因素对光合作用的影响	S、M
	小组讨论设计使农作物产量提高的工程方案并运用电脑进行讨论记录与结果汇报	E（工程）、T（技术）
叶绿体结构	运用抽象逻辑思维对叶绿体结构进行空间立体建构	S、M
光合色素	叶绿素及其吸收光谱	S、A（艺术）
光合作用的两个阶段	了解光反应和碳反应的产物并能计算各反应物与产物之间的数量关系	S、M
光合色素提取与分离实验	小组合作了解并能进行"光合色素提取与分离"实验操作	S、A

　　整个课程的知识内容全部与高中生物教材相衔接，均为传统课堂中"光合作用"的学习重点，符合科学学科的知识范畴，因此每个列举的知识内容与STEAM 的关联均有科学（S，Science）上的联系。其中"光合作用"的"配平光合作用反应方程式并知道光合作用反应方程式与产物元素来源"还需要学习者计算方程式两边的元素数量是否相等、左右的化合价变化是否持平，"环境因素影

响光合速率"的细分内容要学习者对图表数据进行定性、定量分析,"叶绿体结构"需要学习者运用抽象逻辑思维对叶绿体结构进行空间立体建构,"光合作用的两个阶段"要学习者能计算光反应和碳反应中各反应物与产物之间的数量关系,这些都考验了学习者的数学(M,Math)能力。由于光合作用是将二氧化碳和水转变为氧气和养料的过程,而这些养料可以作为食物等,因此可以结合这一点设置情境,让学习者合作设计提高农作物产量的工程(E,Engineering)方案,将书本上的知识与实际生活相联系,从而锻炼学习者解决实际问题的能力。同时,需要学习者运用电脑进行小组讨论记录与工程结果汇报,需要学习者的技术(T,Technology)能力。最后,整个课程中还包括了"叶绿素提取与分离"实验,学习者在实验中还会加深自身有关"叶绿素及其吸收光谱"的部分知识,这两处均涉及色彩的分辨与归纳,因此与艺术学科(A,Art)有所关联。

(3)课程对象

该校本课程的教学对象是高中一年级学习者,他们在小学和初中已经接触过光合作用,有一定的知识基础。根据上面对教学内容的分析,下面分科目对教学对象进行进一步分析。

①学习者的科学基础:已接触到生命科学领域"光合作用提供植物养料"的知识点学习,已学习有关呼吸作用的知识,对叶绿体也有所了解,但是对"影响光合作用各个因素"以及"举例说出各个因素是如何影响光合作用"不曾涉及,以及对比分析真实环境数据对植物光合作用影响的经验不足;对"为什么叶子会呈现绿色"有一定的认知,但是对"叶绿体结构""叶绿素分类与作用"以及"光合作用的光反应和碳反应阶段"的相关内容不曾涉及,以及分析叶绿体与光合作用的关系的经验不足;已完成"类囊体中的色素""各种色素分别吸收哪种光"的知识点学习,但是对"如何提取与分离光合色素"以及"实验中二氧化硅与碳酸钙的作用"不曾涉及,以及进行动手操作与分析实验结果数据的经验不足。

②学习者的数学基础:能够进行数字运算,有能力分析坐标图的数据,具有推断和假设的能力。

③学习者的艺术基础:具有一定使用工具的能力与表达自己所想事物的绘画能力;能够进行颜色区分,具有一定艺术鉴赏能力。

④学习者的技术基础:具有基础的电脑操作能力与互联网连接能力;能在教师指导下下载与安装课堂所需软件。

⑤学习者的综合实践活动基础:具有实验探究经验与小组合作经验,具有小

组讨论与进行前后知识对比的能力；具有小组交流能力，能够模仿视频进行实验。

（4）课程目标

该课程的教学目标设计采用三维教学目标，知识与技能、过程与方法、情感态度与价值观中囊括了三个课时中所有学习者应该学习到的知识点，并运用标记的方式区分重难点，如表 6-6 所示，其中前面标有"＊"的是教学重点，标有"♯"的是教学难点。

表 6-6　教学目标设计

教学目标	知识与技能	理解自养植物的概念； 深化理解光合作用发生的条件和产物； 熟知光合作用反应方程式与呼吸作用反应方程式的关系； ♯明确光合作用产物氧气中氧元素的来源； ＊知道影响光合作用的最重要的环境因素； ♯光合作用的影响因素如何影响光合作用； 掌握叶绿体的结构； ＊掌握叶绿素的分类、吸收光谱与作用； ♯说出叶绿体结构与光合作用各反应阶段的关系； ＊辨析光合作用各反应阶段的发生过程以及产物； 区别光反应与碳反应； 了解叶绿体中的色素组成、颜色及纸层析法的原理。
	过程与方法	通过指导阅读，观看实验视频，了解光合作用及环境因素对其的影响； 通过探究活动与小组讨论，深刻理解环境因素如何影响光合作用； 通过指导阅读，观看实验视频，了解叶绿体与光合作用的关系以及叶绿素随季节发生的变化； 梳理知识点以及相关图解，搞清楚光反应与碳反应之间的关系与发生机制； ＊通过实验掌握叶绿体中色素的提取和分离的基本操作方法； ＊探索叶绿体中色素在滤纸上层析的情况； ♯掌握滤液细线的画法。
	情感态度与价值观	了解光合作用的探究历史，进一步体会科学研究的严谨性、漫长性，提高学习者的科学素养； 体验通过视频学习与真实数据的对比分析，总结得出科学结论带来的乐趣，通过在真实的情境中解决真实的问题，获取问题解决带来的满足感； 养成严谨的科学态度，学会根据实验的现象和结果，进行推理分析，得出结论。

（5）媒体策略

①教学方法

校本课程中的活动多以教师与学习者之间的互动为主,同时包括学习者的博物馆探索活动,综合运用多种教学方法,主要包括以下几种。

案例教学法:教师通过案例教学法描述特定的实验例子引发学习者对相关问题的思考,从而引出课程主题。

讲授法:遇到学习者未曾接触过的问题时,教师利用讲授法为学习者提供知识脚手架,便于学习者理解难度较高的知识点。

任务驱动法和探究式教学法:在整个教学过程中教师给学习者布置各种各样的任务和工程项目课题,利用任务驱动法与探究式教学法提高学习者的学习积极性和主动性。

小组合作法、协作学习法与讨论法:学习者在解决任务、实施工程的过程中采取小组合作法、协作学习法与讨论法,相互帮助解决难题,相互提出改进建议,共同完成任务,提高学习者集体荣誉感,充分体现学习者在课堂活动中的主体地位。

直观演示法和实验法:在需要具体操作的实验课上,教师会使用直观演示法,利用实际实验工具给学习者重复演示较难的操作步骤,便于学习者掌握,学习者则通过实验法将所学知识进行应用,并从获得的实验现象和结果中加深对知识的理解。

②教学手段

该课程采取信息化教学手段,运用互联网、电脑、投影、物联网套件、数字化学习平台等数字化教学工具进行教学,而不再依靠传统课堂中的黑板与粉笔。同时,博物馆中的数字化设备作为活动设施,便于学习者开展探究活动。课程教学用的教材采取电子书的形式,学习者可以通过个人电脑进行学习,教师可通过投影将电子书教材投至大屏幕上,便于讲解,学习者可以看大屏幕学习,也可以看自己的个人电脑学习和做笔记。电子书教材中有些外链需要通过互联网访问,因此互联网也可以为学习者的信息搜索提供支持。物联网套件实现数据可视化,让学习者在动手实践的过程中感受到数据变化,体会自身的活动带来的改变,增强积极性。数字化学习平台为教师上传资料提供平台,为学习者上传作业、下载资源及反复学习提供途径,为信息的获取和存储提供便利。

（6）过程设计

①总体流程

校本课程涵盖的 3 个课时,分别是"阳光去哪了""绿色颜料盘""彩虹出来了",教学过程是大同小异的。教学流程大致可概括为 7 个环节,分别是博物馆活动环节、计算绘画环节、微课观看环节、图文知识环节、工程设计环节、成果展示环节和总结回顾环节,如图 6-10 所示。

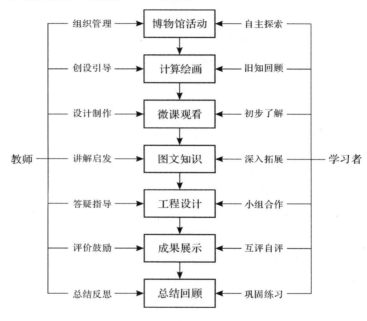

图 6-10　教学流程

博物馆活动作为一个总引入的环节,独立于 3 个课时之外,是实践活动的过程,起到总起作用,为整个课程的内容背景做铺垫。在此环节中,学习者在博物馆中自主探索,会接触到后续知识点的实体展品,例如绿色的树叶等等,帮助学习者对抽象知识的学习。计算绘画环节是每个课时帮助学习者回忆旧知识的环节,在这个环节中教师会通过提问或让学习者动手计算绘画的方式引导学习者回顾已学内容,同时对学习者的反应做出评价。后续学习者将观看微课,对新知识有一个初步的了解,之后再由教师利用图文结合的方式向学习者讲解较难的知识点,让学习者的认知结构有进一步的深入和拓展。学习完新知识之后就是知识的应用环节,学习者分组进行工程设计、实施,遇到问题可向教师询问,工程探究结束后学习者将进行成果展示,并进行小组自评和互评,通过对比各组之间的差异帮助学习者理解知识,同时检验教学目标,若达成效果,教师则对其成果进行评价并给予鼓励。课程的最后,学习者通过与课程相关的交互式课件进行知识的总结回顾,了解知识掌握情况,并完成其中的练习,巩固相关知识。

②第一课时:阳光去哪了

本课程第一课时的教学阶段以及其对应的教学目标、教学方法和媒体与媒体资源如表 6-7 所示。

表 6-7　第一课时的教学阶段以及其对应的教学目标、教学方法和媒体与媒体资源

教学阶段	教学目标	教学方法	媒体与媒体资源
故事引入	了解光合作用的探究历史,进一步体会科学研究的严谨性、漫长性,提高学生的科学素养。	故事引入法、讨论法	
引入新知	理解自养植物的概念;深化理解光合作用发生的条件和产物;熟知光合作用反应方程式与呼吸作用反应方程式的关系;知道影响光合作用的最重要的环境因素;通过指导阅读,了解光合作用及环境因素对其的影响;通过探究活动与小组讨论,深刻理解环境因素如何影响光合作用。	讨论法、小组合作法	屏幕投影、网络图片素材
讲解新知		讲解法、案例法	网络图片素材、屏幕投影
应用新知	体验通过真实数据的对比分析,总结得出科学结论带来的乐趣,通过在真实的情境中解决真实的问题,获取问题解决带来的满足感。	研究性学习、小组合作法、观察法、实验研究法	屏幕投影、物联网套件
反思回顾		—	学校平台

第一阶段,故事引入。教师讲述范赫尔蒙特盆栽柳树的科学小故事,并请学习者思考范赫尔蒙的想法是否正确,以及柳树的增重是怎么来的。学习者边听故事边计算故事中的数据,谈谈自己的看法。此阶段运用到故事引入法和讨论法。

第二阶段,引入新知。教师让学习者阅读老鼠与绿色植物的实验内容,并播放《老鼠闷死了》小视频,让学习者思考为什么有的实验能成功,有的却失败,从而引出结论"植物在有阳光的条件下将二氧化碳转变成了氧气"。学习者阅读实验,观察老鼠闷死的原因,思考并回答问题。教师让学习者阅读绿色植物

和淀粉实验的内容，如图6-11所示，要求小组讨论回答相关问题，帮助学习者复习对照实验的内容，得出植物进行光合作用能产出养料（淀粉）的结论。学习者分小组讨论实验的相关问题，对照参考答案进行反思。此阶段用到讨论法和小组合作法。

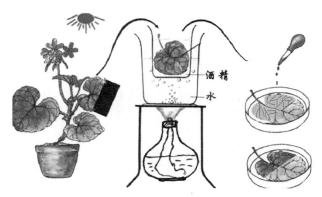

图 6-11　绿色植物和淀粉实验

第三阶段，讲解新知。首先，教师讲解自养生物、光合作用反应方程式、光合速率的相关内容，为后续内容做铺垫。学习者理解自养生物和光合速率的概念，记住光合作用反应方程式与产物元素的来源。接着，教师讲解光强度对光合作用的影响；利用坐标图讲解光补偿点、光饱和点的概念；扩展阳性植物和阴性植物，同时播放视频，让学习者了解植物在灯光下也能进行光合作用。学习者归纳记忆光照对光合作用的影响，理解光补偿点、光饱和点的概念，了解植物在灯光下也能进行光合作用。然后，教师讲解温度对光合作用的影响，讲解最适温度的概念以及不同的植物的最适温度不同。学习者分析记忆温度对光合作用的影响，并通过分析图片了解最适温度的概念。最后，教师讲解二氧化碳浓度对光合作用的影响，并通过同一坐标轴中的不同曲线帮助学习者理解光强度、温度和二氧化碳浓度对光合作用的影响是综合性的。学习者分析记忆二氧化碳浓度对光合作用的影响，并通过分析图片理解光强度、温度和二氧化碳浓度对光合作用的影响之间的关系。此阶段中讲解法居多，同时结合案例法。

第四阶段，应用新知。教师下发研究性学习的内容，指导学习者展示研究性学习的结果，并下发实验任务，指导学习者总结实验结论。首先，学习者分小组观察研究性学习中的图片，讨论并得出假设，根据研究性学习的结果，记录结论并汇报。接着，学习者根据自己得到的假设，设计实验并实施操作，最后汇报自己得出的数据结果。此阶段用到小组合作法、观察法和实验研究法。教师在此阶段需要仔细聆听学习者的汇报情况,并且对汇报结果做出评价。

第五阶段,反思回顾。教师布置课后作业,学习者则根据别的小组和自己小组的实验汇报,对本节课程和实验进行总结,上交一份实验总结至学校的线上学习平台。

③第二课时:绿色颜料盘

本课程第二课时的教学阶段以及其对应的教学目标、教学方法和媒体与媒体资源如表 6-8 所示。

表 6-8　第二课时的教学阶段以及其对应的教学目标、教学方法和媒体与媒体资源

教学步骤	教学目标	教学方法	媒体与媒体资源
活动引入	通过实践活动总结客观规律。	任务驱动法、讨论法	
引入新知	掌握叶绿体的结构;掌握叶绿素的分类、吸收光谱与作用;说出叶绿体结构与光合作用各反应阶段的关系;辨析光合作用各反应阶段的发生过程以及产物;区别光反应与碳反应;通过指导阅读,了解叶绿体与光合作用的关系,以及随着季节变化,叶绿素发生的变化。	讨论法	屏幕投影
讲解新知		讲解法、案例法、讨论法、任务驱动法	网络图片素材、屏幕投影、图片
应用新知	梳理知识点以及相关图解,搞清楚光反应与碳反应之间的关系与发生机制;体验通过视频学习,总结得出与之前所学知识的不同带来的乐趣,通过在真实的情境中思考真实的问题,获取问题解决带来的满足感。	小组合作法、研究性学习、任务驱动法	屏幕投影
反思回顾		—	学校平台

第一阶段,活动引入。教师分发颜料,学习者画出属于自己的一片叶子。画完后上台展示,并说说创作想法,比如颜色、叶脉、形状等等。教师提问"同学们认为大部分叶子都是什么颜色的呢? 你知道为什么吗?"学习者谈谈自己的看法。此阶段使用任务驱动法和讨论法。

第二阶段,引入新知。教师给学习者播放《叶绿素为什么使叶片呈绿色》小视频,引出叶绿素的概念,引起学习者对叶绿体的回忆。学习者理解叶绿素,回忆叶绿体,了解两者之间的关系,形成新旧知识联系。

第三阶段,讲解新知。首先,复习叶绿体的结构,教师帮助学习者构成新旧

知识的联系,讲解叶绿素的分布位置、分类与其吸收光谱,提出光质也影响植物的光合效率,与先前环境因素影响光合作用的知识点产生衔接。学习者回忆叶绿体的结构,归纳记忆叶绿素的分布位置、分类与其吸收光谱,如图 6-12 所示,理解光质也影响植物的光合效率。接着,教师提问"为什么秋天叶子会变黄或变红? 红色的叶子也能进行光合作用吗?"学习者思考并举手回答。然后,教师请学习者边思考边看视频《秋天有些树叶会变成红色》《红色的叶子也能进行光合作用》,再次提问刚刚的问题。学习者观看视频并思考,举手回答问题。最后,教师讲解光合作用的两个阶段,并利用相关图解说明光反应和碳反应的发生机制与产物以及两者之间的联系。学习者归纳记忆光反应与碳反应的发生机制与产物,对比区分两者的联系。此阶段用到讲解法、案例法、讨论法和任务驱动法。

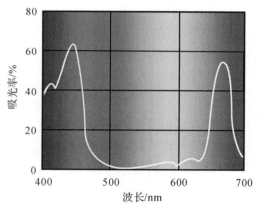

图 6-12   叶绿素吸收光谱

第四阶段,应用新知。教师下发"做一做"中的"填一填"任务,帮助学习者巩固叶绿体结构以及光合作用各反应阶段参与的物质。每位学习者独立完成,回忆整个光合作用的顺序、发生场所、原料和产物。教师下发研究性学习内容并给予一定的指导,学习者分小组根据研究性学习的结果,记录结论,并汇报自己的讨论结果。教师对学习者的汇报展示进行评价。

第五阶段,反思回顾。教师总结课程内容并布置课后作业。学习者根据别的小组和自己小组的汇报情况对本节课程进行总结并上交至学校线上平台。

④第三课时:彩虹出来了

本课程第三课时的教学阶段以及其对应的教学目标、教学方法和媒体与媒体资源如表 6-9 所示。

表 6-9　第三课时的教学阶段以及其对应的教学目标、教学方法和媒体与媒体资源

教学步骤	教学目标	教学方法	媒体与媒体资源
提问引入	学会根据实验的现象和结果,进行推理分析,得出结论;了解叶绿体中的色素组成、颜色及纸层析法的原理。	讨论法	
引入新知		—	屏幕投影
讲解新知		讲解法、任务驱动法	图片素材
应用新知	通过实验掌握叶绿体中色素的提取和分离的基本操作方法;养成严谨的科学态度。	研究性学习、小组合作法、小组讨论法、观察法、实验研究法	屏幕投影、实物展示
反思回顾		—	学校平台

第一阶段,提问引入。教师提问"类囊体上的色素有哪些呢? 它们分别吸收哪些光呢?"提问"同学们认为我们应该如何观察叶片中的这些色素呢?"引出提取与分离叶绿素的方法。学习者思考并回答问题,提出自己能想到的方法。

第二阶段,引入新知。教师给学习者播放实验视频,让学习者记录实验过程。学习者观察实验过程并记录。

第三阶段,讲解新知。首先,教师提问学习者"观察到哪些工具了?"让学习者复述绿色彩虹出现的过程,重复这个过程并评价学习者的回答。学习者归纳记忆实验过程,得到回答问题的反馈并反思。接着,教师讲解实验原理、材料用具、过程,让学习者观察视频中的实验过程,说说自己发现的细节。学习者记忆实验过程,并通过分析进一步理解实验过程。最后,教师补充讲解实验中 SiO_2 (二氧化硅)与 $CaCO_3$(碳酸钙)的作用以及注意事项。学习者了解实验原理,注意实验事项,规范实验操作。实验结果如图 6-13 所示。

第四阶段,应用新知。首先,教师下发研究性学习,学习者分小组观察视频中的实验结果,讨论并得出假设。接着,教师指导学习者展示研究性学习的结果,并总结评价。学习者分小组,根据研究性学习的结果记录结论并汇报,评价其他小组结论。最后,教师下发实验任务与实验结果呈现表,学习者分小组根据上面的学习,实施实验操作。教师指导学习者展示实验小组结果呈现表,学习者分小组汇报自己的实验结果呈现表。

第五阶段,反思回顾。教师总结课程内容并布置课后作业,帮助学习者课后的复习,巩固所学知识。学习者根据别的小组和自己小组的展示汇报对本节课程和实验进行总结,上交一份实验总结。利用多余时间自主进行课后活动,作品上传学校的线上学习平台。

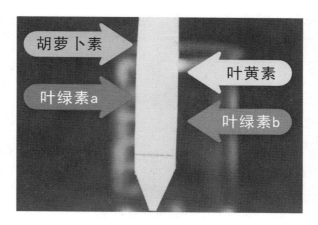

图 6-13　提取与分离叶绿素实验结果

(7)课程特色

该课程结合传统课程要素与 STEAM 课程特点,并且吸取案例的可取之处,充分整合场馆中的展览,与校本课程注重的学科知识相融合。不同于案例的全程关联,该课程将场馆的展品资源作为引入先导环节,让学习者首先接触展览内容,基于已有知识与经验,形成生活上的连接。通过场馆中的自由探索,学习者提出一些问题与发现。再进行课程的深入学习,解决学习者的问题,验证学习者的发现,更正学习者错误的理解,加深对于新知识的印象,从而形成新旧知识的连结。

此外,该课程采取总结性评价与过程性评价相结合的评价方式。与传统课堂的单纯以最终考试成绩为准的单一的总结性评价不同,该课程的总结性评价以每个课时的成果汇报成绩为准,而每个课时的成果汇报成绩将由三部分组成,分别是小组自评、小组互评和教师评价。学习者在小组互评与自评的过程中反思自己的不足,同时掌握评价标准,反过来促进学习者的学习。运用三种评价方式相结合的方式,可以杜绝教师的主观偏差,更具公平性。过程性评价关系到学习者在整个教学过程中的总体表现情况,其中包括博物馆活动时的积极性、上课是否认真听讲、回答问题是否积极、是否参与小组讨论、是否参与小组汇报、实验操作是否标准安全等等。

6.3 课程中介学习单设计

6.3.1 学习单的内涵及特征

(1)内涵

①定义

鲍贤清等(2011)认为,学习单是具有中介作用的人工制品,主要作用于学习活动中,可以中介学习者和展品、学习者和学习者间的互动。李利(2014)将学习单定义为在学校教育中被广泛采用的、教师用于引导学习者学习或进行学习测评所使用的问题清单或列表。本书认为,学习单是根据场馆和课程的具体内容、具有不同主题的、提供给不同年龄的学习者使用的、基于问题的引导材料。学习单通常是由老师自己设计的,目的是用场馆的说明性和展示性资源扩展和丰富课程内容。

②设计

总的来说,学习单的设计基于引导发现学习策略,即对学习单上的问题进行提示,引导学习者学习。最典型的引导发现学习策略有三个阶段的学习循环(Hanuscin and Lee,2008),分别是探索阶段、概念引入阶段和概念应用阶段。在探究阶段,学习者首先根据引导性问题中的提示确定学习目标,通过探究目标的特征来回答问题,在这个过程中,学习者会发现潜在的新概念。在概念引入阶段,学习者复习已回答问题的记录,并查阅与学习目标相关的补充材料,明确新概念的定义。在概念应用阶段,学习者将新概念的定义应用到其他可以巩固新知的场景中。学习单包括了这三个阶段的学习周期,即具有一定的导向性(Zhang et al.,2020)。

已有学者在此设计范式上做出了补充。例如,围绕典型展品时,学习单可以从展品概况、相关知识和学习活动三个方面进行设计,引导学习者进入展品相关的情境,从而帮助学习者理解相应展品的功能,进而理解相关知识点以及其中所传达的情感态度价值观。展品概况模块,主要是为学习者提供展品相关的背景知识;相关知识模块,是通过对展品关键特征的提示,引导学习者对展品的细致观察;学习活动模块,则是在学习者的生活经验中,寻找相关的连接点,选择符合学习者认知的活动等，以直接经验强化对展品的认识（李利，2014）。

对于学习单中的问题，可以设计四类，分别是记忆性问题、聚敛性问题、扩散性问题和评判性问题（Hooper-Greenhill，1994）。其中，记忆性问题是指要求学习者找寻一个唯一的、正确的答案，适合帮助学习者发现展品的名称、数量等事实性的基本属性。聚敛性问题是需要学习者根据已有知识或观察到的信息，提供一个最恰当的答案，例如指出两件展品之间的不同，回答展品的功能等，对应的思维层次是解释、比较。扩散性问题没有唯一正确的答案，需要想象、假设，对应的思维层次是预测、推理。评判性问题引导学习者进行评价，形成个人的意见和观点。

③作用

学习单旨在帮助学习者更准确地了解场馆中的信息，增长对知识的记忆时间。学习单可以用于组织博物馆参观，形成后续课程的基础。它们有助于学习者对于特定对象的注意力集中，同时支持他们按照自己的节奏学习。然而，许多教师和博物馆教育工作者发现，学习者往往对学习单反应不热烈，因为他们认为填写学习单上的文字内容是一件令人厌烦的、枯燥的却又必须做的苦差事。这一点与真正的博物馆体验背道而驰。

学习单的设计与使用需要合理和克制，否则将给学习者带来负担，影响他们的学习成效。例如，假如教师或者场馆工作者提出的要求，限制了学习者的学习时间，同时要求他们必须完整地完成学习单，并且学习单的完成情况会计入学习成绩的评估，那么学习者就会将学习单当成一份作业来完成。他们没有时间分心，而仅仅是机械地填写学习单的内容。大量的笔记会分散学习者对于物体的专注观察，也就是说学习者会更关注展品的介绍信息，而不是物体本身（Krombaβ and Harms，2008）。

因此，为了更好地利用学习单，需要考虑学习者的参观方式、具体的学习对象和学习目标等等。在使用频率和程度方面，学习单应该有节制地使用。教师不应在整个参观期间计划好所有活动，而应该给学习者自由的时间根据自己的兴趣去探索展品，在各种各样的对象中进行选择。教师在设计学习单时，应该将学习者的注意力集中在重要的展品上。学习单还应该起到引导的作用，提供场馆的概述，并为不熟悉周围环境的学习者给予指导。同时，学习单中最好能体现社会互动与合作，学校课程和场馆参观之间的联系可以通过学校的前期和后续课程来加强。

（2）特征

Kisiel（2003）通过分析多个场馆学习单揭示了其对学习者学习有影响的八大特征，分别是：任务密度、方向线索、场地特异性、信息来源、选择水平、认知水平、回答形式和其他。下面将对学习单的这些特征进行描述。

①任务密度：在场馆中，学习者需要时间来确定自己的学习目标、自我探索，以及与场馆中的人和物进行互动。任务密度反映了学习单中学习者被要求完成的工作量。它可以用问题的数量、每个展厅的停留时间以及完成每个问题需要的时间来描述。

②方向线索：学习单包含如何找到任务中指定的位置（展览、展品、展厅）的方向。它可以为学习者提供标志性的展品，也可以提供场馆的个性化路线和常规路线，提高学习者的便利性和学习效率。

③场地特异性：学习单中的某些任务需要在特定的场地完成，包括低场地特异性和高场地特异性。低场地特异性的学习单支持学习者随时随地完成任务；高场地特异性的学习单则需要学习者前往指定的学习地点，完成特定的任务。

④信息来源：完成学习单任务通常涉及对于场馆中资源的观察和信息收集。信息源分为两种，通过阅读文字介绍可以找到答案的文本依赖型信息源和通过观察物体或标本找到答案的对象依赖型信息源（Mortensen and Smart，2007）。根据信息源性质的不同，对学习单任务进行分类。

⑤选择水平：学习单支持学习者在多大程度上控制和决定任务。高水平的选择能够促进学习者的学习，学习单可以支持学习者自主选择何时何地完成或实施任务，任务内容也可以包括单选题、多选题和开放题。

⑥认知水平：学习单中的任务和目标应符合学习者的年龄和知识的发展水平。同时，由于场馆人员的多样性，学习单也应该适应不同的学习者群体，强调展品中的知识概念而非实际物品。其中，学习者的认知水平可以参考布卢姆等提出的六级教学目标，包括认识、理解、应用、分析、综合和评价。

⑦回答形式：学习者如何回答学习单上的任务。学习单应该支持各种各样的回答形式，包括书面的、非书面的、口头的、非口头的等等。

⑧其他：学习单可以是个人的，也可以是小组共同使用的。个人学习单能够培养学习者的独立思考能力；小组学习单可以促进学习者之间的交流沟通，增强他们的集体荣誉感和合作意识，深化知识的交换和理解，有益于社交互动。

学习单中的任务也需要联系实际，与课程相联系，加强知识的互通。

Falk 和 Storksdieck（2005）也从三个方面提出了学习单的特征，分别从个人、社会文化以及实践的角度进行了阐述。从个人层面出发，学习单关注学习者的动机、期望、先验知识、兴趣、信仰、选择和自我控制；从社会文化层面来说，学习单是促进社会文化的中介，协助学习者与他人之间的调解合作；从实践层面来看，学习单能够帮助教育组织者、场馆工作者明确教育方向，并且作为他们的延伸用具，在无形中干预学习者的学习活动，学习单的重点在于展品而非文字介绍，同时加强场馆外的联系，包括与生活和学校课程的关联。

6.3.2 学习单案例分析

（1）案例一：多媒体海报学习单

该案例选自 Atwood-Blaine 等（2019）的研究，他们针对 9～14 岁的学习者，探究他们在科学中心使用定位手机游戏的创造性自我效能感。

①案例背景

本案例中包含了一个为中西部小型科学中心开发的一款"定位移动游戏"，旨在促进学习者在场馆中与展品互动的同时充分参与每个展区。自由探索约 1 小时后，学习者带着他们的移动平板电脑回到学习区域，开始制作属于他们自己的多媒体海报，即此案例中的学习单。海报的模板已经下发给学习者，旨在让学习者参与元认知思考，探究他们的创造力。制作海报的资源，即学习者在自由探索中记录下来的文字、图片、视频等，还有他们自己的创意作品，比如图画等等。海报模板的不同区域要求学习者识别学习单中的挑战，并提出合理的解决方案，包括他们的最好的想法、他们认为的最具创造性的解决方案、他们可以提出的原创想法，并在海报中展示出他们良好的想象力。

②学习单样式

以多媒体海报形式呈现的学习单模板如图 6-14 所示。

首先在学习单的最上面，学习者可以贴上自己的两个同伴的照片，并写下他们的名字和姓氏的首字母。接下来的部分主要分为五个模块，每个模块都会给予学习者提示，并让学习者自己选择标题。在第一模块，学习者给出他们认为最好的想法来解决问题，并且说出他们的想法和这么想的原因；第二模块，学习者需要说出他们认为的解决方案中最具创意的部分；第三模块，学习者给出他们认为的解决方案中的新颖部分以及原因；第四模块，学习者展示他们在解

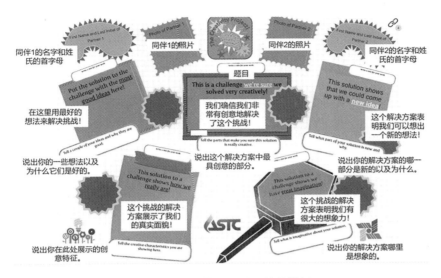

图 6-14　多媒体海报学习单的模板

决方案中体现的创造性特征;第五模块,学习者需要说出解决方案中能体现他们想象力的部分。这些模块综合起来,帮助学习者锻炼他们的创造性思维。

本案例还给出了一名女性学习者的多媒体海报,如图 6-15 所示。在海报的上方,学习者给出了她的两个同伴分别是 Katie B 和 Sara W,但是在与同伴的合照中她只给出了同伴 2 的照片,甚至更改了海报中的提示,可能是她没有和同伴 1 合影。在第一模块,她填写的标题是动物,并展示了一个视频,注释里写到蛇、松狮蜥和乌龟,这是她认为的最好的想法,但她并没有给出原因。在第二模块,她认为最具创意的部分是在白板上画出自转图。在第三模块,学习者体现的新想法是她们想通过排箫吹出快乐的歌,然而结果却变成了一首悲伤的歌,可能是学习者没有吹排箫的经历。同时,第三模块的这句注释也体现了学习者幽默的表述。第四模块,学习者贴出了一张通过磁吸完成的微笑脸,她们认为这就是她们的真实面貌,因为她们在场馆中玩得很开心,笑了很多,同样展现了学习者的情感态度。第五模块,学习者给出了等离子体球的照片,她认为面对等离子体球,她可以编造属于自己的科幻故事,因此这是一件具有想象力的事。

③案例评价

本案例以手机移动游戏中的多媒体海报的形式呈现学习单,一改学习单给学习者的枯燥形象,并且弥补了纸质学习单的缺陷,采用数字化的方式,让学习

图 6-15　一名学习者的多媒体海报

单内容变得更加丰富。下面将从上面提到的学习单特征的八个方面,对本案例进行评价。

任务密度:本案例一共给予学习者 1 个多小时的时间来探索场馆,而学习单的完成时间单独稍后留出,该任务只要求学习者在探索过程中积累多媒体资源,因此学习者有足够的时间与展品进行互动。同时,多媒体海报学习单中只包含 5 个知识模块,任务密度适中,不会给学习者造成过多的学习压力。

方向线索:多媒体海报学习单中没有给出场馆的地图以及路线推荐。但是考虑到整个案例是在手机定位移动游戏中进行的,因此游戏中应该自带了定位和地图,故不再重复出现在学习单中。

场地特异性:本案例的学习单具有低场地特异性,学习者自主选择要体现的主题和内容,学习单不限制学习者完成任务的地点。

信息来源:学习者完成学习单任务需要对场馆中资源进行观察和信息收集,同时包括文本依赖型信息源和对象依赖型信息源,并通过移动端进行记录。

选择水平:多媒体海报学习单中全部是开放题,需要学习者自主选择标题和展示的媒体内容。

认知水平:本案例需要学习者制作一个多媒体海报来记录他们的经历,提高了学习者的创造性的自我效能感。且场馆中的学习内容具有针对性,符合学习者的年龄和知识的发展水平。同时要求学习者不仅要认识和理解展品,还要分析、综合和评价，内化后再通过海报的形式展示出来。

回答形式：学习者采用多媒体的数字化形式来回答和解决学习单中的问题，这也是一种"书面"形式。同时，学习单中若涉及视频，那也包含了口头的内容。

其他：学习单是个人的，但其中体现了学习者的活动同伴。因此，此学习单培养学习者独立思考能力的同时也体现了学习者之间的交流沟通，有益于社交互动。同时，学习单能够体现学习者的情感态度，与生活相关联。

（2）案例二：海洋微化石学习单

此案例来自台湾自然科学博物馆官网，其中提供了线上学习的共享资源，包括特展学习单。

①案例背景

海洋微化石学习单所支撑的学习知识来自《微美幻境——海洋微化石特展》，其展示内容由台湾自然科学博物馆与台北大学共同策划。该展览延续艺术与科学的跨领域结合，深化呈现出兼具唯美知性的新面貌。该展览还包括线上学习内容，分为四个单元，分别是微化石美术馆、微化石的艺术与科学、台湾微化石和见微知著探未来。

单元一，微化石美术馆，讲述了内太空的繁星。广袤的海洋是地球的内太空。在浩瀚大洋深处的沉积物之中，藏有许多个体大小如尘埃的微化石。这些肉眼难以辨识的微小生命，许多曾度过短暂一生于阳光灿烂的浮游国度，死亡后飘落至幽冥深海而长眠于此，也有世代定居于此者。在不同倍率的显微镜放大后，可看到微化石蕴藏变化多端的壳体与骨架，最具形态之美的包括有孔虫、放射虫、矽藻与钙板藻，每一个体都充满原创、几何、结构之美，令人深刻感受造化之神奇。

单元二，微化石的艺术与科学。早在 17 世纪显微镜发明之初，虎克就曾经以有孔虫作为观察对象，使用放大倍率犹胜一筹的雷文霍克，甚至有矽藻的观察纪录，人类造访显微世界的视觉印象，如今犹可透过作为科学插图的版画窥其面貌。这些版画以细腻线条将微小生物跃然呈现于纸页，看起来既写实又奇幻，透过博物学家、画家、镌版师携手合作，版画提供世人对于微美幻境的无限遐想。

单元三，台湾微化石。台湾微化石研究始自 19 世纪末至 20 世纪中的地质调查工作。随着地质调查工作逐步遍及，大型有孔虫以其"较易于保存鉴定的特征"成为主要研究对象,为地层年代的判定提供重要依据。1945 年之后,中央地质调查所与中油探采研究所相继成立,小型有孔虫和钙质超微化石的运用陆续展开,对台湾地区的前世与今生有了更多的了解。

单元四,见微知著探未来。矽藻及钙板藻是海洋食物金字塔的基础生产者,在调节地球气候中扮演重要角色,犹如维持地球温度恒定的空调器。反观人类种种破坏生态环境的行为,衍生出各类海洋"文明病",如海洋酸化将使得建造碳酸钙壳体的有孔虫、钙板藻面临骨质疏松症般的生存危机,而遍布各大洋的塑胶微粒持续累积增加,已经成为浮游国度难以驱除的不速之客。在全球人口即将突破 80 亿的当下,人类应该以地球系统的宏观角度来思考生命与环境之间应如何永续共荣的问题。

②学习单样式

本案例中的海洋微化石学习单如图 6-16 所示。

学习单中一共设置了 7 个问题,帮助学习者巩固在《微美幻境——海洋微化石特展》中的所闻所见。首先,第 1 题是一道匹配题,学习单最上方给出了 4 种微生物的图片,需要学习者将它们匹配到相应的名称后面。第 2 题和第 3 题分别是关于微化石的掠食方式以及壳体材质的多选题。第 4 题是关于微化石大小差异的单选匹配题,均需要学习者将对应的图片序号填写进去。第 5 题是看图识物,并提问学习者在台湾的何处可以看见,与学习者的实际生活环境相联系。第 6 题是开放题,提问学习者除了展览中介绍的 4 类微化石,自然界中还有哪些微化石以及能让科学家探索的事物,帮助学习者拓展思维,不局限于展览中的知识点。第 7 题同样是开放题,提问学习者是否曾用过显微镜或放大镜观察,以及描述他们所看见的东西。

③案例评价

本案例中的海洋微化石学习单不仅支持真实场馆中的学习,还支持学习者通过互联网下载和线上学习。为了提供更好的线上学习体验,本案例还为学习者提供了线上 720 度环景虚拟导览,如图 6-17 所示。没有亲临现场、错过展览时间或想再次学习的学习者就可以通过环景虚拟导览参与观摩和学习。

下面将从学习单特征的八个方面,对本案例进行评价。

任务密度:本案例没有限制学习者的游览时间,学习者有足够的时间与展品进行互动。同时,海洋微化石学习单中只包含 7 道题目,难度、任务密度适中。

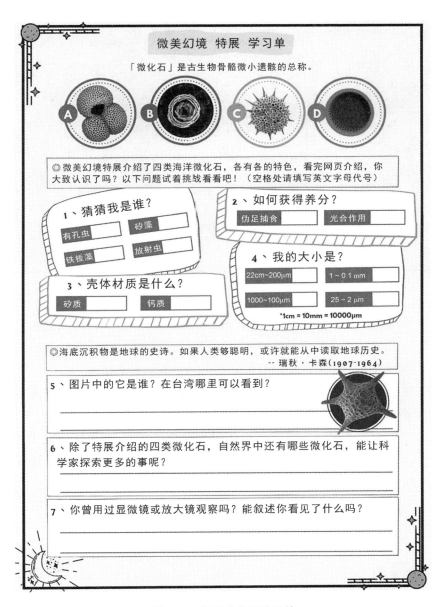

图 6-16 海洋微化石学习单

方向线索:学习单中没有给出场馆的地图以及路线推荐,但是线上学习网站中提供了 720 度环景虚拟导览,能同时为线上线下的学习者服务。其中虽然没有路线推荐,但是立体的设计可以帮助学习者发现观摩死角,不错过丝毫展览内容。

图 6-17　720 度环景虚拟导览

场地特异性:本案例的学习单的前半部分具有高场地特异性,其中大部分的问题都集中在展览的第一单元中。学习单的后半部分具有低场地特异性,开放题目的内容甚至超出整个场馆的范围,拓展至台湾甚至更远。

信息来源:学习者完成学习单任务需要同时关注展览中的文本依赖型信息源和对象依赖型信息源,将文本信息和展品相对应。

选择水平:海洋微化石学习单中问题种类丰富,包括单选匹配题、多选题和开放题,帮助学习者准确定位学习内容的同时,要求学习者进行拓展,发散思维。

认知水平:学习单前半部分要求学习者识记和理解展品的信息,后半部分则需要学习者分析和阐述自己曾经的应用经历。

回答形式:学习者主要采用书面形式回答学习单上的问题。

其他:海洋微化石学习单是个人学习单,主要培养学习者的独立思考、理解和分析能力。同时,学习单还与学习者的实际生活环境和经历相结合,需要学习者在回答中展现自己的生活细节,比如是否用过显微镜等。

6.3.3　学习单设计

(1)场馆课程的学习单设计

①课程背景

本场馆课程学习单拟为拙政园设计。拙政园始建于明正德初年(16 世纪初），距今已有 500 多年历史，是江南古典园林的代表作品。拙政园位于苏州古城东北隅，是苏州现存最大的古典园林，占地 78 亩。全园以水为中心，山水萦绕，厅榭精美，花木繁茂，充满诗情画意，具有浓郁的江南水乡特色。园林分为东、中、西三部分，东园林开阔疏朗，中园林是全园精华所在，西园林建筑精美，各具特色。园南为住宅区，体现典型江南民居多进的格局。园南还建有苏州园林博物馆，是国内唯一的园林专题博物馆。

与寻常场馆不同的地方在于，拙政园的主要展区是建造在城市中的园林庭院本身，除了简单的铭牌，文字解说较少。因此，本课程设计的学习单会涵盖一些建筑的文字描写和细节图片，同时结合帮助学习者思考的问题和任务。

本课程针对的主要是 7～18 岁的学习者，他们已经具有一定的审美能力，能够独立完成文字阅读、绘画和写作等学习活动，具有与他人进行沟通交流的能力。但是这个年龄阶段的学习者对中国传统文化的理解不够深入，对于园林艺术的鉴赏能力存在不足，同时参与的有关想象和观察的学习活动较少。

②学习单设计

本课程的拙政园学习单设计如表 6-10 所示。其中一共包括八大模块，分别是个人信息、学习目标、问题思考、地图、推荐路线、学习活动、拓展活动、照片及感想。个人信息主要是方便学习者管理他们的学习单，若学习者在探索拙政园的过程中与家长或团队走失，可以请路人帮忙拨打电话寻找。学习目标和问题思考就是要帮助学习者明确自己的任务，带着问题逛拙政园，提高学习效率。

学习活动包括何为阴阳、古今穿越、月亮门前、雨珠成帘和点石成金，每个学习活动中涉及想一想、看一看、写一写、做一做等学习任务。何为阴阳起到一个引入总起的作用，引起学习者对于拙政园的好奇兴趣，促进探索，同时为学习者提供潜在的指引。古今穿越、月亮门前、雨珠成帘和点石成金中均展示了中国园林庭院中的典型建筑细节的照片，包括月亮门、走廊、学者石以及滴瓦，便于学习者寻找、观察和辨认。

最后的拓展活动旨在激发学习者的想象力，同时帮助学习者回顾在拙政园中的所见所闻，运用写作或绘画的方式来表现，不动声色地起到了总结反思的作用。

表 6-10　拙政园学习单

拙政园:中国园林之美

个人信息

姓名		年龄	
家长		家长电话	

学习目标

知识与技能	通过对比元素的和谐排列,确定中国传统园林如何体现阴阳概念。
过程与方法	使用绘图、写作和口头描述来传达景观中发现的景点、声音和纹理;认识到如何利用材料选择和设计来传达关于人类和自然世界的想法。
情感态度价值观	感受中国传统文化的深厚底蕴,增强文化自信。

问题思考

1.在中国文化中,圆象征着宇宙,方形的角指向东南西北四个方向,代表地球。你注意到园林入口与这两种形状的互动方式是什么? 这能告诉我们里面是什么吗?

2.当你进入园林时,你需要选择一条路径。描述每条路径的相似之处和差异。你认为设计师为什么要设计这么多条路径?

3.描述拙政园中所特有的材料。你认为设计师有什么标准?

4.拙政园是明朝时期的建筑。这一时期,中国传统园林设计中最重要的考虑因素之一是和谐排列各个元素,表达阴(暗、空、软、湿、凉)和阳(亮、实、硬、干、热)的不同方面。当你探索拙政园时,你会想到哪些正反对比? 你看到了什么? 你认为园林之中能取得平衡吗? 为什么?

5.如今,拙政园的外面是现代世界,你认为两者的衔接突兀吗? 设计师使用什么样的方式来创建拙政园内部和外部空间之间的过渡? 这样的设计对人类与自然世界之间的关系有何暗示?

推荐路线(一天的时间,在拙政园内,将这座错落有致的古典江南园林细细浏览一番,感受苏州园林的魅力)

涵青亭→放眼亭→兰雪堂→芙蓉榭→天泉亭→秋香馆→绿漪亭→待霜亭→雪香云蔚亭→荷风四面亭→远香堂→绣绮亭→听雨轩→嘉实亭→得真亭→玉兰堂→宜两亭→浮翠阁→笠亭→塔影亭

学习活动

何为阴阳	在这个园林中有许多相反对应的设计——室外和室内,光明和黑暗,自然和人工。这些自然的对立面共同创造了我们生活的变化和节奏。这就是中国古代的阴阳观念。你还注意到其他的反义词组吗? 写在下面。

续表

古今穿越	想一想	你漫步在拙政园之中,想一想谁曾在这庭院中走过?中国古代学者了解自己的文化传统,因而受到尊重。亲近自然对他们来说很重要。很久以前,中国的学者也在这样的园林里学习、绘画、奏乐和写诗。假设你是一位学者,什么能激励你?为什么?写在下面。
	看一看	从右图中的走廊往外看。你看到了什么?瓷砖地板变成了海洋,而岩石向上上升,像岛屿或山峰。你最喜欢在走廊上看什么风景?你听到了什么?幻想一下,潺潺的流水声会使你想起潺潺的小溪。
	写一写	在右边写下一首你背过的,或者自己创作一首关于自然的诗。
月亮门前	想一想	把喧嚣抛在身后。透过圆圈,穿过矩形的门,去发现远处的神奇园林。
	看一看	注意入口上方的汉字,上面写着"寻找宁静"。告诉家人和朋友这些词的意思。在你踏进园林之前,停下来深呼吸一下。
	学一学	右图是这个园林的入口,叫月亮门,因为它像月亮一样圆!在中国建筑中,圆形常与正方形配对。圆圈象征着宇宙。正方形的四个边代表地球和它的四个方向——北、南、东、西。
	找一找	逛拙政园时,寻找一下圆形和方形的事物,写在右边。

续表

雨珠成帘	想一想	开始下雨了。雨水像珠帘一样从屋顶的顶端滴下来。你听到了什么？你要去哪里避雨？	
	看一看	你看到屋顶边上的瓦片了吗？找到形状像三角形和有尖头的瓷砖。它们被称为滴瓦。	
	学一学	滴瓦上的图案有"寿"字、硬币和方块。在古代，硬币和方块代表财富和好运。当雨水落在瓦片上时，这"三福"就会滴落在园林和在屋檐下避雨的人们身上。	
点石成金	找一找	在拙政园中找一块最高的岩石。越头重脚轻、形状越有趣越好！仔细观察上面的洞。像这样的岩石非常珍贵，因为它们让人们联想到了可能通向隐藏世界的神奇洞穴。	
	学一学	这个园林里的石头叫做"学者石"，它们给古代的学者们带来了许多启发和灵感。工匠们将石头排列成汉字"山"的形状。	
	做一做	拙政园的主人常常想象着岩石中爬过的动物、龙和其他生物的形状。你在岩石里看到了什么生物？模仿那个动物摆姿势，模仿它发出的声音。在右边画下它的模样，或者贴上你模仿它时的照片。	

拓展活动(限时 30 分钟)

中国传统园林营造出一种在风景中游荡的感觉,岩石结构使人想起山脉和洞穴,矮小的树木和灌木联想到古树和森林,小池塘又象征着辽阔的河流和海洋。想象一下,你是一只小鸟,悬停在拙政园的上空,下面的一切看起来都是渺小又遥远。请你选择一个地方"降落",并描述从这一点前往其他地方时可能体验到的景点、声音和建筑。闭上眼睛,与同伴或家人相互口头叙述旅程,并通过写作或绘画捕捉脑海中的体验。

照片及感想

③设计特色

本设计中的拙政园学习单集合了展品介绍和学习者的活动任务,用展品照片的方式帮助学习者辨认和寻找,综合了学习单和导览指南手册的作用。下面将从学习单特征的八个方面对本设计的特色进行阐述。

任务密度:本设计中除了限时 30 分钟的想象写作绘画活动,其余活动均没有时间限制。同时想象写作绘画活动的时间宽裕,学习者有充足的时间进行游览学习和互动。且学习单中需要学习者记下的内容较少且简单,任务密度良好。

方向线索:学习单给出了拙政园的地理位置信息,学习者也可以使用移动终端查询导航。学习单中的推荐路线仅为一般游览路线,旨在游览拙政园的全貌。但是学习单中任务的前后设置与潜在引导就是在无形中为学习者指路。

场地特异性:本设计的学习单具有高场地特异性,所有的知识内容以及任务均在拙政园完成。同时学习单中的建筑细节图片也需要学习者找到对应的实物,进行观察学习。

信息来源:学习者若要完成学习单任务,需要关注展览中的对象依赖型信息源,和学习单中的文本依赖型信息源相对应。

选择水平:拙政园学习单中的问题多为开放题,还包含小部分的实践任务,如写诗、摆造型等。其中多有观察和想象的任务,帮助学习者充分发挥想象力,理解中国历史悠久的传统文化。

认知水平:学习单包括对于建筑细节的识记和理解,也包括对于情感态度甚至价值观的分析、应用和评价,例如说出最能激励学习者的中国古代学者的爱好等。

回答形式:学习者采用书面、口头和实践相结合的形式完成学习单上的任务。

其他:拙政园学习单是开放式学习单,个人和团队都能使用,同时还能促进学习者和展品、园林环境之间的互动,加深理解和印象。除此之外,本设计为户外建筑的观摩学习提供了学习单的范式,为更宽泛的非正式学习场所提供了学习的途径。

(2)基于场馆资源的校本课程的学习单设计

①课程背景

本校本课程学习单拟为初中七年级科学中有关"月相"的课程知识进行设

计，与自然科学博物馆中的地球生命故事展区进行联动，充分利用其中有关太阳、地球和月球的模型资源。

自然科学博物馆的地球生命故事展品讲述地球46亿年的生命进程，设置了"生命家园""生命诞生""生命登陆""恐龙时代""哺乳动物时代"五个单元，涉及宇宙、山川、生命、海洋等领域。其中有关"太阳与地球的距离"的相关模型，学习者通过用手移动行星模型，体会各个星球与太阳的距离不同，从而形成了它们完全不同的环境。金星、火星有很多特征与地球相似，但是因为与太阳的距离不同，导致环境完全不同。正是地球在太阳系中所处的适当的位置为地球生命的诞生奠定了环境基础。这样的模型为学习者学习有关"月相"的内容提供了实践模拟的机会，学习者可以扮演月球的角色，亲身感受太阳、地球和月球的运动，以及其带来的影响。

本校本课程的教学对象是初中生，他们具有一定的独立思考、绘画以及交流沟通的能力。根据先前经验，学习者对于月亮的形态变化有一定的认知，但是不了解月相名称和其形成的原因。同时，学习者具有一定的逻辑思维能力，通过教师的引导和知识的铺垫，能够从图形、位置等变化中找出相应的规律。这个年龄段的学习者具有一定的自律和自主性，能完成本课程中在课余时间开展的学习活动和课后作业。

②学习单设计

本课程的月相学习单如表6-11所示。其中一共包括六大模块，分别是个人信息、学习目标、课堂学习形式预告、自主探索、微练习和困惑与建议。学习者在个人信息里除了要填写自己的信息，还要填写有关学习小组的信息，体现团队的归属。校本课程的学习单中的学习目标从知识与技能、过程与方法、情感态度价值观三个方面阐述，符合教学大纲的标准，培养学习者的科学素养和解决问题的能力。课堂学习形式预告主要是告诉学习者校本课程的具体安排，让学习者提前做好准备，提高上课的效率。自主探索是安排学习者在场馆中进行的活动，包括看一看、演一演、画一画和讲一讲，分别对应教学目标中的不同层次。微练习即有关课程内容的题目，帮助学习者巩固所学的知识点。困惑与建议是学习者在课中或课后遇到的无法解决的问题，可以通过学习单的形式反馈给教师，帮助教师进行课程反思。

自主探究中的看一看，涉及有关的"月相"的微课，可以是教师自己制作的，也可以是互联网上的教学资源。微课可以从古诗中的语句（例如"月有阴晴圆缺")引出月相,再将各个时期的月相与古诗词对应起来,彰显"月相"的源远流长,并将其与我国的农历联系起来,提出与生活息息相关的问题引起思考,最后进行总结。微课能以轻松有趣的方式引入课程内容,引起学习者的兴趣,详细讲解课题内容,让学习者了解月相的概念、学会探究并理解月相变化形成的原理、掌握月相变化的规律以及各时期的月相名称、了解月相变化周期与农历的关系以及月相与生活的关系,从而达到学习目的。

表 6-11　月相学习单

个人信息	班级		姓名	
	小组名称		小组成员	
学习目标	知识与技能	1.了解月相的概念 2.探究并理解月相变化形成的原理 3.掌握月相变化的规律以及各时期的月相名称 4.了解月相变化周期与农历的关系以及月相与生活的关系		
	过程与方法	1.带着问题和目的持续观察月相的变化过程,用语言和文字表达观察到的现象。 2.根据已有的现象,进行简单的逻辑推理,做出假设。 3.通过小组学习和讨论,阐明自己的观点,收集整理总结别人的观点,并根据一定的事实对自己的假设进行调整。 4.利用模型和图像解释自然现象。		
	情感态度价值观	1.形成自律自主的合作意识和协调能力。 2.感受生活中的科学无处不在,激发学习科学的兴趣。 3.积极参与实验探究,懂得尊重事实,形成敢于探索精神。		
课堂学习 形式预告	1.对观看教学录像自主学习后完成的学习任务进行展示。 2.教师给出不同的月相,叫同学上台写出对应的名称和可能的农历时间(或者教师给出农历时间或名称,让同学画出对应的月相)。 3.两个同学一组,模拟月相形成原理(太阳位置给定,一人当月球,一人当地球)。 4.教师用手电、两个球模拟月相形成,对学生的知识进行巩固。 5.教师对同学们进行点评,总结课程内容,布置课后作业。			

续表

自主探索（地点:自然科学博物馆——地球生命故事展区）	看一看	观看《月相》微课,了解一下什么是月相以及它是如何形成的吧!		
	演一演	与小组成员合作,在太阳和地球的模型之间扮演月球,摆一摆形成不同月相时月球的位置吧! 将照片粘在右边的框中。	满月	
			新月	
			上弦月	
			下弦月	
	画一画	选择两周的时间,记录每晚的月相,把它们画下来,写出对应的名称,记录对应的农历时间。		
	讲一讲	和你的组员讨论一下,你们从自己记录的时间和月相中发现了什么? 记录在下面。		

微练习	1.月相周期性变化的形成原因是_____三者的_____在一个月中有规律地变动。 2.新月出现在农历每月的_____;满月出现在农历每月的_____。 3.查一查农历一个月有多少天。算一算一个公历年是否恰好能安排 12 个农历月。 【参考答案】 1.月相周期性变化的形成原因是太阳、地球、月球(日、地、月)三者的相对位置在一个月中有规律地变动。 2.新月出现在农历每月的初一;满月出现在农历每月的十五或十六。 3.查一查农历一个月有多少天。算一算一个公历年是否恰好能安排 12 个农历月。 答:29 或 30 天;不能,有的年份有 13 个月(闰月)。
困惑与建议	

③设计特色

本设计中的月相学习单综合了学校课堂中的学习内容和学习者在场馆中需要完成的活动内容,体现了校本课程与场馆资源的互动连结。下面将从学习单特征的八个方面对本设计的特色进行阐述。

任务密度:本设计任务分为两部分,一部分是课堂上的学习,需要在一个课时中完成;另一部分是在场馆中的活动,没有时间限制。课堂中的学习活动在学习单中以预告的形式提前告知学习者,使其有心理和实际的准备;场馆的活动要求学习者自由探索,其中的画—画为历时两周的任务,内容简单,因此总体任务密度良好。

方向线索:学习单没有给出具体的地图与推荐路线,仅仅标明地点名称,有两个原因。一是本课程属于与场馆资源紧密结合的校本课程,因此教师会给予学习者一定的引导;二是若在学习单中设置明显的场馆地点,可能会引起学习者的激动情绪,导致学习者无法潜心进行学校中的学习。

场地特异性:本设计的学习单具有高场地特异性,所有的知识内容以及任务均在自然博物馆中的地球生命故事展区完成,重点围绕太阳与地球的模型展开。

信息来源:学习者完成学习单任务需要关注学校学习过程中的文本依赖型信息源,以及场馆中和生活中的对象依赖型信息源。

选择水平:月相学习单中的自主探索任务多为开放题,而微练习中的题目为有准确参考答案的填空和问答题,帮助学习者拓展思维的同时,精确地回顾所学知识点。

认知水平:学习单自主探索中的看—看对应识记和理解的认知水平,演一演和画一画对应理解、分析和应用,讲一讲对应综合和评价。本设计的学习单充分调动了学习者多层次的认知。

回答形式:学习者在学校课堂上采用口头形式,在场馆和课后的活动采用书面和实践相结合的形式完成任务。

其他:月相学习单将个人和团队相结合,促进学习者对于知识的理解以及同伴之间的互动交流。

第 7 章　践行实施

7.1　面向中小学的研学旅行

研学旅行是学校教育和校外教育衔接的创新形式,是教育教学的重要内容,是综合实践育人的有效途径。2017 年,教育部印发《中小学综合实践活动课程指导纲要》,指出充分发挥各级各类文化馆、纪念馆、博物馆等场所的教育功能,指导各地因地制宜开展研学实践。本节将介绍一个基于场馆情境的研学旅行研究案例。研究设计了一种基于学习单的游戏化学习活动,旨在探究游戏化学习活动对学习者学习效果的影响。

7.1.1　研究背景

(1)场馆选择

杭州手工艺活态馆位于杭州市京杭大运河拱宸桥西岸,是浙江首家集互动教学、非遗手工体验、民间技艺表演于一体的"非遗"文化体验馆,也是浙江省最大手工体验基地。2015 年 8 月手工艺活态馆被列入杭州市委第六批杭州市青少年学生第二课堂活动基地,深受杭州学生喜爱。馆内可体验深厚的中国特色的历史传统工艺、非物质文化遗产工艺,专门面对青少年第二课堂开设了各类非遗手工和创意手工体验项目,有剪纸、竹编、蛋雕等 20 余项传统项目。

手工艺活态馆分为一期与二期两个馆,由中庭隔开(见图 7-1)。一期包括泥塑街区、手工伞技、纺织与刺绣、石雕等展区,二期包括木工坊、陶吧、风筝、竹艺、张小泉锻剪、教学区与多功能区。学习者可以在参观过程中了解中国民间传统工艺、感受手工艺的魅力与中国文化的深厚底蕴。

图 7-1 手工艺活态馆地图

（2）实验对象

本实验研究对象为杭州市 W 小学三年级共 64 名小学生。这些学生大部分都未参观过手工艺活态馆。将学生分为 2 组，对照组（33 人）使用普通学习单参观场馆，实验组（31 人）使用游戏化学习单参观场馆。选择三年级学生主要基于以下两个方面的考虑：第一，三年级学生已经具备阅读、书写和绘画的能力，且他们能够比较清楚地表达自己的想法；第二，手工艺活态馆中的很多手工艺展品所传递的信息与价值观能够被小学生所接受，且对小学生有着很大的教育意义。

7.1.2 研究设计

（1）理论基础

①情境学习模型

实验设计旨在提高学习者在场馆中的学习效果，所以必须考虑影响场馆学习效果的各因素。这里研究人员采纳了 Falk 的情境学习模型。情境学习模型理论起源于 Falk 和 Dierking 于 1992 年提出的互动体验模型（interactive experience model），互动体验模型描绘了场馆学习影响因素研究的宏观框架，提出场馆中的个人情境、社会情境与物理情境，三大情境之间的互动影响着场馆学习效果（Barry et al.，2012）。2000 年，Falk 和 Dierking 基于场馆学习发生过程对互动体验模型中三大情境做出了细分，指出场馆学习三大情境中的八个因素,即情境学习模型(contextual model of learning),并于 2005 年对场馆情境学习模型中的影响因素进行了进一步归纳整理,形成了场馆学习的十二大影响因素,如表 7-1 所示(Barry et al., 2012)。Falk 在之后的研究里对情境学习模型中的十二大影响因素进行了实践探索,选取了洛杉矶加利福尼亚科学中心(California Science Center,CSC)的 217 名参观者进行实验探究,对场馆学习过程中会出现的十一种影响因素进行了研究工具设计与度量,这是 Falk 首次在实践中探索场馆情境学习模型,也证明了场馆学习的复杂性特征。场馆情境学习模型来自场馆学习过程,从学习者个体特征出发,将其置于场馆复杂的物理情境中,使其产生社会交互,这种社会交互与物理环境为学习者提供了学习的条件(许玮、张剑平,2015)。

表 7-1　"情境学习模型"中影响因素构成及其发展

因素构成	个人情境	社会情境	物理情境
因素构成 (2000 年)	动机和期望 先前知识、兴趣和信仰 选择和控制	组内社会交互 组外社会交互	先行组织者和方位设计 后续强化和场馆外体验
因素构成 (2005 年)	参观动机和期望 先前知识 先前经验 兴趣 选择和控制	群体内的社会交往 群体内与群体外的交往	先行组织者 对物理空间的导引 建筑和大尺度的空间 展品和学习活动的设计 后续的强化和博物馆外的经验

②转换游戏理论

为了提升学习者在场馆中的学习效果,研究人员采用了游戏化学习的学习方式设计场馆学习活动。作为游戏化学习理论的理论成果之一,转换游戏理论强调游戏情境与角色成为场馆情境中学习活动设计的重要选择。转换游戏理论(transformational play)由 Sasha 等于 2009 年提出。Sasha 认为在游戏中,玩家容忍失败,鼓励冒险;可以通过概念理解进行实验,并从无效选择的影响中学习,这个选择并不是终点,它可以被反思和改进,以促进对内容的深度参与,甚至推动新的学习机会。转换游戏理论是杜威"交互"(transactivity)思想的延伸,即"每一次经历都改变着一个人的行动和经历"(Dewey,1963)。这种交互性观点不仅需要认识到人与情境之间的相互关系,还需要有意识地利用这种意识设计出更强大的学习体验。转换游戏理论假定学习者、内容和环境是不可分割地联系在一起的,并将学习者定位为积极的决策者,他们利用自己的理解来探究特定的情况并改变它们。

转换游戏理论主要由三个核心元素（轮辐）和每个元素的目标类型定位，如图 7-2 所示。具体而言，转换游戏理论包含具有意向性的人（将玩家定位为主角，负责做出选择，推进游戏中展开的故事线），合法性的内容（如果玩家想要成功解决游戏世界中的困境，就必须理解和应用学术概念），具有结果性的情境（将情境定位为可通过玩家选择进行修改的情境，从而阐明结果并为玩家的决策提供意义）（Sasha et al.，2012）。转换游戏理论强调学习者的角色，他们必须运用概念性的理解去理解，并

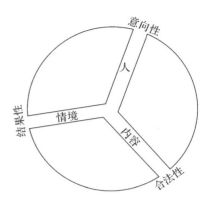

图 7-2 转换游戏的核心元素和
每个元素的目标类型定义

最终做出有可能真正改变基于问题的虚构环境的选择（Sasha et al.，2012）。因此转换游戏理论运用的重点是研究基于游戏的学习环境是否能够提供具有合法性的内容、具有目的性的人以及具有结果性的情境。

③建构主义理论

场馆学习的情境性和交互丰富的特征允许学习者在参观过程中进行知识建构与社会互动，这符合建构主义学习理论特征。皮亚杰将学习视为一种"自我建构"过程，个体在"同化—顺应"两个阶段不断丰富自己的知识结构，在"平衡—不平衡—新平衡"的过程中形成新的认知结构。这可以解释学习者在场馆环境中将场馆中的新知识与脑海中的课堂知识产生联系从而形成新的知识结构。另外，本书的建构主义还结合了维果茨基"社会建构主义"的思想。场馆环境将学习者置于一个有着丰富社会交互的社会文化环境中，为学习者打造了一个集情境、协作、交流和意义建构于一体的理想学习环境。建构主义强调活动与社会交往在人的高级认知与心理发展过程中的重要作用，这符合场馆学习的情境特征。在社会文化的丰富的场馆情境下，场馆学习者通过辅助人员（同伴、老师或场馆教育工作人员）的引导，根据展品等认知学习材料进行意义建构。

（2）研究计划

研究选取杭州手工艺活态馆作为开展实验研究的场所，使用了定性与定量研究相结合的混合研究方法，研究主要从以下三个阶段展开。

第一阶段，实验准备阶段。实验开始前确定将参与本次实验的所有学生分

为两组，一组学生进行游戏化学习活动，另一组则进行传统的学习参观。游戏化学习活动开展的支持中介物为基于转换游戏理论的游戏化学习单，传统的学习参观的支持中介物为有着与游戏化学习单相同展品内容的普通学习单。两种学习单的设计均遵循学习单的设计原则。另外实验开始前确定本研究的因变量为知识变化以及小学生对手工艺人的看法，因此确定与设计本研究所需要的一些研究工具，如知识测试量表、访谈提纲等。

第二阶段，实验进行阶段。实验进行过程中，每组学生手持各自的学习单进行手工艺活态馆的参观。另外，每组学生将会配备一名带队教师和一名研究人员，为学生提供必要的帮助。参观结束之后，将会对学生进行知识测试与访谈。学生有 25 分钟的时间绘出自己心目中的手工艺人，以此来评价参观对学习者学习效果的影响。

第三阶段，数据处理与分析阶段。将收集到的测试数据进行处理并导入 SPSS 中进行分析，访谈数据则导入 Nvivo 中并进行质性分析，绘画数据则根据绘画测试标准进行分析。

（3）学习单设计

学习单作为场馆中重要的学习中介物指导学习者的参观学习路线并促进学习者的自主探究与协作交流。学习单衔接了场馆与学校、展品与学习者，是场馆学习活动设计的重要落脚点。

① 学习单设计原则

根据 Mortensen 和 Smart(2007)以及鲍贤清(2012)等的研究归纳出本研究中的学习单设计原则。

内容设计要设计具有吸引力的展品：场馆中充满了形式与内容丰富的展品资源。这些展品共同构成了基于某一主题的特定展览。但是学习者在参观的过程中很难做到认真观察学习每一个展品。因此需要聚焦场馆中具有吸引力的展品，提示学习者进行参观学习。

提示观察和解读展品信息：场馆中除了实体展品还会有解释展品或展区的介绍性文字或图片。这些文字和图片是学习者重要的学习材料，但是学习者经常在五花八门的展品中忽略了这些重要信息。因此学习单在设计时要提示学习者观察和解读这些重要信息。

设计不同的题型,多方位激发学生的思考:每个学习者都是个性化的个体,他们在学习风格上有着较大的不同。不同的题型可以尽可能照顾更多人的学习习惯。另外,不同的题型可以降低学习者的思维定式,激发学习者在参观过程汇总的思考。

以活动目标为导向,衔接课堂学习与场馆学习:馆校协同教育的特色就是衔接了场馆学习与传统的学校学习。作为其重要中介物的学习单在设计时不仅需要考虑场馆中展品所传递的知识与信息,还需要考虑学校对学习者的培养目标。这种衔接是学习单设计的关键。

简化学习者的无关工作量:学习单的主要作用在于指导学习者在场馆中的参观。因此学习单需要化繁为简,弱化学习者学习单阅读和填写的工作量,将学习者的注意力转移到展品的观察与思考上。学习单设计题型以填空、连线、判断与选择这种易于填写的题型为主。

提示学习者学会询问与交流:掌握场馆中展品所传递的知识是学习者进行场馆学习的重要目的。但是,场馆中充满着丰富的社会交互,这为学习者培养合作等社交能力提供了重要基础。此外,询问、交流与合作更容易产生新的思考与想法,促使学习者仔细观察展品并进行深入思考。

② 学习单内容选择

手工艺活态馆中包含风筝、木雕、剪纸、剪刀等各种手工艺展品,但是学习者很难深入了解与掌握场馆中的所有展品。基于此,本学习单设计对手工艺活态馆中的展品进行了选择,最终纳入学习单设计展品内容的包含泥塑、丝绸、皮雕、扎染、刺绣、造纸术、活字印刷、杆秤、木雕、风筝(如表 7-2 所示)。

表 7-2 手工艺活态馆展品内容(部分)

展品	介绍	展览特征
泥塑	上排展品:使用泥塑技艺重现了古代的街道,有店铺也有小摊,有伞、酒、药、扇、酱油、盐巴、代写书信、卖菜卖肉、算卦、船夫、小船、纺织、杂货店、下棋、布、茶、驴子等。	占地面积大
	下排次要展品(作者:吴小莉)为《荷花》《翠玉兰》《铃兰》《相伴》《白雪公主与七个小矮人》《二十四孝道作品之戏彩娱亲》《二十四孝道作品之亲尝汤药》。	展台下面,不易发现

续表

展品	介绍	展览特征
丝绸	简介：素有"丝绸之府"美称的杭州是中国古代丝绸生产的中心。丝绸生产所要经历的"栽桑、养蚕、缫丝、织绸、染色、刺绣"这样一个技艺过程。扎染，古称扎缬、夹缬和染缬，是中国民间传统而独特的染色工艺。织物在染色时部分结扎起来使之不能着色的一种染色方法，是中国传统的手工染色技术之一。	落地展牌
	刺绣展品：绣鞋、绣画、绣包等。	展品丰富
	印染展品：围巾、茶杯垫、笔记本封皮、袜子、香包等。	
皮雕	展品：皮包、皮衣、皮带、口罩、吉他包、皮鞋等。	展品丰富
木制品	简介：木工有着悠久历史，是一门工艺，也是一门独特的技术，是中国传统三行（木工、木头、木匠）之一。	落地展牌
造纸术	造纸术是中国四大发明之一。古代造纸沿用《天工开物》的描述，经过择皮、漂洗、蒸煮、舂捣、抄纸、晒纸等几十道工序的工艺流程，原汁原味地展现了这一传统技艺。	小展牌与展品
活字印刷	活字印刷是中国古代四大发明之一，也是我国世界级非物质文化遗产项目之一。相传它的发明者北宋毕昇是杭州的雕版印刷工匠，虽然当时该工艺没有被统治阶级所用，但被北宋大科学家沈括将完整的泥活字工艺记载在著作《梦溪笔谈》中，使得活字印刷得以推广开来。	小展牌与展品
杆秤	杆秤是我国的国粹之一。从其诞生开始，我们的古人便将天文、物理、哲学等多种内容融入这一小小的杆秤之中。无论是对于制秤者还是用秤者，均将做人的品德用杆秤进行了暗义。千百年来，杆秤一直在称我们自身的良心。权衡轻重、半斤八两等词进入了日常的生活，直至包括影视中的片段，小小杆秤承载着中华民族的千年历史和璀璨文化。	小展牌与展品
木雕	木雕展品——响彻云霄：陕北风系列作品之一，作品以大陕北民俗风情为题材，朴实、豪放富有张力，阐释了活体自然模特的性格特征，借喻出大自然的造化，浓缩反映出陕北要塞腰鼓舞与长号如此强烈而震撼的感染力，使内在感情与外在精神动律有机地结合，达到力和美的具体体现，是传统与革新的高度统一，神形兼备、和谐自然。	小展牌，无实物展品
	木雕展品——同乐：作品所表现了天真无邪的童孩，在祖国肥沃的土地上如丰年硕果累累一样健康成长。更特别的是，寿桃作为长寿安康、美好、吉祥的象征，有着十分美好的寓意。	小展牌，展品

续表

展品	介绍	展览特征
木雕	人物介绍——张燕萍:女,1958 年生,乐清乐成镇人,其在黄杨木雕上很有造诣,善以人文思维诠释现代雕刻艺术,秉持艺术心性,与传统交融的创作理念。在工艺传承的领域里,精雕人物,其艺术雕刻内涵丰富,风格独特。	小展牌
风筝	制作材料:竹是扎制风筝骨架的主要材料。根据风筝的形状把竹子用火烤过,这样竹子就会变软,再把竹子制作成不同的或直或弯的形状,与风筝一致。纸的选择以质薄纤维长而均匀、有韧性,耐湿耐冲击,色泽白而洁为佳。线选用的是牢固的缝纫衣服的线,而黏合剂则选用透明的白乳胶为佳,也可用自制面糊。	展牌
	特色风筝——微型风筝:杭州的风筝虽然不怎么出名,但杭州的风筝很有特色。北方的风比较强劲狂野,所以北方的风筝做得大。杭州的风相对柔和,因此在杭州放飞的风筝要做得精巧、轻盈。于是杭州就有了微型风筝。在杭州微型风筝还有一个别名"袋兜风筝"。	

泥塑展区位于手工艺活态馆的入口处,是一个拥有 100 多泥塑小人和各种商铺等的拱宸桥历史街区,对学习者了解泥塑技艺和当地文化历史有着重要意义;杭州被称为"丝绸之府",历史悠久,因此研究人员选择了手工艺活态馆中的丝绸、扎染和刺绣等展品进行了问题设计;皮雕展区在展区一侧占有较大空间且摆放着相关的文字介绍手册,因此被列入选择;造纸术与活字印刷术属于中国古代四大发明;杆秤富含哲理,折射出做人的一些准则,具有重要教育意义;木雕和风筝是比较有意思的手工艺,深受学生们的欢迎,因此,这些也被列入选择。

③ 学习单的设计

游戏化学习单:游戏化学习单基于转换游戏理论将学生置于一个游戏情境中,所以研究人员设计了一封写给学生的邀请函(见图 7-3),内容为"小朋友你好,告诉你一个天大的秘密! 你们已经被选为中国非物质文化遗产继承人的预备军! 但是,为了选出最优秀的继承人搭档,我们在手工艺活态馆中设计了重重关卡,闯关难度层层升级。接下来你们将两人一组,角逐本次继承人选拔赛的最佳搭档! 你们准备好接受挑战了吗? ——非物质文化遗产协会"。

该封信以非物质文化遗产协会的名义向学生发出挑战邀请。邀请学生两人一组参加"谁是最终继承人"的挑战赛，以此来为学生创建一个基于挑战的游戏背景。楷体字体、竖排排版和古色信纸更具历史文化气息。从学生收到挑战信开始，场馆参观已经不仅仅是一场走马观花的游览，而是竞争激烈的、需要学生观察和思考的挑战赛，学生也从场馆参观者的角色转换为挑战者。

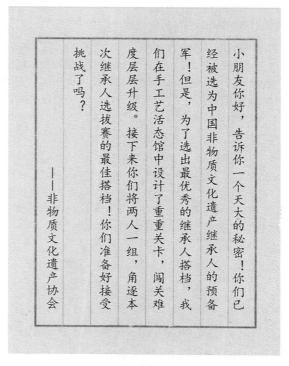

图 7-3 "谁是最终继承人"挑战邀请函

挑战了吗？

——非物质文化遗产协会

次继承人选拔赛的最佳搭档！你们准备好接受

度层层升级。接下来你们将两人一组，角逐本

们在手工艺活态馆中设计了重重关卡，闯关难

军！但是，为了选出最优秀的继承人搭档，我

经被选为中国非物质文化遗产继承人的预备

小朋友你好，告诉你一个天大的秘密！你们已

游戏化学习单是一份 4 开的小册子。第一页是封面（见图 7-4），包括"秘籍在手，天下我有""谁是最终继承人""闯关搭档""闯关秘籍"等字样，将挑战者置于一个设置的游戏化情境中；手工艺活态馆手绘平面展示图，作为挑战者接受挑战的路引。

另外 3 页包含 4 个展区、6 个任务，涉及了场馆的 8 种展品（见图 7-5）。每一问题都会出现 1 位非游戏玩家（NPC）为挑战者出题，挑战者只有通过观察展品和思考才能闯过该 NPC 设置的关卡。

第一关，NPC 对学习者进行了问好并提出任务"亲爱的挑战者，欢迎来到第一关，我是本关的守门人。请你们找出这条泥塑街道上最开心和最难过的人"。挑战者在完成任务的过程中观察每一个泥塑人物的表情与状态，感受泥塑技艺

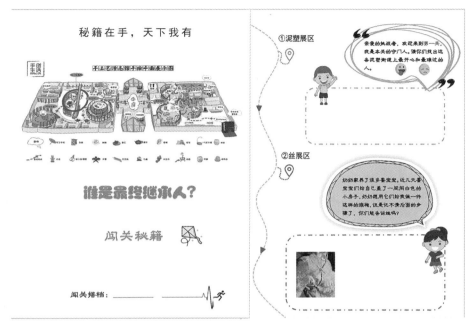

图 7-4　游戏化学习单(左:第二页;右:第三页)

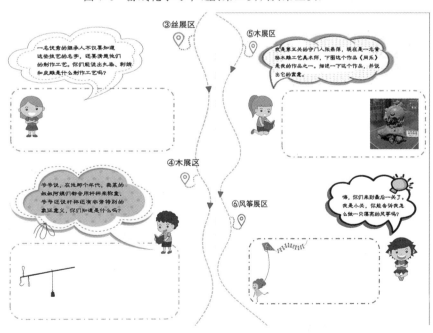

图 7-5　游戏化学习单(左:第三页;右:第四页)

的魅力。

第二关,NPC邀请挑战者帮助奶奶解决问题"奶奶家养了很多蚕宝宝。近几天蚕宝宝们给自己盖了一间间白色的小房子,奶奶想用它们给我做一件这样的旗袍,但是记不清后面的步骤了,你们能告诉她吗?"。这部分考察了缫丝、扎染等工艺。

第三关NPC告诉挑战者"一名优秀的继承人不仅要知道这些技艺的名字,还要清楚他们的制作工艺",并向挑战者提出问题"扎染、刺绣和支雕是什么制作工艺?"。

第四关的NPC提出的问题是"爷爷说,在他那个年代,卖菜的叔叔阿姨们都会用杆秤来称重,爷爷还说杆秤还有非常特别的象征意义,你们知道是什么吗?"。

第五关的NPC化身为木雕工艺美术大师张燕萍老师,考察挑战者对自己作品的理解程度"我是第五关的守门人张燕萍,现在是一名黄杨木雕工艺美术师,下面这个作品《同乐》是我的作品之一。描述一下这个作品,并说出它的寓意"。

第六关的NPC邀请挑战者一起制作风筝"嗨,你们来到最后一关了。我是小关,你能告诉我怎么做一只漂亮的风筝吗?"。

在完成挑战任务的过程中,学生们仔细观察展品与展牌信息,不仅知道了各种手工艺的概念和制作工艺,还了解这些手工艺背后的重要意义。学生们不需要在学习单上填写完整的回答,因为在参观后进行的访谈会涉及这些问题,学习单只是起到了指引参观和挑战的作用。当然,学生被允许在学习单上做标记等。

普通学习单:普通学习单未设计相关游戏,仅作为学生的普通参观指导。普通学习单不包含设置游戏情境的挑战信,首页包含了指引学习者参观路线的手工艺活态馆平面展示图和手工艺活态馆简介(见图7-6)。普通学习单所包含的展品与游戏化学习单相同,但是在每一题的设计上有所不同。普通学习单的题目设计包括"数一数""排一排""连一连""选一选""填一填"5种题型(见图7-7)。这5种题型以选择、连线和简单的填写为主,大大缩减了学生在参观时的书写时间,让学生将更多的时间与经历放在场馆展品的观察和思考上。

数一数题指引学习者观察泥塑展区,问题设计如"泥塑,俗称彩塑,泥塑艺术是中国传统的民间艺术,即用黏土塑制成各种形象的一种手工。你面前的

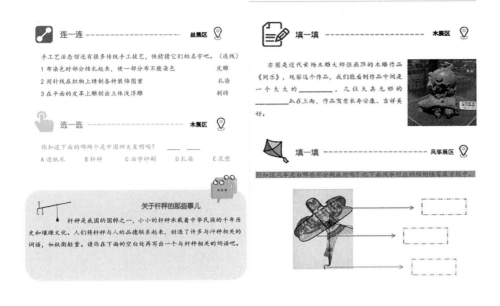

图 7-6 普通学习单(左:第一页;右:第二页)

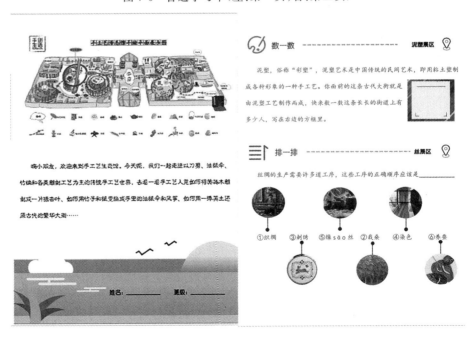

图 7-7 普通学习单(左:第三页;右:第四页)

　　这条古代大街就是由泥塑工艺制作而成,快来数一数这条长长的街道上有多少人,写在右边的方框里"。

　　排序题指引学习者学习丝绸展区的相关内容,"丝绸的生产需要许多道工序,这些工序的正确顺序应该是_____""①织绸③刺绣⑤缫丝②栽桑④染色⑥养蚕"。

　　连线题指引学习者了解皮雕、扎染和刺绣的概念,如"手工艺活态馆还有很多传统手工技艺,快猜猜它们的名字吧。(连线)"。

　　选择题涉及中国古代四大发明"你知道下面的哪两个是中国四大发明吗?A 造纸术 B 杆秤 C 活字印刷 D 扎染 E 泥塑"。

　　附加题"关于杆秤那些事儿"指引学习者阅读杆秤的展牌信息,"杆秤是我国的国粹之一,小小的杆秤承载着中华民族的千年历史和璀璨文化。人们将杆秤与人的品德联系起来,创造了许多与杆秤相关的词语,如权衡轻重。请你在下面的空白处再写出一个与杆秤相关的词语吧"。

　　两个填空题分别考察学习者对《同乐》作品和风筝展区的观察,题目设计如下"右图是现代黄杨木雕大师张燕萍的木雕作品《同乐》,观察这个作品,我们能看到作品中间是一个大大的__,几位天真无邪的__趴在上面,作品寓意长寿安康、吉祥美好""你知道风筝是由哪些部分构成的吗? 把下面风筝对应的结构填写在方框中"。

　　(4)研究工具

　　①知识测试

　　知识测试由一位场馆学习研究人员和一位小学教师共同设计,内容涉及学习单中所提及的展品知识。两组学生使用的是同一份知识测试单,具体问题设计如下:

1.泥塑展区里有各种各样的泥塑小人,你还记得展出的这条泥塑街道上有多少小人吗?　　　　　　　　　　　　　　　　　　　　　　　　　(　　)

　　A.10—30　　　　　　B.31—60　　　　　　C.61—90　　　　　　D.91—120

2.丝绸的生产需要许多道工序,这些工序的正确顺序应该是　　　　　　(　　)

　　A.织绸 刺绣 缫丝 栽桑 染色 养蚕　　　B.栽桑 养蚕 染色 织绸 刺绣 缫丝

　　C.栽桑 养蚕 织绸 缫丝 刺绣 染色　　　D.栽桑 养蚕 缫丝 织绸 染色 刺绣

3.判断对错

　　(1)杆秤是中国古代四大发明之一(　　　　)　　　　　A.正确　　B.错误

(2)扎染需要将布料完全放到染料缸里进行染色(　　) 　A. 正确 　B. 错误

(3)"半斤八两"这个词语与杆秤有关(　　) 　A. 正确 　B. 错误

(4)"权衡轻重"这个词语与杆秤有关(　　) 　A. 正确 　B. 错误

(5)造纸术和活字印刷术属于中国四大发明(　　) 　A. 正确 　B. 错误

(6)皮雕是在平面的皮革上雕刻出立体浅浮雕(　　) 　A. 正确 　B. 错误

4. 张燕萍是现代有名的黄杨木雕大师,下列作品中哪一个不是她的作品(　　)

　A.《渔翁》 　　　B.《同乐》 　　　C.《叶子书签》 　　D.《响彻云霄》

5. 风筝主要是由(　　)这三部分构成的。

　A. 骨架 蒙面 放飞线 　　　　　B. 骨架 蒙面 纸张

　C. 蒙面 放飞线 纸张 　　　　　D. 骨架 纸张 放飞线

②形象绘画测试

形象绘画测试用来了解学生参观前后对手工艺人印象的变化。形象绘画测试最早由 Chambers(1983)提出,他认为绘画测试不仅仅是"画一个人"或者"画一张画",而是一种旨在揭示出被试智力、自我形象或某些情绪状态或冲突投射工具。Chambers 将科学家绘画测试的标准归为衣着、眼镜、头发和胡须、研究环境、知识标志、科学产品和相关标题。通过计算每种指标出现的频率来获得被试的认识水平或想法。Chambers 将每幅画都纳入分析,并给一个从 1 到 7 的分数。同一类型的几个指标出现在图中不影响得分。也就是说,2 个科学家,每个人都戴着眼镜,则被视为 1 个指标。同样,桌子上的 3 种科学仪器也可以算作 1 个指标。小学三年级学生在语言表达能力上不具备优势,他们更倾向于使用画图这种非文字形式来表达自己的想法。图画甚至可以表达一些学生自己都难以意识到的想法。

③访谈

相比于知识测试中的具体问题,访谈问题的设计会更加开放。这种开放的问题设计可以引导学生说出自己对本次参观的思考。问题1—5分别针对泥塑展区、伞展区、木展区、丝展区和风筝展区的展览提出开放性问题,旨在了解学生在参观过程中还仔细观察了哪些展品,以确定两种学习模式下学习者的参观学习情况。问题 6 是概括性的问题,旨在了解学习者在参观过程中是否还注意到其他展区的展品。问题 7 让学生谈一谈自己对此次参观学习的感受。两组学生使用的是同一份访谈提纲,具体问题设计如下:

1. 你印象最深刻的泥塑作品是哪个,为什么它会让你印象深刻?

2.展出的油纸伞中你最喜欢哪一个,为什么?

3.木展区除了《同乐》还有很多其他的木雕,你还记得有哪些木雕作品吗?请说出它的名字然后描述这个作品。

4.丝展区展出了很多使用了扎染和刺绣的生活用品,请你尽可能多地说出这些展品的名字(如使用了扎染工艺的围巾)。

5.风筝展区中展示了杭州的特色风筝"微型风筝",这种风筝一般体积很小,你知道原因吗?

6.你觉得手工艺活态馆中还有哪些有意思的东西?请告诉我们。

7.关于本次参观之旅,你还有什么想跟老师说的吗?

7.1.3 研究过程

将参与实验的学生分为实验组与对照组,具体实验流程如图 7-8 所示。实验开始前教师对两组学生进行了任务的描述与介绍。两组学生都被要求将学习单填满,并被告知答案在馆中都能找到(可能是在白色落地的展牌里,也可能在橱窗介绍牌里)。将实验组学生置于一个游戏化学习情境中,并告知学生实验过程中允许交流合作。实验后每位同学都可以领取一份小礼品,其中获得高分数的学生将会被评为"非物质文化遗产继承人",并获得老师颁发的最终大奖。

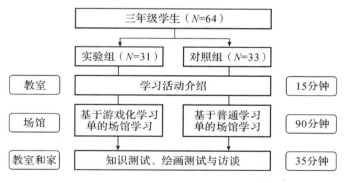

图 7-8　实验流程

实验过程中,实验组学生带着游戏化学习单参与场馆中的学习活动,对照组手持普通学习单参与场馆学习。每组学生均有一名研学经验丰富的带队教师和一名研究人员照看学生并观察学习者的学习表现。

实验结束后,所有学生将会被指导填写知识测试问卷、画出心目中的手艺人,教师与研究人员将会根据学习内容对学习者进行访谈测试。测试前不允许学生进行任何讨论,以避免他们互相干扰对方的想法。知识测试与绘画测试都将在课堂上完成,保证学生认真填写与回答,访谈则被设计在课堂之外。教师通过钉钉发布访谈内容,学生进行语音回答。这样保证了学生之间互不干扰,延迟测试也考察了学生参观结果的保持程度。

7.1.4 数据分析

(1)知识测试

知识测试卷共五大题 10 小题,每小题 10 分,测试总分为 100 分。对每位学生的回答进行打分,并计算两组学生的平均值。比较两组学生分数的平均值作为评价学生知识水平的重要参考。将学生测试分数导入 SPSS 中,部分学生的知识水平描述性统计如表 7-3 所示,独立样本 t 检验结果如表 7-4 所示。由表 7-3 得知,实验组平均值为 56.45,标准差为 16.03,对照组平均值为 64.85,标准差为 12.53,对照组成绩较好于实验组。由表 7-4 得知,$t = -2.343$,$P = 0.022$,对照组和实验组的学业水平成绩的显著性(双尾)值小于 0.05,均值差异显著。对照组真实水平成绩较好于实验组,且存在显著差异。

表 7-3 学生知识水平描述性统计

组别	个案数	平均值	标准差	标准误差平均值
实验组	31	56.45	16.03	2.879
对照组	33	64.85	12.53	2.181

表 7-4 学生知识水平独立样本 t 检验

	莱文方差等同性检验		平均值等同性 t 检验						
	F	显著性	t	自由度	显著性(双尾)	平均值差值	标准误差差值	差值95%置信区间	
								下限	上限
假定等方差	2.312	0.133	-2.343	62	0.022	-8.397	3.585	-15.562	-1.231
不假定等方差			-2.325	56.783	0.024	-8.397	3.612	-15.631	-1.163

(2)形象绘画测试

根据 Chambers(1983)提出的绘画测试程序,本书制定了绘画测试的记录与评价指标（如表 7-5、表 7-6 所示）。在根据指标解释学生的绘画时，还注意到了学生绘画作品的其他组成部分并考虑了它们可能的意义，如手工艺人正在做什么。通过分析每位学生的绘画作品了解他们对手工艺人的印象。

对学生绘画作品的分析包括分类与评价。分类的目的是确定学生心目中的手工艺人类别，包括身份、年龄、性别、情绪和手工艺人的社会维度。评价的目的是确定学生对手工艺人的了解程度。针对四个评价指标对学生绘画进行评分，具体为衣着、工作地点、手工艺品、工具。评分过程中忽略学生的绘图质量。绘画作品只要表现出上述维度中的一种则被记为 1 分，否则记 0 分。故一位学生的最高得分是 4 分、最低得分是 0 分。分数越高代表被测者对科学家形象的认知越全面。绘画测试分析结果将会得出两组学生对手工艺人的认知程度。

表 7-5　绘画测试分类指标

维度	指标	分类
手工艺人外观	身份	木匠、裁缝等
	年龄	少年、青年、中年、老年
	性别	男、女
	情绪	高兴、没有表情、不高兴
手工艺人工作环境	社会维度	个人、群体

表 7-6　绘画测试评价指标

维度	指标	例子
手工艺人外观	衣着	木工服、旗袍等
手工艺人工作环境	工作地点	大街、厨房、陶艺坊等
	工具	锤头、针线等
	手工艺品	陶罐、绣品、剪刀等

图 7-9 与图 7-10 分别展示了两位学生的手工艺人绘画作品。图 7-9 展示了一位杭绣手工艺人正在作坊里刺绣，桌子上摆放着一些刺绣工具和半成品团扇，作坊的墙上展示着一些手工艺扇子，并张贴有"非遗传承杭绣"字样。手工艺人是一位穿着旗袍的女子，发型古朴，正微笑着坐在桌子旁绣一个团扇。故该绘画被定义为"绣娘""青年""女""高兴""个人"。衣着、工作地点、工具和手

工艺品四个评价指标均有描述,因此该同学得分为 4 分。这幅作品反映出,作者心中的手工艺人具有古代文化气息,手工艺的观赏性很高。

图 7-9　手工艺绘画作品 1

　　图 7-10 展示了一位捏面人的手工艺人。这位手工艺人貌似将摊点摆在大街上,摊上摆放有各种捏面人作品。手工艺人是一位微笑着的、身穿现代休闲服的青年,他正在悠然地工作。旁边有一位少年围观,并发出"哇! 厉害!"的感叹。故该绘画被定义为"捏面人""青年""男""高兴""群体"。工作服不具特色,但工作地点、工具和手工艺品三个评价指标均有描述,因此该同学得分为 3 分。此外,这幅作品反映了在作者心中,手工艺人以及手工艺品已经走入现代大众的视野,而且他(她)内心认为手工艺人是一类很了不起的人物。

图 7-10　手工艺绘画作品 2

(3)访谈

将学生的钉钉访谈语音转化为文本数据并进行编码处理。学生访谈数据表现出的知识水平、学习体验以及情感态度,将作为知识测试数据和绘画测试数据的重要补充。以学生甲的访谈记录为例。

访谈1:我印象最深刻的是一个在看耳朵的人,因为他的神态非常的逼真,他坐在凳子上翘着二郎腿,扎着一个很短的鱼骨辫,捂着自己的耳朵,五官狰狞,还拧着眉头。

访谈2:我最喜欢一个粉色的樱花油纸伞,因为它非常漂亮,我也非常喜欢樱花。

访谈3:还有叶子书签、响彻云霄等木雕作品。叶子书签是有一片卷曲的银杏叶的叶柄,放在带着一点树枝的大叶子的后面,大叶子的旁边还有一片很小的叶子。响彻云霄是一个人跪在一堆大石头上,旁边还有一只翅膀,那个人吹着喇叭,朝着天空。

访谈4:有刺绣团扇、刺绣胸针、绣花鸟兽图案,还有扎染、丝巾等。

访谈5:是由于制作的时候,上半身和绳子分开制作的。然后贴合而成,所以在放飞的时候,微型风筝就像一只真蝴蝶一样在空中翩翩起舞,它只有手掌那么大。

访谈6:可以图画风筝等。

访谈7:我们祖国的劳动人民心灵手巧,做出了许多栩栩如生的手工艺品,非常有智慧,创造了社会财富。

访谈1中,学生所描述是泥塑街区中一位正在医馆看病的泥塑小人,学生使用"神态逼真""坐在凳子上""翘着二郎腿""很短的鱼骨辫""捂着自己的耳朵""五官狰狞""拧着眉头"等字眼来描述该人物,可以反映出这位同学观察展品时的认真程度。访谈2中,学生结合自己已有经验"我也非常喜欢樱花"去观察油纸伞,这种表述体现了学生对油纸伞手工艺的喜爱。访谈3中学生描述了两种黄杨木雕作品,即《叶子书签》和《响彻云霄》。访谈4中学生描述了物种刺绣作品,这些描述体现了学生细致和全面的观察。访谈5学生畅想了微型风筝的制作原因,虽然不是准确的答案,但是"制作的时候上半身和绳子分开"和"像一只真蝴蝶在空中翩翩起舞"可以看出学生观察得很认真,也敢于畅想。访谈6和7学生谈了自己对手工艺活态馆参观的感受。"我们祖国的劳动人民"可以看出学生参观后建立了与手工艺人的情感联系,有着强烈的民族自豪感与归属感;"栩栩如生的手工艺品"和"非常有智慧"是学生对手工艺人的一种肯定与赞赏;"创造了社会财富"体现了学生将手工艺品与社会相联系,是学生社会价值观的重要体现。

7.2 面向亲子学伴的科学素质教育

我国近年来在场馆的数字化建设方面投入了大量的人力和物力,旨在为参观者提供更好的学习体验,体现并发挥场馆的社会教育价值。那么,参观者在参观过程中是否获得了展品相关的知识?场馆学习受到多重因素的影响,这些因素变量在场馆学习中的作用如何体现?本章将利用构建的场馆学习影响因素模型及因素分析图,开展场馆学习的个案分析,尝试着对上述问题进行回应。

7.2.1 研究背景

场馆学习是发生在自然情境中的复杂学习活动,通常具有以下特点。

作为学习主体的参观者带着鲜明的个体特征来到场馆中,其先前知识、先前参观经验以及参观动机对场馆学习活动有着不可忽视的影响,因此,难以采用随机抽象的方式保证研究对象能够代表某一个群体特征。

场馆学习是自由选择学习的过程,学习过程由参观者自主控制,不受外界因素的影响,研究者无法控制参观者的参观行程,只能利用记录工具实时记录学习过程,为了获取学习过程的全部因素变量信息,研究需要结合使用问卷、访谈、行为记录等多种方式获取数据信息,参观后对其学习过程进行全面深入地分析,得出相关定性的结论。因此,研究过程需要研究者全程参与,研究者本身就是研究工具。

场馆学习受到多重因素的影响,包含个体特征因素、环境特征因素、社会互动因素以及展品特征因素,这些因素类别又包含许多子因素,有些子因素可以进行量化分析,而有些因素变量,则无法对其进行准确的量化分析,如先前知识、先前参观经验等,因此,研究者无法对所有因素变量制定量化标准,不能使用数据统计中的结构方程建模验证相关因素间的因果关系。

综上所述,场馆学习的实践研究不是试图去验证单个因素与学习效果的影响关系,而是描述与研究对象互动的错综复杂的多个因素,个案研究有助于综合分析因素,全面认识研究对象,找出可能发挥重要角色的变量,为进一步的实验研究提出研究框架的方向和问题。因此,本书采用适用于注重问题深入描述、整体性分析、过程性研究的个案研究法，选取较为典型的个案，研究者参与研究过程，剖析研究对象的场馆学习过程，以及前述模型中的因素变量对其学习效果的影响。

浙江省自然博物馆是省级自然历史博物馆，始建于 1929 年，2009 年迁至新馆，位于浙江省杭州市西湖文化广场，居于省会城市文化、金融中心地带。该馆现设有两个临时展览区，开放短期的、主题性的展览，此外，三个常设展览区为："地球生命故事""丰富奇异的生物世界""绿色浙江"，常设展览厅中拥有丰富的数字化展品，通过声、光、电等多媒体技术的运用，结合空间、色彩、造型等设计要素，利用自然还原、艺术概括、互动启发等现代手法，为参观者提供了丰富、多样、逼真的参观体验。本书选取的数字化展品主要集中在"地球生命故事"展区，它包含多种展品类型，如文字/实物展品、影像展品、互动展品和触屏展品，符合模型中对展品类型的分类。

本书选择浙江省自然博物馆作为开展案例研究的场所，主要源于它的以下优势：

①浙江省自然博物馆地理位置处于市中心，是金融、文化的交汇处，交通方便，参观者络绎不绝，人数众多，尤其是在周末节假日，大量的参观人群为本研究开展实践研究提供可能性；

②浙江省自然博物馆的展览设备充分利用了多媒体技术和设备设施，既拥有传统的配以文字解释的实物展品，呈现展品的详细信息，又利用多媒体技术和新型设备设施呈现展品所要传播的知识信息，并支持参观者与其充分互动，拥有本研究先前描述的具备信息传播和交互操作等特征的各类展品。

③浙江省自然博物馆机构的管理人员对本研究表示支持，希望通过本研究获取一些建设性的意见和策略，以帮助他们在今后更好地完善场馆建设和学习支持服务。因此，在研究开展过程中，来自场馆机构的支持促进研究的顺利开展。

7.2.2　研究设计

（1）研究对象

在第四章社会调研的数据统计结果中可以发现，调研对象与家人、朋友（同事、同学）结伴参观的比例占多数，且 6～12 岁和 25～36 岁两个年龄阶段的调研对象，大部分选择了和家人结伴参观，这两个年龄阶段的人多是学龄期儿童和家长,即场馆参观群体中的亲子参观群体占有重要比例。浙江省自然博物馆的展览设置,如"地球生命故事""丰富奇异的生物世界""绿色浙江",也较适合于学龄期的儿童参观。因此,本次个案研究中将选取 6～12 岁年龄段的、有家长陪伴参观的儿童参观者为研究对象,且家长不限于父母。

(2)研究计划

研究选取浙江省自然博物馆作为开展场馆学习研究的实践场所,使用定量和定性相结合的研究方法,整合研究过程分为三个阶段。

第一阶段,研究选取家庭单位的亲子参观群体,通过现场征集研究对象,选取 6～12 岁的儿童及 1 位或 2 位陪同参观的家长的亲子参观群体,在告知研究对象本研究开展的目的和研究过程中采用的方式手段后,同意配合研究开展的亲子参观群体为 8 对。选取 6～12 岁的儿童出于以下两方面的考虑:第一,儿童有能力阅读并自主填写学习风格测试量表;第二,儿童参观后能够清晰表述自己参观中获得的新知识。参观前,通过研究对象填写问卷和学习风格量表获取参观者的个体因素,如先前知识、先前经验、参观动机以及学习风格。

第二阶段,在研究对象的参观学习过程中,研究者观察记录研究对象的社会互动行为的频率,并记录研究对象对研究选取的相应展品的选择性关注。由于本研究在先前的预实验阶段发现,如果告知儿童和家长,在他们参观时会有研究者记录他们的社会互动行为和参观行为,他们会由于保护隐私而拒绝参与本研究。因此,研究选择浙江省自然博物馆的"地球生命故事"场馆位于起始端的展览区域,采用隐蔽的、跟踪式的记录方式,这段展览区域包含多种展品,主要讲述的是地球与宇宙、矿石和陨石相关的知识,展品类型及展览内容如表 7-7 所示。

表 7-7　个案研究中选取记录的展览区域、展品类型及展览内容

展品名称	展品类型	展览内容
地球的诞生	影像展品	讲述了地球的诞生及其在宇宙中的位置
地球磁场	互动展品	呈现了地球磁场的方向等知识
陨石	实物/文字类展品	展示了陨石标本及陨石的来历等文字介绍
地球、月亮和太阳	触屏展品	呈现了地球、月亮和太阳三者在宇宙中的关系
地球与太阳的距离	互动展品	呈现了通过地球与太阳距离的变化,日食的产生等相关知识

续表

展品名称	展品类型	展览内容
陨石的重量	互动展品	展示了不同陨石的形态，并可以亲自动手测量其重量
矿石	实物/文字类展品	展示了多种矿石实物的形态、颜色等标本，并辅以详细的文字介绍其用途、价值等
地幔与火山	影像展品	呈现了地幔的运动和火山的形成

第三阶段，参观结束后，研究者对研究对象进行问题访谈，现场录音，事后从录音记录中提取研究对象在问题回答中有关展品知识和态度的有效信息，作为综合评定其学习效果的依据。

三个阶段都是针对现场征集到的 8 位有家长陪伴参观的儿童参观者研究对象开展的研究活动，具体的研究过程如图 7-11 所示。

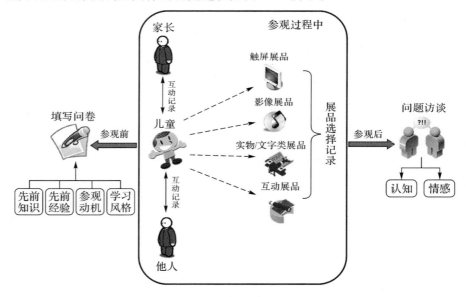

图 7-11　个案研究中的针对研究对象开展的研究过程

（3）研究工具

第一阶段：研究对象"个体因素调查"问卷工具。

个体因素包含先前知识、先前经验、参观动机以及学习风格，分别设定问题获取研究对象的先前知识、先前经验与参观动机。研究对象可根据自己的实际情况选择，先前知识的问题选项根据知识层次由浅入深设定量度，如表 7-8 所示。先前经验由参观场馆频率和参观研究关注的展览区域经历组成，根据对学习效果的促进作用由小到大设定量度,如表 7-9 所示。参观动机问题选项由外部动机到内部动机,根据对学习效果促进作用由小到大设定量度,如表 7-10 所示。

表 7-8　研究对象个体特征:先前知识—问题—选项—量度

问题	选项	量度
你来参观之前,有没有学习过"地球与宇宙"相关的知识?	我丝毫没有学习过相关知识	1
	我看过动画片、电影或电视节目	2
	我看过课外书	3
	在学校,老师教过	4
你对"地球生命故事"展馆中的"地球与宇宙"有何种程度的认识?	我只知道我生活在地球上	多选题,数据记录为儿童选择知道的选项数
	我知道地球运转(公转、自转、磁场)的知识	
	我知道地球、太阳系和银河系的关系	
	我知道宇宙中存在许多其他的星球,并能说出 2~3 个	
	我知道宇宙中的一些奥秘,如陨石、黑洞等	

表 7-9　研究对象个体特征:先前经验—问题—选项—量度

问题	选项	量度
你参观博物馆的频率是多少?	第一次	1
	每年 1 次	2
	每月 1~2 次	3
	每月 1 次	4
	每周 1 次	5
你参观过自然博物馆的"地球生命故事"展厅吗?	没有	0
	有	1

表 7-10　研究对象个体特征:参观动机—问题—选项—量度

问题	选项	量度
你是出于何种目的参观自然博物馆?	家长提议带我来	1
	完成学校老师布置的任务	2
	学习课本中没有的知识、扩展视野	3

学习风格测试量表选取了库伯的学习风格测试量表，由 12 个问题组成，每一个问题中，参观者选取与自己最符合的一个选择打 4 分，比较符合的选项打 3 分，一般符合的选项打 2 分，基本不符合的选项打 1 分。每个问题的 A、B、C、D 选项分别对应了库伯体验学习风格分类二位象限的体验、反思、思考、行动，研究者将参观者填写的 A、B、C、D 各项的分值总分计算出来，填写在体验学习风格的二位象限的体验、反思、思考、行动的坐标系中，算出参观者位于象限的具体区域，从而确定学习者的学习风格。

第二阶段：亲子互动行为记录表。

场馆学习的建构主义本质主要体现在观众的主动参与性、学习的社会人际交互性以及场馆的真实情境性三方面（伍新春、谢娟、尚修芹，2009）。其中，亲子（child-parent）间的社会互动在场馆参观时间、家庭成员角色、参观行为和交流内容上表现出一定特点（伍新春等，2010），已有研究显示，当儿童（4～8 岁）在家长的陪伴讲说中参观博物馆时，家长能够帮助儿童形成科学思考，那些有家长陪伴解说的儿童与没有家长陪伴的儿童相比，在参观过程中的学习探究活动时间持续更长，探究范围更广，并且集中在相似事物的比较（Crowley et al.，2001），因此，更有可能获得较好的参观学习效果。

亲子参观学习通常是在双方的对话交流中进行，家长通过与儿童的对话来启发他们的思考、回忆、反思等。这种对话式的学习交互行为在场馆非正式学习中非常普遍。我国博物馆研究领域的学者认识到以家庭成员为单位的参观者在参观人群中占有重要比例，通过开展亲子科普教学活动，帮助家长更新、积累知识，有利于家长有效地指导儿童学习，提升自己的教育观念和方法（罗德燕等，2012）。北师大研究团队利用"亲子互动行为核查表""情境兴趣问卷""自我效能感问卷""展品知识水平测试题"等工具，分析得出亲子互动呈现出合作商讨、指导控制和单独思考三种类型（伍新春等，2012）。亲子学习行为不仅发生在场馆学习活动中，有学者研究亲子在 AR 图画书阅读学习中的学习行为，选取 33 对亲子为研究对象，其中儿童的平均年龄为 7.85 岁，5 个孩子是学龄前儿童，其余都是小学低年级学生，家长的平均年龄在 37.91 岁，在孩子和家长阅读 AR 图画书时记录视频过程，观察视频并分析得出，亲子间的主要学习形式表现为 4 类：家长叙述或孩子阅读行为；关于书本内容的交互行为；关于 AR 因素的交互行为；操作 AR 图书的行为，由此总结出 8 种参与者的学习行为，每一种学习行为有一个或多个特定行为，如表 7-11 所示，研究者将每一个特定学习行为进行编码,记录参与者在每个学习行为上的发生次数。

表 7-11　AR 图画书阅读学习中亲子间的学习行为模式分析及编码

主要学习行为		编码	特定行为	备注
家长	家长叙述行为	P1	述说	家长为孩子讲述书本中的内容。
	家长关于图书内容的交互行为	P2	指点	家长指点图画中的细节。
		P3	说明	家长对书本内容的图画做说明。
		P4	提示	家长给孩子提供暗示或问题。
		P5	评价	家长评价孩子的回答。
		P6	扩展	家长在孩子回答的基础上扩展额外的信息。
		P7	反复	家长鼓励儿童重复额外的信息。
	家长关于 AR 因素的交互行为	P2	指点	家长指点图画中的细节。
		P3	说明	家长对书本内容的图画做说明。
		P4	提示	家长给孩子提供暗示或问题。
		P5	评价	家长评价孩子的回答。
		P6	扩展	家长在孩子回答的基础上扩展额外的信息。
		P7	反复	家长鼓励儿童重复额外的信息。
	家长操作 AR 图书的行为	P8	控制	家长控制 AR 图书的操作。
		P9	旋转	家长旋转设备从不同视角观察 AR 效果。
	其他	P10	训练	家长矫正孩子的行为使他们专注学习活动。
儿童	儿童学习行为	C1	阅读	儿童自己阅读书本。
	儿童关于书本内容的交互行为	C2	指点	儿童指出图画的细节。
		C3	评论	儿童评论书中的图画。
		C4	提问	儿童提出疑问。
		C5	回答	儿童回答家长的问题或评论书本内容。
		C6	反复	儿童重复家长关于图画的额外知识。
	儿童关于 AR 因素的交互行为	C2	指点	儿童指出图画的细节。
		C3	评论	儿童评论书中的图画。
		C4	提问	儿童提出疑问。
		C5	回答	儿童回答家长的问题或评论书本内容。
		C6	反复	儿童重复家长关于图画的额外知识。

续表

主要学习行为		编码	特定行为	备注
儿童	儿童操作 AR 图书的行为	C7	控制	儿童控制 AR 书本的操作。
		C8	旋转	儿童旋转设备，从不同角度观看。
		C9	检查	儿童检查 AR 设备，尝试触摸它。
	其他	C10	干扰	儿童干扰家长操作 AR。
		C11	注意力分散	儿童在阅读过程中注意力分散。

注：Cheng and Tsai，2014。

与上述研究方法相似，亲子在场馆学习中的社会互动行为可通过编码的方式进行统计。在一项相关研究中，通过分析亲子间的对话内容并对其的编码统计发现，亲子间的对话类型分别为解释性的、非解释性的以及关于展品内容的对话交流三类（包括家长与儿童双方的），三类对话形式的主要行为表征为解释性对话（描述科学现象、提供因果解释、使用类比法解释概念、询问因果问题、寻问事实问题）；非解释性对话（给出方向、讨论个人经验、讨论下一步该做什么、表达感想）；展品内容相关的对话（阅读展品信息、重新组织展品信息）（Tare et al.，2011）。家长对儿童的一对一引导决定了家长在亲子模式参观学习中的关键作用，如家长的文化和受教育背景对亲子间有关科学的对话有影响，受教育较好的家长在场馆参观中与儿童的对话内容较多使用因果解释、科学原理解释以及鼓励做出预期解释等（Tenenbaum and Callanan，2008）。除了家长的个体社会背景及受教育背景等因素，家长的元认知知识在场馆学习的亲子交互中也具有显著影响，包括家长对自身以及儿童的过程式和条件性的元认知知识，如家长是否了解自身或儿童的认知策略或为达到学习目标的学习过程，以及家长是否了解自身或儿童在何种情况下，或为什么在这种情景下会发生学习行为（Thomas and Anderson，2013）。

在借鉴已有研究成果的基础上，本书设计了亲子参观群体中儿童参观者的社会互动行为记录表，对其进行参观学习社会互动行为的细化和分类。社会互动行为记录表描述了亲子间在场馆参观学习过程中的主要互动行为，分为家长→儿童、儿童→家长以及儿童↔他人 3 种主要个体间的交互，经过行为分析的细化，可细分为 5 类：家长→儿童（关于展品内容的对话交互）、家长→儿童（关于展品操作的交互）、儿童→家长（关于展品内容的对话交互）、儿童→家长（关于展品操作的交互）以及儿童↔他人，每一类中又细分为若干个可能发生的交互行为。在实践中,将对儿童参观者在场馆学习过程中、在特定类型的展品前是否发生了上述行为做记录,以获得参观者在特定类型的展品前发生的社会交互程度,如家长→儿童(关于展品内容的对话交互)这一类中包含 8 种行为,如其中有 5 种行为发生,则记录数据为 5,即家长→儿童关于展品内容的对话交互程度为 5。此外,在特定类型的展品前停留的时间记录,作为评判此种类型的数字化展品对不同学习风格的参观者的吸引程度,以及受到选择性关注的程度。参观者在展品前停留的时间长短,是作为衡量该展品是否属于 APE 展品(能够使参观者积极投入的展品)的重要标准。来自美国马里兰州的 Sandifer 对交互式展品不同特性对参观者的影响研究中提到,观众在一件展品上花费的时间超过 5 秒钟表示他们有兴趣继续关注该展品,即表示该展品对参观者具有吸引力(Sandifer,2003)。

第三阶段:场馆学习效果的访谈工具。

参观后的访谈问题针对的是浙江省自然博物馆的"地球生命故事"场馆位于起始端展览区域的特定数字化展品。访谈的问题设计是针对上述展品呈现的信息及相关知识:地球与宇宙,陨石和矿石。

访谈工具共包含 4 个选项问题和 1 个开放问题,对研究对象的访谈回答过程全程录音,通过访谈录音分析,提取研究对象对地球和宇宙、陨石和矿石的知识理解和态度认识,以此作为场馆学习效果的考察结果。

7.2.3　研究过程

(1)研究对象的个体特征分析

本次实践研究中,共有 8 位有家长陪伴的儿童参观者参与研究,研究对象以儿童参观者为中心,参观前的个体因素调查问卷工具包含对儿童参观者先前知识、先前经验、参观动机以及学习风格等个体因素的调查。表 7-12 呈现了 8 个研究对象(A—I)的个体特征基本信息,其中先前知识和先前经验均综合了 2 个问题的答案,在统计计数时,取其总和。

表 7-12　个案分析中研究对象的个体特征

研究对象	性别	年龄	陪同家长	先前知识	先前经验	参观动机	学习风格
A	女	10	爸爸、奶奶	3+1	3+1	1	均衡型
B	女	10	妈妈、奶奶	4+5	2+0	1	反思型
C	男	7	爸爸	3+5	2+1	1	聚敛型
D	女	7	妈妈	3+1	2+1	3	体验型
E	女	7	爸爸	1+1	2+1	3	发散型
F	男	7	妈妈	3+5	3+1	3	行动型
H	男	11	爸爸	2+1	2+1	3	顺应型
I	女	7	妈妈	3+1	2+1	1	顺应型

（2）研究对象的参观过程记录

调研对象填写完获取其个体因素基本信息和学习风格测量的问卷后,研究者便与其保持一定距离,对其在特定展览区域中,与家人、他人的社会互动行为和频率进行观察记录,以及儿童对特定展品类型的停留时间进行记录。表 7-13 为 8 个调研对象在参观过程中在不同类型的数字化展品前的停留时间,以及在该展品前发生的社会互动行为的统计。表 7-14 为 8 个调研对象的学习风格与其关注的数字化展品类型的统计。

表 7-13　个案分析中调研对象的社会互动行为及展品选择性关注记录统计

研究对象	类型行为	文字/实物展品		影像展品		互动展品			触屏展品	总计
	展品	陨石	矿石	地球的诞生	地幔与火山	地球磁场	地球与太阳的距离	陨石的重量	地球、太阳和月亮	
A	停留的时间（分钟）	0.5							1	1.5
	儿童↔家长	8	×	×	×	×	×	×	7	15
	儿童↔他人									
B	停留的时间（分钟）	0.5	6.5			1.5	2			10.5
	儿童↔家长	1	3	×	×	2	6	×	×	12
	儿童↔他人									

续表

研究对象	类型行为/展品	文字/实物展品		影像展品		互动展品			触屏展品	总计
		陨石	矿石	地球的诞生	地幔与火山	地球磁场	地球与太阳的距离	陨石的重量	地球、太阳和月亮	
C	停留的时间（分钟）		0.5			0.5		1		2
	儿童↔家长	×	1	×	×	1	×	1	×	3
	儿童↔他人									
D	停留的时间（分钟）	0.5	1		0.5	1	1	1.5		5.5
	儿童↔家长	1	2	×	1	4	3	6	×	17
	儿童↔他人									
E	停留的时间（分钟）	1	3	1	0.5	2		1	0.5	9
	儿童↔家长	1	5	3	3	8	×	4	2	26
	儿童↔他人									
F	停留的时间（分钟）	0.5	2	0.5	0.5		2		0.5	6
	儿童↔家长	1	9	2	2	×	5	×	3	22
	儿童↔他人									
H	停留的时间（分钟）	1	2		2	2	3	2	1	13
	儿童↔家长	2	7	×	6	5	7	2	5	34
	儿童↔他人									
I	停留的时间（分钟）	0.5	0.5			0.5	0.5	0.5		2.5
	儿童↔家长	2	3	×	×	4	4	3	×	16
	儿童↔他人									

表 7-14　个案分析中调研对象的学习风格与其关注的展品类型

研究对象	学习风格	选择参观展品类型
A	均衡型	文字/实物展品、触屏展品
B	反思型	文字/实物展品、互动展品
C	聚敛型	文字/实物展品、互动展品
D	体验型	文字/实物展品、影像展品、互动展品
E	发散型	文字/实物展品、影像展品、互动展品、触屏展品
F	行动型	文字/实物展品、影像展品、互动展品、触屏展品
H	顺应型	文字/实物展品、影像展品、互动展品、触屏展品
I	顺应型	文字/实物展品、互动展品

（3）研究对象的学习效果访谈

参观后的问题访谈针对的是本研究所选取的展品的相关知识，主要包含 2 大类：地球与宇宙，陨石和矿石。通过对研究对象的回答内容的录音分析，提取研究对象获得的知识与态度信息（见表 7-15）。

表 7-15　个案分析中研究对象的访谈回答分析

研究对象	地球与宇宙的认识	陨石和矿石的认识
A	能形容地球的外观； 能说出地球、月球、太阳的关系。	知道二者的来历； 形容二者的外观。
B	说出地球的特质（温度），与其他星球的区别。	知道陨石产生的过程，矿石的价值。
C	能形容地球的外观； 与宇宙的关系。	知道二者的来历； 描述二者的外观。
D	地球是圆形。	陨石是有重量的。
E	描述地球的磁场； 描述地球、月球、太阳的关系和日食现象。	知道二者的来历； 描述了矿石的外观，举例在生活中的用途。
F	地球与其他星球在重力上的区别； 地球、月亮和太阳三点成一线时，会发生涨潮或落潮的现象。	陨石来历的详细过程； 矿石的外观； 指出陨石和矿石在硬度、颜色上的区别。
H	描述地球的磁场及不同位置的变化； 地球在温度上与其他星球的区别。	描述陨石的来历过程； 指出二者的区别和相同之处。
I	描述地球的外观； 说出公转和自转。	指出二者都是石头。

7.2.4 数据处理与过程分析

(1)相关的数据处理

研究通过三个阶段的实施获取了研究对象在场馆中学习时的各个因素变量的相关数据信息,根据理论模型的因素分析图,能够清晰呈现各个因素变量对其学习效果的作用和影响。为了清晰呈现因素变量对学习效果产生的影响,在分析图的下方加入了研究对象的访谈回答结果。

8 位研究对象的个体特征:先前知识、先前经验和参观动机。如表 7-16 至表 7-18 所示的各位研究对象的个体特征因素所处的优势与劣势地位。学习风格类型没有优劣地位之分,各位研究对象的具体学习风格如表 7-19 所示。

表 7-16 个案分析:个体特征因素—先前知识所处地位

内部因素所处地位	先前知识
优势地位	B(老师教过,知道 5 个知识点) C(看过课外书,知道 5 个知识点) F(看过课外书,知道 5 个知识点)
劣势地位	A(看过课外书,知道 1 个知识点) D(看过课外书,知道 1 个知识点) E(没有学习经历,知道 1 个知识点) H(看过电视节目,知道 1 个知识点) I(看过课外书,知道 1 个知识点)

表 7-17 个案分析:个体特征因素—先前经验所处地位

内部因素所处地位	先前经验
优势地位	A(每月 1～2 次,有目标展厅的参观经验) C(每年 1 次,有目标展厅的参观经验) D(每年 1 次,有目标展厅的参观经验) E(每年 1 次,有目标展厅的参观经验) F(每月 1～2 次,有目标展厅的参观经验) H(每年 1 次,有目标展厅的参观经验) I(每年 1 次,有目标展厅的参观经验)
劣势地位	B(每年 1 次,没有目标展厅的参观经验)

表 7-18　个案分析:个体特征因素—参观动机所处地位

内部因素所处地位	参观动机
优势地位	D(来自自己的内部动机) E(来自自己的内部动机) F(来自自己的内部动机) H(来自自己的内部动机)
劣势地位	A(来自家长的外部动机) B(来自家长的外部动机) C(来自家长的外部动机) I(来自家长的外部动机)

表 7-19　个案分析:个体特征因素—学习风格类型

研究对象	学习风格
A	均衡型
B	反思型
C	聚敛型
D	体验型
E	发散型
F	行动型
H	顺应型
I	顺应型

　　根据有关场馆参观的研究结果,参观者在一件展品上花费的时间超过 5 秒钟表示他们有兴趣继续关注该展品,即表示该展品对参观者具有吸引力(Sandifer,2003)。表 7-20 呈现了 8 位研究对象在研究关注区域展品中对展品类型的关注情况和相应的时间。

表 7-20　个案分析:展品特征—关注展品类型及关注时间

研究对象	选择参观展品类型(时间:分钟)
A	文字/实物展品(0.5)、触屏展品(1)
B	文字/实物展品(7)、互动展品(3.5)
C	文字/实物展品(0.5)、互动展品(1.5)
D	文字/实物展品(1.5)、影像展品(0.5)、互动展品(3.5)
E	文字/实物展品(4)、影像展品(1.5)、互动展品(3)、触屏展品(0.5)
F	文字/实物展品(2.5)、影像展品(1)、互动展品(2)、触屏展品(0.5)
H	文字/实物展品(3)、影像展品(2)、互动展品(7)、触屏展品(1)
I	文字/实物展品(1)、互动展品(1.5)

本书选取了有家长陪伴的儿童参观者为研究对象,在社会互动类别中分别有组内社会互动和组外社会互动,组内社会互动为家长和儿童间的交流协商,组外社会互动则为儿童与其他参观者、工作人员的社会人际互动。在研究过程中笔者发现,儿童参观者几乎没有与其他参观者发生组外互动,研究对象发生总体社会互动即是研究对象与其陪伴参观家长间的组内互动次数。已有多项研究证实,亲子学习中的互动次数越多,越有利于儿童的知识理解、获得认知。因此,研究根据研究对象的互动次数由多到少排列,呈现 8 位研究对间相对的社会互动因素对其学习效果的促进或阻碍影响作用,详见表 7-21。

表 7-21　个案分析:社会互动因素频率及其影响作用

外部因素影响作用	社会互动总次数	关注展品类型(互动次数)
促进作用	H(34)	文字/实物(9)、影像(6)、互动(14)、触屏(5)
	E(26)	文字/实物(6)、影像(6)、互动(12)触屏(2)
	F(22)	文字/实物(10)、影像(4)、互动(5)、触屏(3)
	D(17)	文字/实物(3)、影像(1)、互动(13)
阻碍作用	I(16)	文字/实物(5)、互动(11)
	A(15)	文字/实物(8)、触屏(7)
	B(12)	文字/实物(4)、互动(8)
	C(3)	文字/实物(1)、互动(2)

将上述环境特征因素、个体特征因素、关注展品特征因素以及社会互动因素等数据信息根据其相对的优势、劣势地位和促进、阻碍作用填入因素分析图中,可以清晰呈现每位研究对象在场馆参观学习过程中受到场馆环境特征的促进、阻碍影响,个体特征所处的优势、劣势,与家长发生的社会互动次数相对于其他研究对象社会互动次数对学习效果的促进、阻碍作用,并能呈现出研究对象个体学习风格与其所关注展品类型间的关系。

(2)场馆学习过程分析

如图 7-12 所示,研究对象 A 在参观之前几乎每月有 1～2 次的场馆参观活动,对目标展区有过参观经验,先前参观经验处于优势地位;对目标展区中展品相关的知识通过看课外书的形式,知道其中的 1 个知识点(只知道自己生活在地球上),先前知识相比较于其他研究对象处于劣势地位;且由于本次参观是由家长提出,出自家长的外部动机,参观动机处于劣势地位。她在本研究关注的展区区域中选择性地关注了文字/实物展品和触屏展品,总共花费了 1.5 分钟,可以发现,她对每类展品花费的时间不多,没有与展品深入交互。参观过程中,研究对象与家长仅发生了 15 次的社会互动,处于中等偏下的互动水平。

研究对象A关注的展品类型	研究对象A关注展品的平均时间
文字/实物展品	0.5分钟
触屏展品	1分钟

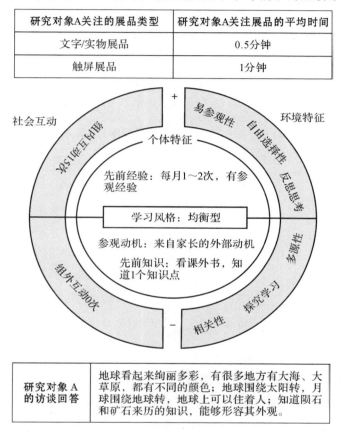

研究对象 A 的访谈回答	地球看起来绚丽多彩,有很多地方有大海、大草原,都有不同的颜色;地球围绕太阳转,月球围绕地球转,地球上可以住着人;知道陨石和矿石来历的知识,能够形容其外观。

图 7-12　研究对象 A 的场馆学习影响因素分析

　　研究对象 A 在访谈回答中提道:"地球看起来绚丽多彩,有很多地方有大海、大草原,都有不同的颜色;地球围绕太阳转,月球围绕地球转,地球上可以住着人",获得了地球、月球、太阳间关系的知识,她在参观过程中投入了约 1 分钟关注在"地球、太阳和月亮"的触屏展品上,不仅通过触屏展品呈现的地球的外形、文字介绍获得了地球外观形象的知识,而且获得了地球、月球、太阳三者间关系的抽象概念等知识;此外,她知道陨石和矿石来历的知识,能够形容其外观,是由于她关注了"陨石"的文字/实物展品,获得了陨石实物的外观信息和文字解释中关于陨石、矿石来历等知识。对象 A 的学习结果在缺乏先前知识、内部参观动机以及低水平的社会互动水平上,通过对文字/实物展品和触屏展品的较少时间的关注,获得了展品呈现的外观知识、文字解释的抽象知识,缺乏对展品实际效用、价值等态度情感类知识的获得。

对于研究对象 A 来说,她是一位均衡型风格的学习者,选择关注了文字/实物展品和触屏展品,可见她在获取信息方面,既偏向从直觉的视觉形象获取展品外观信息,又可以通过文字解释或触屏展品的丰富网络信息资源获取抽象概念信息,使得她可以形容出很多关于展品外观知识和概念逻辑知识,由于她忽视了机械操作的互动展品,如"陨石的重量"互动展品,缺乏对展品实际效用、价值等方面的理解。因此,研究对象 A 可通过参观前丰富先前知识,提高内部的学习动机,关注具有机械操作特征的互动展品,多与参观同伴协商交流等方式获得更好的参观学习效果。

如图 7-13 所示,研究对象 B 在参观之前每年有 1 次的场馆参观活动,对目标展区无参观经验,先前参观经验处于劣势地位;对目标展区中展品相关的知识在课堂上接受过老师的教授,知道所有的 5 个知识点,先前知识相比较于其他研究对象处于优势地位;但由于本次参观是由家长提出,出自家长的外部动机,参观动机处于劣势地位。她在本研究关注的展品区域中选择性地关注了文字/实物展品和互动展品,在文字/实物展品关注的平均时间为 3.5 分钟,多于对互动展品关注的平均时间(1.75 分钟)。可以发现,她与对象 A 相比,对每类展品花费的时间较多,与展品开展了深入交互。参观过程中,研究对象与家长仅发生了 12 次的社会互动,在较长的展品关注时间里,社会互动次数较少,说明对象 B 更多的是自己思考、观察或反思,较为符合她的反思型学习风格的测试结果。

研究对象 B 在访谈回答中提道:"最适合人类生活的地方,火星温度太低,金星温度太高,地球在太阳系中,是星系大爆炸的过程产生了地球",体现了她在学校获得的较为丰富的先前知识水平,提到了"陨石是空中的尘土,和地球大气层摩擦,落到地球上的碎屑,有可能会对地球带来伤害;矿石是地球上的,稀缺的、有限的资源",这些知识来源于她在对文字/实物展品"陨石和矿石"投入了共 3.5 分钟的关注时间,获得了较为全面的展品信息,并结合其已有知识水平中的理解,能够理解陨石和矿石对人类的价值、社会的影响等态度情感知识。作为反思型的学习者,对象 B 忽视了能够为其提供丰富信息资源的触屏展品,对"地球的磁场"和"地球与太阳的距离"两个互动展品投入了关注,但是在此过

研究对象B关注的展品类型	研究对象B关注展品的平均时间
文字/实物展品	3.5分钟
互动展品	1.75分钟

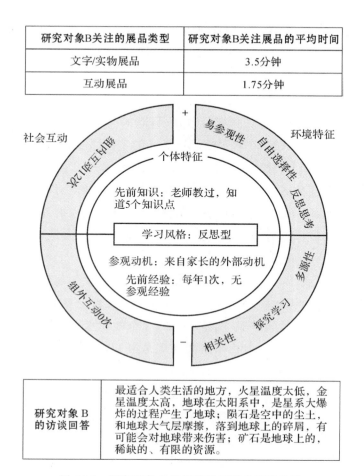

研究对象B的访谈回答	最适合人类生活的地方，火星温度太低，金星温度太高，地球在太阳系中，是星系大爆炸的过程产生了地球；陨石是空中的尘土，和地球大气层摩擦，落到地球上的碎屑，有可能会对地球带来伤害；矿石是地球上的，稀缺的、有限的资源。

图 7-13　研究对象 B 的场馆学习影响因素分析

程中发生了较多儿童向家长解释的社会互动，而不是家长帮助儿童理解展品知识的社会互动，说明该儿童在丰富的先前知识水平下，通过与互动展品的机械操作，能够获得更多原理性的知识，并主动向他人解释自己的理解，正是该对象的丰富先前知识，使其忽视了具有丰富信息资源的触屏展品，转而通过实践的操作验证自己的观点。对象 B 在缺乏先前参观经验和参观动机的前提下，基于自己丰富的先前知识水平，在长时间的观察、操作展品的过程中，反思已有的知识点，并积极地向他人阐述自己的理解，虽然社会互动次数较少，但是仍然通过本次参观学习获得、佐证了她已有的知识观念，获得了展品相关的知识、态度、情感等多方面的学习效果。

　　对于研究对象 B 来说，她虽然拥有较为丰富的先前知识水平，在访谈回答中能陈述更多展品之外的知识信息,但是她在回答中较多的是依靠自己已有的相关知识,而与展品紧密相关的知识点并没有涉及,如地球、月球与太阳的关系,虽然她在该互动展品前停留了 1.75 分钟的关注时间,但是在回答中并没有体现出来,说明她已有的知识储备在影响她对展品信息的接收,或是她由于缺乏参观动机,认为展品都是自己所熟知的、课堂中学习过的知识,以及在社会互动中,家长没有更加主动地启发研究对象思考展品相关知识,而是由研究对象不断地向家长陈述观点,使其忽略了参观学习的主题。因此,研究对象 B 如果能够自发地产生参观动机,将学习意图带入参观过程中,家长在参观者中能够更加主动地指引对象 B,启发她思考展览内容,将会更好地接收到展品传递的信息。

如图 7-14 所示,研究对象 C 在参观之前每年有 1 次的场馆参观活动,对目标展区有过参观经验,先前参观经验处于优势地位;对目标展区中展品相关的知识通过看课外书的形式,知道所有的 5 个知识点,先前知识处于优势地位;但由于本次参观是由家长提出,出自家长的外部动机,参观动机处于劣势地位。他在本研究关注的展品区域中选择性地关注了文字/实物展品和互动展品,总共花费了 1.25 分钟,可以发现,他对每类展品花费的时间不多,没有与展品深入交互。参观过程中,研究对象与家长仅发生了 3 次的社会互动,处于较低的互动水平。

研究对象 C 在访谈回答中提道:"生活在地球,地球是圆形的,宇宙是大的,地球是小的"等描述性的知识,显然是与他在相关展品区域投入的时间较少,社会互动次数较低有关,他具有丰富的先前知识水平,具有处于优势地位的参观经验,但是访谈回答的结果显示他并没有在参观过程中获得有效的知识学习。而在回答陨石和矿石相关的问题时,他提及"陨石是太空里的巨石,落在地球上会有个大坑"则是由于他在互动展品"陨石的重量"投入了约 0.75 分钟的关注时间,通过互动展品的操作感受到了陨石的重量,联想到它会在地球上留下印记。作为聚敛型学习风格的学习者,他确实通过文字/实物展品获得抽象的概念知识,并偏向于互动展品,在实践操作的行动中联想信息,产生新的认识。

对于研究对象 C 来说,他拥有丰富的先前知识和先前经验,但是在较少的展品关注时间、较低水平的社会互动次数以及较低的参观动机的影响下,没有获得有效的展品知识学习,他的学习风格偏向于实际的操作行动来将已有知识与已有信息建立连接,从而产生新的认识。因此,对象 C 可在提高学习动机的

研究对象C关注的展品类型	研究对象C关注展品的平均时间
文字/实物展品	0.5分钟
互动展品	0.75分钟

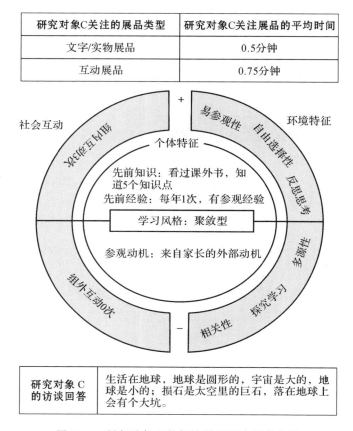

研究对象C 的访谈回答	生活在地球，地球是圆形的，宇宙是大的，地球是小的；陨石是太空里的巨石，落在地球上会有个大坑。

图 7-14 研究对象 C 的场馆学习影响因素分析

基础上，带着丰富的先前知识来到场馆中，提高与参观同伴的交流协商水平，积极操作试验互动展品和获取更多的抽象概念信息，从而提高场馆学习的效果。

　　如图 7-15 所示，研究对象 D 在参观之前每年有 1 次的场馆参观活动，对目标展区有过参观经验，先前参观经验处于优势地位；对目标展区中展品相关的知识通过看课外书的形式，只知道其中的 1 个知识点（只知道自己生活在地球上），先前知识相对于其他研究对象而言，处于劣势地位；但由于本次参观是由研究对象自己提出，来自内部的参观动机，处于优势地位；她在本研究关注的展品区域中选择性的关注了文字/实物展品、影像展品和互动展品，总共花费了2.4 分钟，共发生了 17 次的社会互动，可以发现，她对展品的关注时间和社会互动都处于中等偏下的水平，较不利于她获得更多的展品信息。

　　研究对象 D 在访谈回答中提道："地球是圆形，玩了称陨石的东西，它是有

研究对象D关注的展品类型	研究对象D关注展品的平均时间
文字/实物展品	0.75分钟
影像展品	0.5分钟
互动展品	1.15分钟

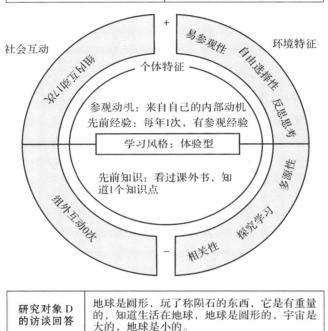

图 7-15　研究对象 D 的场馆学习影响因素分析

重量的,知道生活在地球,地球是圆形的,宇宙是大的,地球是小的。"对于对象 D 的学习效果,笔者认为她在先前经验、参观动机都具备优势的条件下,获得比预期水平较低的学习效果,是在于她在有限的时间内,关注了较多的展品对象,她关注了三类展品,共 6 个展品对象,花费了 2.4 分钟,其中在文字/实物展品上花费了 0.75 分钟,而在互动类的 3 个展品对象上花费了 1.15 分钟,因此,她在每样展品上的关注时间都较少。其中关注时间最长的"陨石的重量"互动展品,发生了 6 次与家长间的交互,在该展品上的关注时间和社会互动使得她能清晰地记得"陨石是有重量的"。研究对象 D 是一位体验型风格的学习者,关注从直接的感官刺激中接收信息,而在改造信息的两个方式:反思和试验方面可以说是兼具两者,也可能是缺乏对接收信息进行进一步的改造,从而生成知识。

这与她关注的影像展品、互动展品相符，偏向于从直接的视听刺激和互动操作中的触觉感受中获得信息。

对于研究对象 D 来说，她有来自个体内部的参观动机，有参观经验，而缺乏先前知识，在对多样展品较短时间的关注过程中，发生了中等偏下水平的社会互动，获得的知识信息较期望值略低，没有因为自发参观的学习动机而获得更多的知识。对于这样一类体验型风格的学习者，她在场馆参观过程中容易受到多种外部感官刺激的吸引，从而造成对多样展品不持续的关注，如果她能够在参观同伴的引导启发和协商交流下，对所参观、感兴趣的展品对象进行较长时间的体验感受，从而利用获得的信息进行深入的反思，或积极地投入实践中去，能够获得更好的学习效果。

如图 7-16 所示，研究对象 E 在参观之前每年有 1 次的场馆参观活动，对目标展区有过参观经验，先前参观经验处于优势地位；对目标展区中展品相关的知识没有任何学习经历，只知道其中的 1 个知识点（只知道自己生活在地球上），先前知识相对于其他研究对象而言，处于较为劣势的地位；但由于本次参观是由研究对象自己提出，来自内部的参观动机，处于优势地位；她在本研究关注的展品区域中选择性地关注了文字/实物展品、影像展品、互动展品和触屏展品，总共花费了 4.75 分钟，关注的展品类型较为齐全，从在每类展品投入时间来看她在文字/实物展品和互动展品投入的时间比影像展品和触屏展品投入的时间长。在参观过程中，她共发生了 26 次的组内社会互动，处于较高的水平，有利于促进她对展品信息的获取和深入理解。

研究对象 E 在访谈回答中提道"地球上没有磁场的地方会飘起来，太阳、月亮和地球在一条直线的时候，太阳的光会被月亮挡住，会出现日食。陨石是外太空的，落到地球上的，矿石是水晶，紫水晶很漂亮，可以装饰，在生活中有用，水晶可以戴在手上；陨石是外太空的，矿石是地球上的"。可以发现，她在先前知识匮乏的前提下，受到自我内部动机的激发，对所有类型的展品对象进行了关注，由于她在文字/实物展品"矿石"的关注时间较长，为 2 分钟，进行了 5 次社会互动，因此能够回答出"矿石是水晶"，知道它对于人们的价值，而在对互动展品"地球磁场"进行了 1.5 分钟的关注，与家长有 8 次互动之后，她能认识到无磁场的地球会是怎样的情形；在对"地球、太阳和月亮"互动展品的参观中发生了 2 次社会互动，能够回答出月食出现的状况。作为一个发散型风格的学习者，她会偏向于从直接感官体验和反思观察中学习知识，她对所有类型的展品

研究对象E关注的展品类型	研究对象E关注展品的平均时间
文字/实物展品	2分钟
影像展品	0.75分钟
互动展品	1.5分钟
触屏展品	0.5分钟

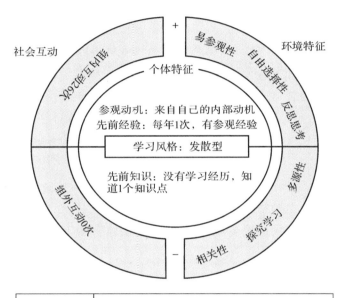

研究对象 E 的访谈回答	地球上没有磁场的地方会飘起来，太阳、月亮和地球在一条直线的时候，太阳的光会被月亮挡住，会出现日食。陨石是外太空的，落到地球上的，矿石是水晶，紫水晶很漂亮，可以装饰，在生活中有用，水晶可以戴在手上；陨石是外太空的，矿石是地球上的。

图 7-16　研究对象 E 的场馆学习影响因素分析

都投入了关注，尤其是对文字/实物展品和互动展品的较多关注，且能够从对互动展品的机械操作中获取高于展品本身的认识，这与其与家长的充分互动密不可分，家长对其进行的正确引导和启发，能够帮助她从获取的直观信息、实际操作中进行反思，从而联系实践，将展品内容与生活现实进行连接，从而得出许多超越展品本身呈现的知识。

对于研究对象 E 来说，她在缺乏先前知识的前提下，拥有自发的内部动机和丰富的参观经验，通过家长的引导和帮助，获得了展品信息与生活现实相联系的知识。这与其发散型的学习风格、对展品的充分关注、积极的学习动机以及受到家长的指引和启发密不可分。在本次个案研究中，研究对象 E 的场馆学习效果是令人满意的，她验证了学习风格与展品选择间的关系，互动展品的机械操作与社会互动的启发和思考结合，有效帮助研究对象进行思考，获得了展品呈现信息之外的、与生活现实紧密相连的应用型知识，通过认识到展品的价值和意义，提升了情感态度，获得了较好的场馆学习效果。

如图 7-17 所示，研究对象 F 在参观之前每年有 1～2 次的场馆参观活动，对目标展区有过参观经验，先前参观经验处于较为优势地位；对目标展区中展品相关的知识看过课外书，知道 5 个知识点，先前知识相对于其他研究对象而言，处于较为优势的地位；且由于本次参观是由研究对象自己提出，来自内部的参观动机，处于优势地位；他在本研究关注的展品区域中选择性地关注了文字/实物展品、影像展品、互动展品和触屏展品，总共花费了 4.25 分钟，关注的展品类型较为齐全，从在每类展品投入时间来看，他在"矿石"文字/实物展品和"地球与太阳的距离"互动展品分别投入了 2 分钟的关注时间，比在其他展品对象上投入的时间较长。他的总体社会互动次数为 22 次，同样，在上述两个展品对象上发生的社会互动次数也较多，社会互动水平总体上处于中等偏上水平，较有利于他更好地理解展品信息。

研究对象 F 在访谈回答中提道"地球的重力问题，与地球最近的火星也有重力，人可以正常行走；地球、月亮和太阳三点成一线时，会引起涨潮或落潮的现象；陨石是从气体星球里掉下来的石头，被地球吸引，坠落下来；矿石最多的地方是美国，有很多种颜色，红的、蓝的，矿石是很珍贵的东西，可以售卖；陨石的质地比矿石坚硬，陨石一般像石头一样，没有颜色，矿石都有颜色。"对象 F 在个体特征都处于优势的前提下，在中等偏上的社会互动过程中，对他特殊关注的展品信息获得了较好的认识，如他在"矿石"文字/实物展品对象上投入了 1.25 分钟的关注时间，发生了 9 次社会互动，在对矿石知识的理解方面，获得了较多的展品信息之外的知识，并能够较准确地形容出矿石的特征及其和陨石的区别；又如他在"地球与太阳的距离"互动展品上发生了 5 次社会互动，投入了 2 分钟的关注时间，则能够指出太阳系里离地球最近的火星重力问题，并且能够由展品呈现的日食、月食现象联想到涨潮、落潮的生活现实。

对于对象 F 来说，他是行动型风格的学习者，对机械操作类的互动展品具有较多的偏好，并且能够通过与互动展品的操作，社会互动中家长的指引和启

研究对象F关注的展品类型	研究对象F关注展品的平均时间
文字/实物展品	1.25分钟
影像展品	0.5分钟
互动展品	2分钟
触屏展品	0.5分钟

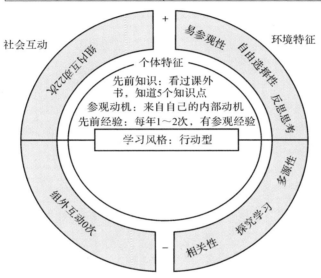

图 7-17　研究对象 F 的场馆学习影响因素分析

发,联想到生活现实中与展品相关的知识,而对于触屏展品提供的丰富展品信息可能是由于他已经具备的丰富先前知识,因此,对触屏展品有所忽视。总体而言,研究对象 F 的个体特征对其此次参观学习有较大的帮助,自发的参观动机使得他对感兴趣的展品投入了较多的关注,通过与家长的互动获得了更多的指引和启发,从而获得了令人满意的学习效果。

如图 7-18 所示,研究对象 H 在参观之前每年有 1 次的场馆参观活动,对目标展区有过参观经验,先前参观经验处于较为优势地位;对目标展区中展品相

研究对象H关注的展品类型	研究对象H关注展品的平均时间
文字/实物展品	1.5分钟
影像展品	2分钟
互动展品	2.3分钟
触屏展品	1分钟

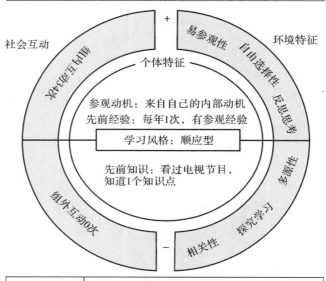

研究对象 H 的访谈回答	地球是一个有很强大磁场的星球，它在自转的时候能带动强大的磁力，如果把指南针放在地球外面的话，它的指针能跟着磁场的转动而变化，最终能连成一个直线；地球处在一个温度较良好的地方，不像金星很热，火星很冷，不适合人居住；地球是宇宙太阳大爆炸的产物。地球是太阳系八大行星其中之一的行星；陨石是一些小行星脱离了自己的轨道，坠落到地球上来的，好几百万年以前，一颗小行星坠落地球，导致了恐龙毁灭；矿石是地球内部产生运动而产生的物质。

图 7-18 研究对象 H 的场馆学习影响因素分析

关的知识看过电视节目,仅知道其中的 1 个知识点(只知道自己生活在地球上),先前知识相对于其他研究对象而言,处于较为劣势的地位;但由于本次参观是由研究对象自己提出,来自内部的参观动机,处于优势地位;他在本研究关注的展品区域中选择性的关注了文字/实物展品、影像展品、互动展品和触屏展品,总共花费了 6.8 分钟,关注的展品类型较为齐全,从在每类展品投入时间来看,他对每个展品对象投入了均等的关注时间,尤其关注的是"地球与太阳的距离"互动展品,并发生了 7 次的社会互动,其余展品的关注时间都为 1～2 分钟。研究对象 H 的总体社会互动次数为 34 次,在 8 位研究对象中,社会互动次数最多,处于较高水平,较有利于他更好地理解展品信息。

研究对象 H 在访谈回答中提道"地球是一个有很强大磁场的星球,它在自转的时候能带动强大的磁力,如果把指南针放在地球外面的话,它的指针能跟着磁场的转动而变化,最终能连成一个直线;地球处在一个温度较良好的地方,不像金星很热,火星很冷,不适合人居住;地球是宇宙太阳大爆炸的产物。地球是太阳系八大行星其中之一的行星;陨石是一些小行星脱离了自己的轨道,坠落到地球上来的,好几百万年以前,一颗小行星坠落地球,导致了恐龙毁灭;矿石是地球内部产生运动而产生的物质"等。对象 H 作为顺应型风格的学习者,他偏向于直接感官获取信息,实践行动改造信息,生成知识,他虽然在参观过程中对所有类型的展品均有关注,但他对于互动类型的 3 个展品对象从总体上来说,投入了 2.3 分钟的关注时间,发生了 14 次的社会互动,相对于其他展品类型,他对互动展品的投入关注较多。对象 H 相较于其他多数研究对象拥有相似的个体特征(拥有 1 个因素劣势,2 个因素优势),在对关注的每个展品对象上都给予了充分的时间投入和社会互动,并在总体较高水平的社会互动的帮助下,获得了较好的场馆学习效果。

对于对象 H 来说,他的先前知识水平并不丰富,但在内部动机的驱动下,对展品投入了较多的关注,在与家长充分的互动中,获得了比期望值较高的学习效果。由此可见,内部的学习动机和丰富的社会互动能够弥补学习者个体特征的劣势,帮助学习者在参观过程中获得许多新的知识,并结合生活现实形成新的认识、态度和情感。

如图 7-19 所示,研究对象 I 在参观之前每年有 1 次的场馆参观活动,对目标展区有过参观经验,先前参观经验处于较为优势地位;对目标展区中展品相关的知识看过电视节目,仅知道其中的 1 个知识点(只知道自己生活在地球上),先前知识相对于其他研究对象而言,处于较为劣势的地位;由于本次参观是由家长提出,来自外部的参观动机,处于劣势地位;她在本研究关注的展品区域中选择性地关注了文字/实物展品、互动展品,包含 5 个展品对象,总共花费了 1 分钟,可见她对每件展品的关注时间较短,互动总次数为 16,社会互动水平属于中等偏下水平。

研究对象 I 在访谈回答中提到"地球是蓝色的、圆形的;地球绕着太阳转,地

研究对象I关注的展品类型	研究对象I关注展品的平均时间
文字/实物展品	0.5分钟
互动展品	0.5分钟

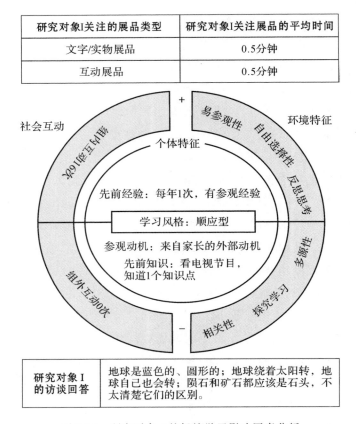

图 7-19   研究对象 I 的场馆学习影响因素分析

球自己也会转;陨石和矿石都应该是石头,不太清楚它们的区别"。她作为顺应型风格的学习者,偏向于通过感官获取信息,通过实践操作改造信息,正与她关注的文字/实物展品和互动展品相符。她能够回答地球、太阳的关系,多是由她通过操控互动展品"地球与太阳的距离"获得的认识。她的学习效果较不令人满意,主要是由于外部的参观动机,缺少自我激发的学习动力,对每个展品对象的关注时间较短,家长对其指引和启发的社会互动属于中等偏下水平,综合多种因素,没有达到较好的场馆学习效果。

对于研究对象 I 来说,她首先缺乏参观动机,在家长的带领下来到场馆,没有积极主动的学习动力,导致对感兴趣的展品关注度较低,投入了较少的与展品的互动及社会互动,没有准确理解展品呈现的知识,只能简单地描述自己看到的、操作的展品知识。因此,研究对象 I 需要在自发的参观动机下,通过与展品、与参观同伴更加深入的交互和互动,来更好地获取展品知识,达到来场馆参观学习知识的效果。

7.2.5 主要结论及相关建议

（1）主要结论

由于本书选取了浙江省自然博物馆开展研究，同一个场馆内的环境特征对所有参观者的场馆学习效果具有等同的影响作用。浙江省自然博物馆环境满意度调查结果显示，影响研究对象参观学习效果的六个环境满意度得分依次为（从高到低）：易参观性、自由选择性、反思思考、多源性、探究学习、相关性。因此，浙江省自然博物馆为研究对象提供了便于参观的指引设施、自由选择学习的空间、利于激发反思思考的学习服务等，而在提供多种来源的展品信息、探究学习项目以及展品内容与生活现实的相关性三个方面没有提供令参观者满意的学习支持服务。下面将分析影响因素模型中其他因素变量对研究对象场馆学习效果的影响作用。

①研究对象个体特征的先前知识、先前经验和参观动机三个因素，与其他因素共同对场馆学习产生影响，在场馆学习过程中不存在绝对优势。

先前知识丰富的研究对象如果缺少指引性、启发性的社会互动，以及来自个体内部的参观动机激发其自主学习的兴趣，难以获得令人满意的学习效果，如研究对象 C，先前知识丰富，由于缺乏内部动机，以及家长主动启发的社会互动次数较少，因此，对展品的关注度较少，选择性随意，场馆学习效果较低于期望值。又如研究对象 E，她的先前知识处于绝对的劣势地位，没有学习经历，且只知道 1 个知识点，但是，她在自发的参观动机和较高水平的社会互动的帮助下，对展品关注的总时长为 4.75 分钟，尤其是与文字/实物展品和互动展品的较多交互，令她获得了较丰富的展品知识，并能够联系生活现实，得到"矿石可以做成水晶，对人们有价值"等方面的认识。因此，丰富的先前知识不一定会产生较好的场馆学习效果，而缺乏先前知识则可以在参观动机、社会互动等其他因素的帮助下，获得较好的学习效果。

先前经验作为一个会影响场馆学习体验的因素，在本次个案分析中，仅有一位研究对象没有过参观经验，但在先前知识的优势下，弥补了先前经验的不足，研究对象 A 的社会互动与对象 B 相比略高，且在投入展品关注的时间上分布合理，因此，她通过本次参观学习获得的知识多于 A。对于其他研究对象来说，先前经验类似，都对目标展区有过参观经历，在场馆环境特征因素的易参观性方面，个案研究所在的场馆能够提供每位参观者令人满意的易参观性支持，因此，是否拥有先前的参观经验对场馆学习效果没有直接的影响，可以通过优化场馆环境的学习支持弥补参观者先前经验的不足。

参观动机来自研究对象个体内部因素还是来自家长、教师等外部因素，对于场馆学习过程来说，能够对研究对象关注展品的时间、进行社会互动的次数有影响，从而影响其学习效果。在本次个案分析的 8 个样本中，各有 4 位研究对象是自发参观，另外 4 位是家长要求参观，对象 A、B、C、I 是外部动机，D、E、F、H 是内部动机。研究发现，由于参观动机不同，他们在目前展区关注展品对象的时间也有所差别，总体上内部参观动机的研究对象在目前展品前关注的时间要多于外部参观动机的研究对象，由此发生的社会互动总次数，也是内部动机的研究对象高于外部动机的研究对象。因此，来自个体内部的参观动机能够激发研究对象的学习兴趣，在对展品的关注时间和与他人围绕展品发生的社会互动水平上有所影响，从而决定他们能否获得较多的展品信息，获得较好的学习效果。

②个体特征的学习风格与展品关注的类型有一定程度的关联。

在本次个案研究中的 8 个研究对象的学习风格覆盖了体验学习理论 9 种学习风格中的均衡型、反思型、聚敛型、体验型、发散型、行动型、顺应型 7 种。由于研究者的时间和精力所限，没有达到获取所有 9 种风格的样本个体，是本研究的遗憾所在。

从对风格各异的研究对象的深入分析中，发现文字/实物展品受到所有研究对象的关注，此类展品正如本研究之前所说，它能够为参观者提供直接的视觉感官认识和抽象的文字概念解释，是参观者获取信息的主要途径，相对于同样注重感官刺激的影像展品而言，此类展品能够给予参观者更大的自由选择性，不用依照影像展品放映的步调决定自己的参观进程。因此，8 位风格各异的研究对象对文字/实物展品均有关注，此类展品是他们获取展品信息的主要来源。

影像展品受到体验型、发散型、行动型、顺应型 4 类风格学习的关注，而在"库伯的体验学习理论对学习风格的 9 种分类"中可以发现，这 4 类学习风格都是对直接感官体验获取信息有偏好的学习者类型。

7 种风格的研究对象都对能够提供信息反馈的展品进行了关注，包含支持机械操作，并提供真实感官刺激反馈的互动展品，以及支持虚拟交互，并提供丰富学习资源的触屏展品。这两类展品在支持研究对象与之进行操作的基础上，都能够提供适时的展品反馈，能够帮助学习者观察反思，促使他们积极主动地试验，是改造信息，深化展品认识，生成知识的重要途径。可以发现，研究对象H、I在互动展品或触屏展品上投入的时间占展品关注总时间的比例较高，且他们都是顺应型风格的学习者，但二者的学习效果有所差别，体现在对象H能够陈述超越展品信息之外的知识，能够联系生活现实深入认识展品的价值和意义，而对象I仅能够形容较为浅显的展品信息。对象H和I的参观动机不同，H是来自个体的内部动机，I是来自家长的外部动机；社会互动水平不同，H的社会互动总次数在34次，I的社会互动总次数在16次，对展品的关注时间不同，H对展品的关注总时间是6.8分钟，I的关注总时间的1分钟。鉴于上述区别，我们可以认为，研究对象对互动展品或触屏展品的关注需要投入足够的关注时间，从而与展品发生深入的交互，而这个前提则是研究对象更加需要来自内部的学习动机和参观同伴更加频繁的交流协商。

因此，研究对象对相应展品类型的关注会受到其学习风格一定程度的影响，但是如果想通过与展品的深入互动获得更好的场馆学习效果，需要研究对象在内部的参观动机，即自主自发地积极参加到场馆学习中；需要参观同伴，尤其是亲子参观学习中家长对儿童的启发作用，帮助他们更深入地与展品产生互动。

③社会互动因素对场馆学习效果有直接影响，在亲子参观学习中家长对儿童进行启发产生的组内社会互动对儿童的学习效果有明显促进。

由于本次个案研究选取了亲子参观群体中的儿童参观者作为研究对象，几乎所有研究对象的社会互动都体现在儿童与家长的组内社会互动，组外社会互动因素没有在本次研究中体现。不难发现，研究对象中的4位D、E、F、H的社会互动次数与其他4位研究对象比较略高，其中E、F、H的学习结果让人较为满意，尽管对象E的先前知识在8位研究对象中最缺乏，没有进行过任何学习来到场馆参观，但她在较高的社会互动、自发的学习动机的帮助下，获得了较为令人满意的效果。而研究对象C，作为社会互动次数最少的学习者，尽管先前知识较为丰富，知道所有的5个知识点，但是学习效果远不如对象E。社会互动次数较高的学习者，与其参观前具有的先前知识相比，获得了较多的新知识，如对象E和对象H，他们的先前知识较为缺乏，但在参观过程中，发生了较多次数的社会互动，参观后，他们能够回答较多的与展品相关的新知识，并形成了新的态度与情感，如 E 不仅能够区分陨石和矿石，而且能够描述他们在生活中的用途，H 在陈述地球的温度比其他星球更适合人们生存时，表示地球是人类赖以生存的家园，需要珍惜爱护等。其他研究对象的新知识、态度、情感的获得不如 E 和 H 明显，但是，较频繁的社会互动也能够帮助他们提升已有的认识，如对象 C 和 F，他们在参观前都知道问题选项中的 5 个知识点，而 F 的社会互动程度明显高于 C(F 为 22 次，C 为 3 次)，在问题的回答中，F 在知晓地球、月球和太阳三者关系之外，指出三者位置的不同引起的涨潮或落潮现象，同时也能清晰分辨陨石和矿石在硬度和颜色上的区别，而 C 则只能表述地球的外观、陨石和矿石的外观等浅显的知识。

已有研究证实亲子学习中家长对儿童的启发和引导作用至关重要，在场馆学习中亦是如此，家长与儿童间的组内社会互动能够帮助儿童更好地认识展品，联系生活现实，进行发散思考，从而提升参观经验，生成展品相关的新知识。

(2)相关建议

针对通过上述个案分析中得到的数字化场馆中非正式学习各个影响因素对研究对象的场馆学习过程和场馆学习结果的影响，验证了场馆学习是个非常复杂的过程，需要多方面因素的协同配合，才能对场馆学习效果起到促进作用。为了提升本次个案研究中的儿童参观者的场馆学习效果，这里从场馆机构、参观者以及场馆学习研究者三方面提出建议。

对于场馆机构来说，营造令参观者满意的环境氛围能够帮助参观者获得更好的参观体验，激发他们的学习兴趣。如易参观性的环境特征能够弥补参观者个体的先前参观经验不足，明确的标识和参观引导能够帮助参观者在自由选择的参观环境中更便捷地开展参观学习，根据自己的兴趣爱好找到目标展品；展品的多源性和相关性能够帮助参观者了解更多的展品信息，联系生活现实认识展品，获得展品的价值和意义等态度情感知识；提供适合的探究学习项目，营造激发参观者反思思考的学习情境能够帮助参观者更好地开展参观学习活动，提高学习体验。在展品设置方面，支持展品互动的机械互动展品和数字触屏展品能够满足较多参观者深入认识展品，达到与展品交互的需求，而文字/实物展品是提供展品信息获取的主要途径，影像展品的经济成本和实际的效用不成正比，因为并不是所有参观者都会根据影像放映的节奏改变自己的参观学习进程。

对于场馆参观者来说，个体特征中的先前知识、先前经验和参观动机三个因素中,参观动机与其他两个因素相比,对学习效果的影响较为重要。自发的参观学习活动能够帮助参观者更快速地投入参观学习活动中,能够全身心地投入感兴趣的展品对象中,投入足够的关注时间能够准确获取展品信息,与展品深入交互能够帮助参观者更好地结合实践理解展品知识。此外,自发的参观动机能激发起学习的兴趣,与参观同伴产生更多的社会互动,在协商交流中进行批判性的反思思考,帮助提升学习效果。当然,参观者如果能在参观前通过网络手段提前获取展览内容及展品的相关信息,在自发的学习动机激发下,也能够获得较好的学习效果。参观者的个体学习风格没有优劣之分,其代表在学习过程中对某种方式的偏好,因此,参观者只需在参观过程中根据自己的喜好有选择性、针对性、持久性地参观展品,能够获取较好的学习效果。对于作为参观同伴的家长来说,家长启发式的提问和引导能够帮助儿童参观者更好地思考展品信息,理解展品知识,延伸到生活现实中找到展品的价值和意义,因此,家长等参观伙伴在社会互动的主动性方面能够有效帮助儿童参观者进行有效的学习。

对于场馆学习研究者来说,为了更好地提升参观者的学习体验,可以考虑借鉴国外场馆的学习单资料、移动应用工具,为我国数字化场馆学习环境添加更加个性化、智能化的学习支持服务,实现场馆从学习对象到学习工具的数字化。学习单能够帮助参观者有目的地参观学习,弥补家长与儿童社会互动的缺乏,通过学习单工具指引儿童对展品对象的思考和联想。移动应用工具可以是基于定位技术的展览信息推送服务,也可以是基于展品对象二维码扫描的展品学习支持服务,两者均可以帮助参观者开展个性化的场馆学习,提高学习体验。

参考文献

中文

柏安茹,王楠,马婷婷,等.我国博物馆教育课程设计现状及发展趋势[J].电化
　　教育研究,2017,38(4):86-93.

鲍贤清,毛文瑜,王晨,等.场馆环境中介性学习工具的设计与开发——以上海
　　科技馆学习单设计研究为例[J].中国电化教育,2011(10):40-47.

鲍贤清.博物馆场景中的学习设计研究[D].上海:华东师范大学,2012.

鲍雪莹,赵宇翔.游戏化学习的研究进展及展望[J].电化教育研究,2015,36
　　(8):45-52.

毕芳艳.基于 SNS 的大学生非正式学习模型研究[D].长春:东北师范大
　　学,2013.

蔡玲玲.欧盟非正规与非正式学习认证的特征及趋势[J].职教通讯,2011(3):
　　53-56.

柴阳丽.Web2.0 环境下大学生非正式学习现状调查与对策研究[J].电化教育
　　研究,2011(12):63-68.

陈娟红,孙祯祥.基于 Mblog 的非正式学习研究[J].现代远距离教育,2009(2):
　　62-64.

陈媛婷.游戏动力系统在实体课程游戏化设计过程中的运用与探索[J].吉林省
　　教育学院学报,2019,35(3):119-122.

程凤农.社会学习理论与非正式学习理论的契合[J].中国成人教育,2013(18):
　　17-19.

董奇.心理与教育研究方法[M].北京:北京师范大学出版社,2004:342.

杜尚荣,王笑地.基于学生发展核心素养的校本课程开发:内涵、特征及原则[J].中小学教师培训,2017(8):42-46.

冯巍.OECD 国家终身学习政策与实践分析[J].比较教育研究,2003(9):72-76.

付瑛,周谊.教育研究方法中定性研究与定量研究的比较[J].医学教育探索,2004(2):9-11,21.

高原.非正式学习之价值考查[J].西北成人教育学报,2014(1):1-4.

龚花萍,王英,胡春健,等.国内外数字博物馆现状比较与述评[J].现代情报,2015,35(4):164-171.

何红娟.基于隐性知识理论审视非正式学习对学生创新能力的培养[J].陕西教育(高教版),2013(12):49-50.

何克抗.建构主义——革新传统教学的理论基础(上)[J].电化教育研究,1997(3):3-9.

贺宝勋,张立国,庄科君.游戏化评价对大学生在线学习倦怠及学习成绩的影响研究[J].电化教育研究,2021,42(3):62-68,119.

洪新华.基于 SNS 的高校非正式学习社区研究——以浙江师范大学为例[D].金华:浙江师范大学,2013.

黄秋儒,殷俊,吴垠.经济型数字化博物馆展示建设研究——以无锡镙博物院360 度全景虚拟展示为例[J].装饰,2015(5):102-104.

吉丽晓."智能学伴"在小学游戏化学习社区中情感交互策略研究[D].石家庄:河北师范大学,2013.

江新.管理隐性知识——营造组织中的非正式学习环境[D].北京:对外经济贸易大学,2004.

教育部.中小学综合实践活动课程指导纲要[DB/OL].(2017-09-25)[2021-08-09].http://www.gov.cn/xinwen/2017-10/30/content_5235316.htm.

凯文·韦巴赫,丹·亨特.游戏化思维[M].周逵,王晓丹,译.杭州:浙江人民出版社,2014:13-14.

李瑾.非正式学习在高中信息技术教学中的应用探讨[J].中国教育信息化:基础教育,2011(2):10-12.

李娟,刘彪,王鑫鹏,等.基于微型移动终端的非正式学习研究[J].现代教育技术,2009(10):87-89.

李利.论场馆学习支持设计[J].现代教育技术,2014,24(5):19-25.

李林曙,高洁,付建军.非正式学习成果认证的原则与方法研究[J].天津电大学报,2013(2):7-11.

李文崇,徐刘杰.基于社会网络分析的虚拟学习社区中非正式学习探究[J].科技信息,2013(1):112-113.

李晓雯,马红亮.基于转变式玩耍理论的"教学设计"游戏化学习单元的设计与开发[J].电化教育研究,2012(7):102-108.

李玉斌,宋金玉,姚巧红.游戏化学习方式对学生学习效果的影响研究——基于35项实验和准实验研究的元分析[J].电化教育研究,2019,40(11):56-62.

梁建军,薛宾,陈萍.非正式学习成果学分转换的认证实践研究——以工作技能为主的非正式学习成果[J].天津职业院校联合学报,2014(4):19-21.

梁少林,于贵.基于Twitter的非正式学习研究[J].软件导刊(教育技术),2011(9):74-76.

廖守琴,宋权华.网络非正式学习的内涵及要素分析——从长尾理论的角度[J].中国教育信息化:高教职教,2010(9):32-35.

刘长国.浅谈非正式学习视角概念图在个人知识管理中的应用[J].中国校外教育,2013(30):24.

刘朋飞.非正式学习虚拟社区中成员学习交互行为研究[D].杭州:浙江工业大学,2013.

刘世梁,武雪,朱家蒌,等.耦合景观格局与生态系统服务的区域生态承载力评价[J].中国生态农业学报(中英文),2019,27(5):694-704.

鲁艳.校本课程:概念必须正确理解[J].教育发展研究,1999(12):19-23.

罗德燕,李奎,陈蓉,等.博物馆开展系列亲子科普教学活动的设计与实践[J].科普研究,2012(2):58-62.

马红亮.教育网络游戏设计的方法和原理:以Quest Atlantis为例[J].远程教育杂志,2010,28(1):94-99.

乜勇,魏久利.教育研究的第三范式——混合方法研究[J].现代教育技术,2009,19(9):19-23.

欧阳坚.从公共物品视角看我国博物馆免费开放政策的出台[J].中国行政管理,2008(10):41-43.

裴新宁,郑太年.国际科学教育发展的对比研究——理念、主题与实践的革新

[J].中国科学院院刊,2021(7):771-778.

祁玉娟.中小学教师正式学习与非正式学习现状调查[J].当代教育理论与实践,2010(3):4-7.

乔爱玲.博物馆环境下教学交互分析实证研究[J].现代远距离教育,2019(5):59-66.

屈艳玲,王沙.微博在学生非正式学习中的应用研究[J].教学与管理:理论版,2013(10):129-131.

饶琳莉,于蓬泽.上海自然博物馆校本课程的开发与实施[J].科学教育与博物馆,2018,4(4):270-273.

尚俊杰,蒋宇.游戏化学习:让学习更科学、更快乐、更有效[J].人民教育,2018(13):102-104.

尚俊杰,裴蕾丝.重塑学习方式:游戏的核心教育价值及应用前景[J].中国电化教育,2015(5):40-49.

石晋阳,陈刚.教育游戏化的动力结构与设计策略[J].现代教育技术,2016,26(6):27-33.

宋权华,廖守琴.基于长尾理论的网络非正式学习可行性分析[J].河北广播电视大学学报,2013(5):88-90.

宋权华,廖守琴.基于长尾理论的网络非正式学习模式研究[J].中国远程教育,2010(17):16-21.

宋权华,于勇,廖守琴.长尾理论下的非正式学习方式探析[J].远程教育杂志,2009(2):54-57.

王春丽,李东阁,张焱娜,等.在线学习中学习者对游戏化元素偏好的研究[J].电化教育研究,2021,42(4):68-75.

王芳.网络社区中非正式学习的隐性知识共享研究[D].上海:华东师范大学,2011.

王国云,施茂萍.基于博物馆资源的校本课程开发[J].教学与管理,2018(20):22-24.

王海东,联合国教科文组织终身学习研究所.非正规和非正式学习成果的识别、验证与认证指南[J].开放教育研究,2012(6):109-110.

王会粉,张立军,袁慧慧,等.Web 3D数字展示空间＋规范化:对档案虚拟展览的思考[J].档案管理,2021(1):61-62.

王宁,李罡.关于数字博物馆展品数字化展示技术的研究[J].科技通报,2013(2):178-180.

王晓晨,黄荣怀.面向非正式学习情境的移动学习服务设计[J].开放教育研究,2012(6):16-20.

王妍莉,杨改学,王娟,等.基于内容分析法的非正式学习国内研究综述[J].远程教育杂志,2011(4):71-76.

王银环,袁晓斌.非正式学习在企业培训中的应用——以奇瑞汽车股份有限公司的企业培训为例[J].现代远程教育研究,2009(3):63-65.

王迎,殷双绪.先前学习评价:一种非正式学习评价方式的实证研究[J].开放教育研究,2012(1):133-137.

王远远.基于 Second Life 网络游戏的非正式学习的研究[J].广州广播电视大学学报,2011(3):5-9.

吴丽丽,李子运,张田.增强现实技术在移动学习中的应用初探[J].现代教育技术,2012(7):98-100.

伍新春,季娇,曾筝,等.科技场馆学习中社会互动的特征及影响因素[J].首都师范大学学报(社会科学版),2010(5):79-83.

伍新春,李长丽,曾筝,等.科技场馆中的亲子互动类型及其对学习效果的影响[J].教育研究与实验,2012(6):88-92.

伍新春,谢娟,尚修芹,等.建构主义视角下的科技场馆学习[J].教育研究与实验,2009a(6):60-64.

伍新春,曾筝,谢娟,等.场馆科学学习:本质特征与影响因素[J].北京师范大学学报(社会科学版),2009b(5):13-19.

邢蕾.成人非正式学习的研究[D].上海:华东师范大学,2011.

许玮,张剑平.场馆中的情境学习模型及其发展[J].现代教育技术,2015,25(9):5-11.

闫丽云,欧阳忠明.国外教师继续专业开发研究——基于非正式学习视角[J].继续教育研究,2010(8):11-13.

严云芬.建构主义学习理论综述[J].当代教育论坛,2005,(8):35-36.

杨浩,高岭,宁玉文,等.基于移动终端的非正式学习资源设计[J].中国教育信息化,2012(3):27-29.

杨丽娜.在构建终身学习体系中非正式学习在线学习资源设计[J].北京广播电

视大学学报,2010(5):14-16.

杨晓平,刘义兵.论教师非正式学习文化的建设[J].教师教育研究,2013(4):
　　7-12.

杨欣,于勇.非正式学习研究现状综述[J].现代教育技术,2010(11):14-18.

姚计海.教育实证研究方法的范式问题与反思[J].华东师范大学学报(教育科
　　学版),2017,35(3):64-71,169-170.

尤莉.第三次方法论运动——混合方法研究60年演变历程探析[J].教育学报,
　　2010,6(3):31-34,65.

于颖,陈文文,于兴华.STEM游戏化学习活动设计框架[J].开放教育研究,
　　2021,27(1):94-105.

于颖,陈文文,于兴华.STEM游戏化学习活动设计框架[J].开放教育研究,
　　2021,27(1):94-105.

玉淑美.Web2.0环境下大学生非正式学习:理念与策略[J].宁波大学学报(教
　　育科学版),2012(5):19-22.

袁旭霞.基于1:1数字化学习环境的中小学生非正式学习培养策略研究[D].
　　上海:上海师范大学,2009.

张迪.网络环境下非正式学习共同体知识共享模型研究[D].武汉:华中师范大
　　学,2012.

张绘.混合研究方法的形成、研究设计与应用价值——对"第三种教育研究范
　　式"的探析[J].复旦教育论坛,2012,10(5):51-57.

张靖,傅钢善,郑新,等.教育技术领域中的游戏化:超越游戏的学习催化剂[J].
　　电化教育研究,2019,40(3):20-26.

张丽,张际平.非正式学习虚拟社区的个案研究——以Sybase交流群为例[J].
　　电化教育研究,2011(1):50-53.

张丽华.定性与定量研究在教育研究过程中的整合[J].教育科学,2008,24(6):
　　33-36.

张露,尚俊杰.基于学习体验视角的游戏化学习理论研究[J].电化教育研究,
　　2018,39(6):11-20,26.

张明生.国内外科技馆的发展历史与现状[J].今日科技,1998(11):3-4.

张攀峰,寻素华,吉丽晓."智能学伴"在小学游戏化学习社区中的情感交互设计
　　[J].中国电化教育,2014(10):123-128.

张思源.浅析移动技术在非正式学习中的应用[J].中国教育技术装备,2014
　　(3):30-31.

张卫平,浦理娥.国内非正式学习的研究现状剖析及对策[J].中国远程教育,
　　2012(7):58-61.

张伟平,马培峰.非正式学习中个人隐性知识的构建[J].湘潭师范学院学报(社
　　会科学版),2007(6):175-176.

张文兰,刘俊生.教育游戏的本质与价值审思——从游戏视角看教育与游戏的
　　结合[J].开放教育研究,2007(5):64-68.

张屹,周平红.教育技术学研究方法(第二版)[M].北京:北京大学出版社,
　　2013:5-8.

章鹏远.欧盟国家非正规与非正式职业学习认证概述[J].职教论坛,2005(19):
　　59-61.

赵呈领,闫莎莎,杨婷婷.非正式网络学习共同体深度互动影响因素分析[J].现
　　代远程教育研究,2013(1):101-107.

赵呈领,赵文君,蒋志辉.面向 STEM 教育的 5E 探究式教学模式设计[J].现代
　　教育技术,2018,28(3):106-112.

甄朔南.正在兴起的数字化博物馆[J].中国博物馆,1999(2):14-17.

周素娜.大学生网络非正式学习的障碍与突破[J].教育探索,2013(3):23-25.

朱迪.混合研究方法的方法论、研究策略及应用——以消费模式研究为例[J].
　　社会学研究,2012,27(4):146-166,244-245.

朱哲,甄静波.基于社会性软件的大学生非正式学习模式构建[J].电化教育研
　　究,2010(2):84-87.

祝智庭,张浩,顾小清.微型学习——非正式学习的实用模式[J].中国电化教
　　育,2008(2):10-13.

英文

Agarwal R，Karahanna E. Time flies when you're having fun：Cognitive absorption beliefs about information technology usage[J]. Mis Quarterly，2000，24(4)：665-694.

Alavi M. Computer-mediatedcollaborativelearning：Anempirical evaluation[J]. Mis Quarterly，1994，18(2)：159-174.

Amado T F ，Pinto M G M ，Miguel ngel Olalla - Tárraga. Anuran 3D models reveal the relationship between surface area-to-volume ratio and climate[J]. Journal of Biogeography，2019，46(7)：1429-1437.

Armstrong，Michael B，et al. An evaluation of gamified training：Using narrative to improve reactions and learning. [J]. Simulation & Gaming，2017，48(4)：513-538.

Assman A. Transformations between history and memory [J]. Social Research，2008，75(1)：49-72.

Atwood-Blaine D，Rule A C，Walker J. Creative self-efficacy of children aged 9-14 in a science center using a situated mobile game[J]. Thinking Skills and Creativity，2019，33(9)：1-12.

Azuma R T. A survey of augmented reality[J]. Presence of Teleoperators & Virtual Environments，1997，6(4)：355-385.

Bain J D，Ballantyne R，Packer J and Mills C. Using journal writing to enhance student teachers' reflectivity during field experience placements [J]. Teachers and Teaching，1999，5(1)：51-73.

Balci S，Cakiroglu J，Tekkaya C. Engagement，exploration，explanation，extension，and evaluation (5E) learning cycle and conceptual change text as learning tools [J]. Biochemistry and Molecular Biology Education，2006，34(3)：199-203.

Bamberger Y，Tal T. Learning in a personal context：Levels of choice in a free choice learning environment in science and natural history museums

［J］. Science Education，2007，91(1)：75-95.

Bammel G，Burrus-Bammel L L. Leisure and Human Behavior［M］. 2nd ed. Dubuque，IA：William C Brown Pub，1992.

Bandura A，Adams，N E and Beyer J. Cognitive processes mediating behavioral change［J］. Journal of Personality and Social Psychology，1977，35(3)：125-39.

Banks J A，Au K H，Ball A F，et al. Learning in and out of school in diverse environments：Life-long，life-wide，life-deep［M］. The LIFE Center (University of Washington，Stanford University and SRI) & the Center for Multicultural Education，University of Washington，2007：9.

Barab S，Gresalfi M，Ingram-Goble A. Transformational play：Using games to position person，content，and context［J］. Educational Researcher，2010,39(7)：525-536.

Barab，Pettyjohn，Gresalfi，et al. Game-based curriculum and transformational play：Designing to meaningfully positioning person，content，and context［J］. Computers & Education，2012(58)：518-533.

Barry J Fraser，Kenneth Tobin，Campbell J McRobbie，et al. Lifelong Science Learning for Adults：The Role of Free-Choice Experiences［M］. Springer Netherlands，2012：1063-1079.

Bedwell W L，Pavlas D，Heyne K，et al. Toward a taxonomy linking game attributes to learning an empirical study［J］. Simulation & Gaming，2012，43(6)：729-760.

Behrendt M，Franklin T. A review of research on school field trips and their value in education［J］. International Journal of Environmental & Science Education，2014，9(3)：235-245.

Bell P，Lewenstein B，Andrew W，Shouse，et al. Learning Science in Informal Environments：People，Places，and Pursuits［M］. Washington. D. C.：National Academies Press，2009：140.

Benjamin N，Haden C A，Wilkerson E. Enhancing building，conversation，and learning through caregiver-child interactions in a children's museum ［J］. Developmental Psychology，2010，46(2)：502-515.

Bilgin C U, Tokel S T. Facilitating contextual vocabulary learning in a mobile-supported situated learning environment [J]. Journal of Educational Computing Research, 2018, 57(4): 930-953.

Boylan C R, Hill D M, Wallace A R, et al. Beyond stereotypes[J]. Science Education, 1992, 76(5):465-476.

Castro J M, Kundu A, Rozman and Rajaraman S. Investigation of the Effect of Printing Angle and Device Orientation on Micro-Stereolithographically Printed, and Self-insulated, 24-well, High-Throughput 3D Microelectrode Arrays [C]// 2021 IEEE Sensors Processing, October 31— November 3, 2021. Sydney, Australia, IEEE, 2021:1-4.

Castro K M D S A, Amado T F, Bidau C J, et al. Studying natural history far from the museum: the impact of 3D models on teaching, learning, and motivation[J]. Journal of Biological Education, 2018: 1-11.

Chambers D W. Stereotypic images of the scientist: The draw-a-scientist test [J]. Science Education, 1983, 67(2):255-265.

Chang K E, Chang C T, Hou H T, et al. Development and behavioral pattern analysis of a mobile guide system with augmented reality for painting appreciation instruction in an art museum[J]. Computers & Education, 2014, 71(1): 185-197.

Chen A, Darst P W and Pangrazi R P. An examination of situational interest and its sources in physical education[J]. British Journal of Educational Psychology, 2001, 71(3):383-400.

Chen A, Darst P W and Pangrazi R P. What constitutes situational interest? Validating a construct in physical education[J]. Measurement in Physical Education & Exercise Science, 1999, 3(3):157-180.

Chen C C, Chen C Y. Exploring the effect of learning styles on learning achievement in a u-Museum [J]. Interactive Learning Environments, 2018, 26(5):664-681.

Chen C C, Huang T C. Learning in a u-museum: Developing a context-aware ubiquitous learning environment[J]. Computers & Education, 2012, 59 (3):873-883.

Chen G, Xin Y L, Chen N S. Informal learning in science museum: Development and evaluation of a mobile exhibit label system with iBeacon technology[J]. Educational Technology Research and Development, 2017, 65(3): 719-741.

Cheng K H, Tsai C C. Children and parents' reading of an augmented reality picture book: Analyses of behavioral patterns and cognitive attainment [J]. Computers & Education, 2014, 72(3): 302-312.

Christidou V, Bonoti F, Kontopoulou A. American and Greek children's visual images of scientists[J]. Science & Education, 2016, 25 (5): 497-522.

Chu H C, Chen J M, Hwang G J, et al. Effects of formative assessment in an augmented reality approach to conducting ubiquitous learning activities for architecture courses[J]. Universal Access in the Information Society, 2019, 18(2):221-230.

Cook T D, Campbell D T. Quasi-Experimentation, Design & Analysis Issue for Field Settings[M]. Boston, MA: Houghton Mifflin, 1979:1-30.

Costanza E, Huang J. Designable visual markers[C]//Proceedings of the SIGCHI Conference on Human Factors in Computing Systems, April 4-9, 2009. New York, NY: ACM, 2009: 1879-1888.

Craft A. An analysis of research and literature on creativity in education[J]. Qualifications and Curriculum Authority, 2001, 51(2): 1-37.

Crowley K, Callanan M A, Jipson J L, et al. Shared scientific thinking in everyday parent - child activity[J]. Science Education, 2001, 85(6): 712-732.

Davis F D. Perceived usefulness, perceived ease of use, and user acceptance of information technology[J]. Mis Quarterly, 1989, 13(3):319-340.

Dawson E, Archer L, Seakins A, et al. Selfies at the science museum: Exploring girls' identity performances in a science learning space[J]. Gender and Education, 2020,32(7):664-681.

Deterding S, Dixon D, Khaled R, et al. From game design elements to gamefulness: Defining "gamification"[C]// Proceedings of the 15th international academic MindTrek conference: Envisioning future media environments,New York: ACM, 2011: 9-15.

Dewey J. Experience and Education[M]. New York, NY: Collier MacMillan, 1963.

Dichev C, Dicheva D. Gamifying education: What is known, what is believed and what remains uncertain: A critical review[J]. International Journal of Educational Technology in Higher Education, 2017, 14(1):1-36.

Eriksson U, Linder C, Airey J, et al. Who needs 3D when the universe is flat? [J]. Science Education, 2014, 98(3): 412-442.

Falk J H, Dierking L D. Learning From Museums: Visitor Experiences and the Making of Meaning [M]. Walnut Creek, CA: AltaMira Press, 2000:135.

Falk J H, Needham M D. Measuring the impact of a science center on its community[J]. Journal of Research in Science Teaching, 2011, 48(1): 1-12.

Falk J H, Storksdieck M. Using the contextual model of learning to understand visitor learning from a science center exhibition[J]. Science Education, 2005,89(5):744-778.

Falk J H. Assessing the impact of exhibit arrangement on visitor behavior and learning[J]. Curator The Museum Journal, 1993, 36(2): 133-146.

Falk J H. Free-choice environmental learning: Framing the discussion[J]. Environmental Education Research,2005,11(3):265-280.

Featherman M S, Valacich J S, Wells J D. Is that authentic or artificial? Understanding consumer perceptions of risk in e-service encounters[J]. Information Systems Journal, 2010, 16(2):107-134.

Felder R M,Solomon B A. Index of Learning Styles Questionnaire[EB/OL]. [2021-04-28]. http://www. engr. ncsu. edu/learningstyles/ilsweb. html.

Felder R M. Learning and teaching styles in engineering education [J]. Engineering Education,1988,78(7):674-681.

Garcia L D, Tierney W G. Undocumented immigrants in higher education: A preliminary analysis [J]. Teachers College Record, 2011, 113 (12):

2739-2776.

Gartner［EB/OL］.（2018-09-30）. https：//blogs. gartner. com/it-glossary/ gamification-2.

Gelo O，Braakmann D，Benetka G. Quantitative and qualitative research： Beyond the debate［J］. Integrative psychological and behavioral science， 2008，42(3)：266-290.

Georgiou K，Nikolaou I. Are applicants in favor of traditional or gamified assessment methods? Exploring applicant reactionstowards a gamified selection method［J］. Computers in Human Behavior，2020， 109 (8)：106356.

Gregoriou M. Creative thinking features and museum interactivity：Examining the narrative and possibility thinking features in primary classrooms using learning resources associated with museum visits［J］. Thinking Skills and Creativity，2019，32(6)：51-65.

Guevara P A，Tapia S A，Guerrero J S，et al. Quantitative and qualitative evaluation in collaborative learning［J］. Teaching and Learning in a Digital World，2018(716)：293-300.

Hamari J，Koivisto J，Sarsa H. Does gamification work? —A literature review of empirical studies on gamification［C］//2014 47th Hawaii international conference on system sciences. January 6-9， 2014. Piscataway，NJ：IEEE，2014：3025-3034.

Hanuscin D L，Lee M H. Using the learning cycle as a model for teaching the learning cycle to preservice elementary teachers［J］. Journal of Elementary Science Education，2008，20(2)：51-66.

Hattie J，Timperley H. The Power of Feedback［J］. Review of Educational Research，2007，77(1)：81-112.

Hidi S，Renninger K A. The four-phase model of interest development［J］. Educational Psychologist ，2006，41(2)：111-127.

Ho L，Sun H，Tsai T. Research on 3D painting in virtual realityto improve students' motivation of 3D animation learning［J］. Sustainability ，2019， 11(6)：1605.

Hooper-Greenhill E. The Educational Role of the Museum[M]. 2nd ed. London: Routledge, 1994:279-285.

Hsu T Y, Liang H Y, Chiou C K, et al. CoboChild: A blended mobile game-based learning service for children in museum contexts[J]. Data Technologies and Applications, 2018, 52(3):294-312.

Hsu T Y, Liang H Y. Museum engagement visits with a universal game-based blended museum learning service for different age groups[J]. Library Hi Tech, 2022, 40(5):1-18.

Huang Y M, Jeng Y L, Huang T C. An educational mobile blogging system for supporting collaborative learning[J]. Journal of Educational Technology & Society, 2009, 12(2): 163-175.

Hung I C, Yang X J, Fang W C, Hwang G J and Chen N S. A context-aware video prompt approach to improving students' in-field reflection levels [J]. Computers & Education, 2014(70): 80-91.

Hwang G, Chen C. Influences of an inquiry-based ubiquitous gaming design on students' learning achievements, motivation, behavioral patterns, and tendency towards critical thinking and problem solving [J]. British Journalof Educational Technology, 2017,48(4), 950-971.

Jacobsen J W, WisneJ, Mac Gillivray S, et al. A new, additional format for changing visitor experiences_J]. Informal Learning Review, 2014(125): 1-6.

Jant E A, Haden C A, Uttal D H, et al. Conversation and object manipulation influence children's learning in a museum [J]. Child Development, 2014, 85(5): 2029-2045.

Johnson-Glenberg M C, Birchfield D A, Tolentino L, et al. Collaborative embodied learning in mixed reality motion-capture environments: Two science studies[J]. Journal of Educational Psychology, 2014, 106(1):86-104.

Kalyuga S, Chandler P and Sweller J. levels of expertise and instructional design[J]. Behavioral and Brain Sciences, 1998,21(6) : 845.

Keillor B D, Hult T M, Erffmeyer R C and Babaku E. NATID: The development and application of a national identity measure for use in international marketing[J]. Journal of International Marketing，1996，4 (2)：57-73.

Keller J M. Development and use of the ARCS model of instructional design [J]. Journal of Instructional Development,1987,10(3):2-10.

Khan M A，Israr S，Almogren A S，et al. Using augmented reality and deep learning to enhance Taxila Museum experience[J]. Journal of Real-Time Image Processing，2021，18(2)：321-323.

Kisiel J F. Teachers，museums and worksheets：A closer look at a learning experience[J]. Journal of Science Teacher Education，2003，14(1):3-21.

Klink M V D ,Beatrice I J M Van der Heijden，Boon J ,et al. Exploring the contribution of formal and informal learning to academic staff member employability：A Dutch perspective [J]. Career Development International：The Journal for Executives，Consultants and Academics，2014，19(3):337-356.

Kolb D A. Experiential Learning：Experience as the Source of Learning and Development[M]. 2nd ed. Upper SaddleRiver，NJ：Pearson Education，2015：231-241.

Kolb D A. Experiential Learning：Experience as the Source of Learning and Development[M]. Englewood Cliffs，NJ：Prentice Hall,1983.

Kong S C，Chan T W,Griffin P，et al. E-learning in school education in the coming 10 years for developing 21st century skills：Critical research issues and policy implications [J]. Journal of Educational Technology & Society，2014，17(1):70-78.

Krapp A，Hidi S and Renninger K A. The role of interest in learning and development[J]. Interest，learning，and development. 1992，3-26.

Krombaβ A，Harms U. Acquiring knowledge about biodiversity in a museum—Are worksheets effective? [J]. Journal of Biological Education，2008，42(4):157-163.

Lai C L，Hwang G J. Effects of mobile learning time on students' conception of collaboration，communication，complex problem-solving，metacognitive awareness and creativity[J]. International Journal of Mobile Learning and Organisation, 2014,8(3/4):276-291.

Lamiell J T. Nomothetic and idiographic: Contrasting windelband's understanding with contemporary usage[J]. Theory & Psychology, 1998, 8(1):23-38.

Landers R N, Auer E M, Collmus A B, et al. Gamification science, its history and future: Definitions and a research agenda[J]. Simulation & Gaming, 2018, 49(3): 315-337.

Landers R N. Developing a theory of gamified learning linking serious games and gamification of learning[J]. Simulation & Gaming, 2014, 45(6): 752-768.

Langhout R D. Reconceptualizing quantitative and qualitative methods: A case study dealing with place as an exemplar[J]. American Journal of Community Psychology, 2003, 32(12):229-244.

Lebak K. Connecting outdoor field experiences to classroom learning: A qualitative study of the participation of students and teachers in learning science[D]. Philadelphia, PA: University of Pennsylvania,2005.

Lee H W, Lim K Y, Grabowski B L. Generative learning: Principles and implications for making meaning [M]//Handbook of Research on Educational Communications and Technology. 3rded. New York: Taylor & Francis Group, 2008: 111-124.

Lee H, Stern M J, Powell R B. Do pre-visit preparation and post-visit activities improve student outcomes on field trips? [J]. Environmental Education Research, 2020, 26(7):989-1007.

Leppink J, Paas F, Van der Vleuten, Cees P M, Van der Vleuten, Cees P M and Van Merrinboer, Jeroen J G. Development of an instrument for measuring different types of cognitive load [J]. Behavior Research Methods, 2013,45(4): 1058-1072.

Liang H Y, Hsu T Y, Hwang G J. Promoting children's inquiry performances in alternate reality games: A mobile concept mapping-based questioning approach[J]. British Journal of Educational Technology, 2021, 52(5):

2000-2019.

Lillehaug B W, Ludvigsen S R. Designing for Knowledge Building[M]. Oslo： Unipub forlag，2003.

Lincoln Y S, Guba E G. Naturalistic inquiry[M]. Beverly Hills，CA：Sage Publications，1985：190.

Liu T C, Peng H, Wu W H，et al. The effects of mobile natural-science learning based on the 5E learning cycle：A case study[J]. Journal of Educational Technology & Society，2009,12(4)：344-358.

Mandal S. Brief introduction of virtual reality & its challenge [J]. International Journal of Scientific & Engineering Research，2013，4(4)： 304-309.

Marty P F，mendenhall A，Alemanne N D，et al. Scientific inquiry, digital literacy，and mobile computing in informal learning environments[J]. Learning Media& Technology，2013，38(4)：407-428.

Maxwell J，Loomis D M. Mixed method design：An alternative approach：an alternative approach [M]//Handbook of Mixed Methods in Social & Behavioral Research. Thousand Oaks，CA：Sage Publications，Inc.， 2003：241-271.

Maxwell J. Understanding and validity in qualitative research[J]. Harvard Educational Review,1992,62(3)：279-300.

Mekler E D，Brithlmann F，Tuch A N，et al. Towards understanding the effects of individual gamification elements on intrinsic motivation and performance[J]. Computers in Human Behavior，2017，71(6)：525-534.

Mills L A，Knezek G，Khaddage F. Information seeking, information sharing，and going mobile：three bridges to informal learning [J]. Computers in Human Behavior，2014，32(3)：324-334.

Morgan E，Ansberry K. Picture-Perfect STEM Lessons，3-5：Using Children's Books to Inspire STEM Learning [M]. Arlington，VA： National Science Teachers Association Press，2017：57-110.

Mortensen M F，Smart K. Free-choice worksheets increase students' exposure to curriculum during museum visits[J]. Journal of Research in Science

Teaching，2007，44(9)：1389-1414.

Newman I，Ridenour C S，Newman C，et al. A typology of research purpose and its relationship to mixed methods[M]//Handbook of Mixed Methods in Social & Behavioral Research. Thousand Oaks，CA：Sage Publications，Inc. ，2003：167-188.

Ng K H，Huang H，O'Malley C. Treasure codes：Augmenting learning from physical museum exhibits through treasure hunting[J]. Personal and Ubiquitous Computing，2018，22(4)：739-750.

Ng T M. From "Where I am" to "Here I am"：Accuracy study on location-based services with iBeacon technology[J]. Hkie Transactions，2015，22 (1)：23-31.

Nguyen C V，Lovell D R，Matt A，et al. Capturing natural-colour 3D models of insects for species discovery and diagnostics[J]. PLoS ONE，2014，9 (4)：94346.

Noe R A，Tews M J，Marand A D. Individual differences and informal learning in the workplace[J]. Journal of Vocational Behavior，2013，83 (3)：327-335.

Noreikis M，Savela N，Kaakinen M，Xiao Y& Oksanen A. (2019). Effects of gamified augmented reality in publicspaces[C]// 2019 IEEE Access，October 7，2019. Espoo，Finland ，IEEE ，2019：148108-148118.

Olga Kokoulina. Gamification vs. Game-Based Learning[DB/OL]. (2017-06-16) [2021-07-28]. https：//www. designingdigitally. com/blog/what-gamification-and-it-different-game-based-learning.

Packer J，Ballantyne R，Uzzell D. Interpreting war heritage：Impacts of anzac museum and battlefield visits on Australians' understanding of national identity[J]. Annals of Tourism Research，2019(76)：105-116.

Pagano L C，Haden C A，Uttal D H，et al. Conversational reflections about tinkering experiences in a children's museum[J]. Science Education，2019，103(6)：1-20.

Pallud J. Impact of interactive technologies on stimulating learning experiences in a museum[J]. Information & Management，2017，54(4)：

465-478.

Peeters J，Backer F D，Buffel T，et al. Adult learners' informal learning experiences in formal education setting［J］. Journal of Adult Development，2014，21(3):181-192.

Perry D L. What Makes Learning Fun? Principles for the Design of Intrinsically Motivating Museum Exhibits［M］. Lanham，MD：AltaMira Press，2012:35-58.

Pintrich R R，DeGroot E V. Motivational and self-regulated learning components of classroom academic performance［J］. Journal of Educational Psychology，1990，82(1)：33-40.

Plummer，Julia D. Spatial thinking as the dimension of progress in an astronomy learning progression［J］. Studies in Science Education，2014，50(1)：1-45.

Powell R B，Stern M J，Frensley B T，et al. Identifying and developing crosscutting environmental education outcomes for adolescents in the twenty-first century［J］. Environmental Education Research，2019，25(9)：1281-1299.

Reichelt S，Hussler R，G Fütterer，et al. Depth cues in human visual perception and their realization in 3D displays［C］// Three-Dimensional Imaging，Visualization，and Display 2010 and Display Technologies and Applications for Defense，Security，and Avionics IV. April 5-9，2010. Orlando，FL：SPIE Digital Library，2010，7690：92-103.

Renniea L J，Williams G F. Adults' learning about science in free-choice settings［J］. International Journal of Science Education，2006，28(8)：871-893.

Rigby S，Ryan R M. Glued to Games：How Video Games Draw Us in and Hold Us Spellbound［M］. Santa Barbara，CA：Praeger，2011.

Rotbain Y，Marbach—Ad G，Stavy R. Effect of bead and illustrations models on high school students' achievement in molecular genetics［J］. Journal of Research in Science Teaching，2006，43(5):500-529.

Ryan R M，Deci E L. Intrinsic and extrinsic motivations：Classic definitions

and new directions[J]. Contemporary Educational Psychology, 2000, 25
(1):54-67.

Ryan R M, Deci E L. Overview of self-determination theory: An organismic-
dialectical perspective[M]//Handbook of Self-Determination Research.
Rochester, NY: University of Rochester Press, 2002, 3-33.

Sailer M, Hense J U, Mayr S K, et al. How gamification motivates: An
experimental study of the effects of specific game design elements on
psychological need satisfaction[J]. Computers in Human Behavior, 2017,
69(4):371-380.

Sanchez D R, Langer M, Kaur R. Gamification in the classroom: Examining
the impact of gamified quizzes on student learning[J]. Computers &
Education, 2020(1):1-16.

Sandifer C. Technological novelty and open-endedness: Two characteristics of
interactive exhibits that contribute to the holding of visitor attention in a
science museum[J]. Journal of Research in Science Teaching, 2003, 40
(2):121-137.

Screven C G. Motivating visitors to read labels[J]. ILVS Review: A Journal
of Visitor Behavior, 1992, 2(2): 183-211.

Sergis S, Sampson D G, Rodriguez-Triana M J, et al. Using educational data
from teaching and learning to inform teachers' reflective educational
design in inquiry-based STEM education [J]. Computers in Human
Behavior, 2019, 92(3):724-738.

Serrell B. Exhibit Labels: An Interpretive Approach[M]. Lanham, MD:
Rowman & Littlefield, 2015: 3.

Shen C W, Wu Y, Lee T C. Developing a NFC-equipped smart classroom:
Effects on attitudes toward computer science[J]. Computers in Human
Behavior, 2014, 30(1):731-738.

Skadberg Y X, Kimmel J R. Visitors' flow experience while browsing a web
site: Its measurement, contributing factors and consequences [J].
Computers in Human Behavior, 2004, 20(3): 403-422.

Steinbach L. 3D or not 3D? Is that a question? [J]. Curator the Museum

Journal，2011，54(1)：41-54.

Stern M J，Powell R B，Ardoin N M. What difference does it make? Assessing outcomes from participation in a residential environmental education program[J]. Journal of Environmental Education，2008，39 (4)：31-43.

Storksdieck M. Field Trips in Environmental Education[M]. Berlin：Berliner Wissenschafts-Verlag，2006：1-25.

Su C H，Cheng C H. A mobile gamification learning system for improving the learning motivation and achievements：Amobile gamification learning system[J]. Journal of Computer Assisted Learning，2015，31（3）：268-286.

Sugiura A，Kitama T，Toyoura M，et al. The use of augmented reality technology in medical specimen museum tours [J]. Wiley-Blackwell Online Open，2019，12(5)：561-571.

Sun J C & Yu S. Personalized wearable guides or audio guides：An evaluation of personalized museum guides for improving learning achievement and cognitive load [J]. International Journal of Human-Computer Interaction，2019,35(4-5)：404-414.

Sung Y T，Chang K E，Hou H T，et al. Designing an electronic guidebook for learning engagement in a museum of history[J]. Computers in Human Behavior，2010，26(1)：74-83.

Tare M，French J，Frazier B N，et al. Explanatory parent-child conversation predominates at an evolution exhibit[J]. Science Education，2011，95 (4)：720-744.

Tenenbaum H R，Callanan M A. Parents' science talk to their children in Mexican-descent families residing in the USA[J]. International Journal of Behavioral Development，2008，32(1)：1-12.

Thoma G B，Prenzel M. What do museum visitors associate with learning in school and learning in museums? [J]. Zeitschrift für Erziehungswissenschaft，2009，12(1)：64-81.

Thomas G P，Anderson D. Parents' metacognitive knowledge：Influences on parent-child interactions in a science museum setting[J]. Research in Science Education, 2013, 43(3):1245-1265.

Ting S, Tan T, West G, et al. Quantitative assessment of 2D versus 3D visualisation modalities[C]//2011 Visual Communications and Image Processing (VCIP). November 6-9, 2011. Piscataway, NJ: IEEE, 2011: 1-4.

Vendeland J, Regenbrecht H. Is there any use in stereoscopic slide presentations? [C]//Proceedings of the 14th Annual AcmSigchinz conference on Computer-Human Interaction. November 15-16, 2013. New York: ACM, 2013: 1-7.

Warburton W I. What are grounded theories made of? [C]// University of Southampton LASS Faculty Post-Graduate Research Conference, June 7, 2005. Southampton: University of Southamtpon, 2005: 1-10.

Wasson B. Design and use of collaborative network learning scenarios: The DoCTA experience[J]. Educational Technology and Society, 2007, 10 (4): 3-16.

Werbach K, Hunter D. For the Win: How Game Thinking Can Revolutionize Your Business[M]. Philadelphia, PA: Wharton Digital Press, 2012.

Willard A K, Busch J T A, Cullum K A, et al. Explain this, Explore that: A study of parent-child interaction in a children's museum [J]. Child Development, 2019, 90(9): 598-617.

Wittrock M C. Generative learning processes of the brain[J]. Educational Psychologist, 2010, 27(4):531-541.

Wittrock M C. Generative processes of comprehension [J]. Educational Psychologist, 1989, 24(4):345-376.

Woojae Choi M A. Influences of formal learning, personal characteristics, and work environment characteristics on informal learning among middle managers in the Korean banking sector [D]. The Ohio State University,2009.

Wouters P, Nimwegen C V, Oostendorp H V, et al. A meta-analysis of the cognitive and motivational effects of serious games [J]. Journal of

Educational Psychology，2013，105(2)：249-265.

Wright A. The sage handbook of qualitative research[J]. European Journal of Marketing，2006，40(9/10)：1145-1147.

Yoon S A，Anderson E，Lin J，et al. How augmented reality enables conceptual understanding of challenging science content[J]. Educational Technology & Society，2017，20(1)：156-168.

Yoon S A，Wang J. Making the invisible visible in science museums through augmented reality devices[J]. Techtrends，2014，58(1)：49-55.

Yu K C. Actionable Gamification：Beyond Points，Badges，and Leaderboards [M]. Milpitas，CA：Octalysis media，2015.

Yu S J，Sun C Y，Chen T C. Effect of AR-based online wearable guides on university students' situational interest and learning performance [J]. Universal Access in the Information Society，2017，18(2)：287-299.

Zainuddin Z，Shujahat M，Haruna H，et al. The role of gamified e-quizzes on student learning and engagement：An interactive gamification solution for a formative assessment system[J]. Computers & education，2020，145 (2)：103729. 1-103729. 15.

Zellner M，Abbas A E，Budescu D V，et al. A survey of human judgement and quantitative forecasting methods[J]. Royal Society Open Science，2021，8(2)：1-30.

Zhang J，Huang Y T，Liu T C，et al. Augmented reality worksheets in field trip learning[J]. Interactive Learning Environments，2020(2)：1-18.

Zyda M. From visual simulation to virtual reality to games[J]. Computer，2005，38(9)：25-32.

Zydney J M，Warner Z. Mobile apps for science learning：Review of research [J]. Computers & Education，2016，94(3)：1-17.